급변하는 미디어 트렌드, OTT의 미래를 논하다.

OTT 트렌드 2025

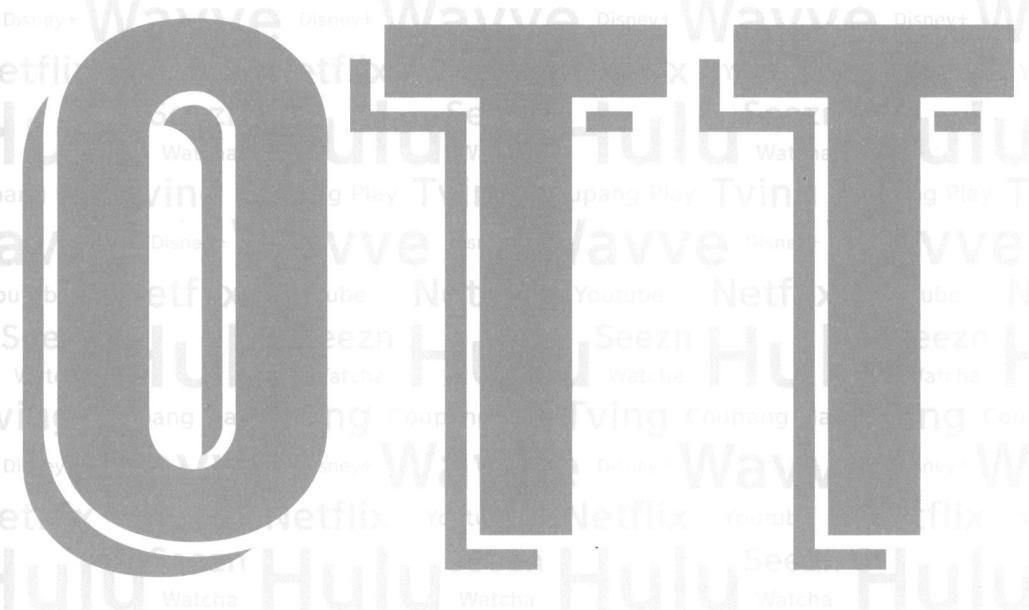

유건식·한정훈·노창희 공저

: 성숙기에 접어든
OTT 시장의 선택과 전망

형설 eLife

추천사

OTT 시대의 트렌디(trendy) OTT인(人)들을 위한 필독서

글로벌 OTT의 국내 진출에 따라 국내 사업자 및 시장에 던져지는 주요 이슈들에 대해 면밀한 검토와 대응방안을 고민해야 하는 매우 중요한 시점이다.

글로벌 OTT사업자의 국내시장 등장으로 국내·외 플랫폼 사업자간 콘텐츠 확보 경쟁이 확산되어 콘텐츠 제작사의 제작환경이 개선되고, 이용자에게는 양질의 다양한 콘텐츠를 제공해 주는 계기로 작용하고, 나아가 K-콘텐츠의 유통망을 확대하는 긍정적 효과가 있었다. 반면에, 글로벌 OTT 플랫폼의 국내 콘텐츠 시장 잠식의 가속화, 지적재산권(IP) 독점화, 국내 제작사의 글로벌 OTT 플랫폼의 제작 하청기지화 전략 우려, 국내 플랫폼에 대한 과도한 제작단가 상승 초래 유발 등의 부정적 효과 내지 우려가 내재해 있다.

무엇보다도 OTT 중심사회로의 변화는 거부할 수 없는 글로벌 대세이고 회피할 수 없는 디지털 경제 전쟁의 한 축으로 자리 잡았다는 점이다.

이러한 OTT서비스 등장에 따른 새로운 미디어 생태계 변화에 따라 플랫폼 및 콘텐츠 사업자, 이용자, 정부, 전문가들은 국·내외 OTT시장의 현재 상황과 흐름을 분석하고, 장르별·성별·세대별·지역별 콘텐츠 유통 변화를 평가한 종합 트렌드 연구보고서를 확보하는 것이 매우 중요하다.

이를 토대로 사업자들은 이용자들의 최애 콘텐츠를 제작·공급하기 위한 미래 시장 전략을 수립할 수 있고, 이용자들은 트렌드 변화에 대한 이해도를 높여 한 차원 높은 양질의 콘텐츠를 선택할 수 있는 정보 제공 효과를 얻게 되고, 정부는 OTT 서비스 관련 정책 수립·집행에 중요한 기초 자료로 활용할 수 있게 될 것이고, 전문가들은 한 눈에 보는 시장의 변화와 흐름을 파악하는데 큰 수고를 들이지 않고 도움을 받을 수 있게 될 것이다.

바로 이러한 다양한 수요자들이 필요로 하는 국·내외 OTT 서비스 시장에 대한 변화와 흐름을 분석·연구한 결과물로 등장한 것이 바로 <OTT 트렌드> 시리즈다. <OTT 트렌드> 시리즈가 금년에 세 번째 발간에 이르게 되었다.

<OTT 트렌드 2025>를 만나게 되면 국내·외 OTT서비스 사업자들의 콘텐츠 수익 전략의 변화, 파워 콘텐츠 장르의 공급 변화 추이, 플랫폼사업자들의 합종연횡, 범용기술이라할 인공지능(AI)기술의 OTT 서비스에 대한 활용 확대 현상, OTT서비스에 대한 국내외 규제 정책의 변화, 국내의 OTT와 전통 미디어 정책의 변화 등을 단숨에 파악하고 정리할 수 있게 된다. 3인의 저자들은 PD, 기자, 연구자 출신이라는 특성을 가진 국내 OTT 분야 최고의 전문가들로서 그들이 스스로의 명예를 걸고 글로벌 OTT서비스 시장에 대해 심도있는 연구·분석으로 알찬 결과물을 출간한 노고에 진심을 담아 축하의 박수를 보낸다.

<OTT 트렌드 2025>는 OTT시대의 트렌디(trendy) OTT인(人)들에게 선한 영향을 미치는 필독서로 자리매김할 것이라 확신한다.

안정상 중앙대학교 커뮤니케이션대학원 겸임교수

추천사

　미디어 시장의 대격변기, 나무와 숲을 함께 보자!! 미디어 시장의 구조와 작동 원리가 근본적으로 변화하고 있다. 코로나 팬데믹을 전후로 OTT가 미디어 시장 변화를 주도했고, 이제는 시장을 끌고가는 '주류 미디어'로 화려하게 등극했다. 레거시 미디어가 주도했던 시절로 다시 돌아갈 수는 없다. 그렇다고 미래가 분명하게 보이는 것도 아니다. 그만큼 시장 변화의 폭도 크고, 주기도 짧아졌다. 모든 것이 불투명한 '혼돈의 시기'에 길을 잃지 않기 위해서는 '숲 속에서' 나무들의 변화를 자세하게 살펴보아야 한다. 뿐만 아니라 '숲 밖에서' 전체 숲의 지형이 어떻게 변화하고 있는지도 살펴보아야 한다. 'OTT 트렌드 2025'는 OTT라는 나무와 미디어 시장이라는 전체 숲의 변화를 일목요연하게 보여주고 있다. 우리나라 미디어업계와 학계 최고의 전문가인 저자들을 '길잡이' 삼아서 미디어 시장의 현재와 미래를 함께 탐험해 보자. 미디어 시장의 대격변기를 지혜롭게 헤쳐나갈 수 있는 비전과 전략을 찾아보자.

고삼석 동국대 AI융합대학 석좌교수, 전 방송통신위원회 상임위원

목차

1. 프롤로그 13

2. 2024 전망 리뷰 55

해외 56

01. 슬픈 스트리밍의 시대 56
02. 스트리밍 TV 및 번들링 57
03. 전통 미디어 생태계 붕괴 59
04. FAST 시장 가속화 64
05. AI와 OTT 67

국내 70

01. 한계에 직면한 국내 OTT 시장 70
02. 국내 OTT 시장 구조 개편 일어날까? 72
03. 요금 정책 다양화 73
04. 광고 요금제 도입과 복수 플랫폼 이용 76
05. OTT 정책 변화와 OTT 시장의 변화 78

3. 2024 OTT 10대 이슈 81

글로벌 82

    01. 구독자 확보 전쟁의 마감 82

    02. 그레이트 리번들링 84

    03. 스포츠 스트리밍 서비스 베누(Venu)의 탄생 87

    04. OTT와 K-팝 89

    05. FAST의 성장 현황 91

    06. 영국 작가협회와 넷플릭스 합의 96

    07. 유럽연합의 글로벌 OTT 규제 101

    08. OTT의 AI 수용 103

    09. K-플랫폼의 해외 진출 105

    10. 네이버 웹툰의 나스닥 상장 107

국내 109

    01. 티빙과 웨이브 통합 109

    02. 국내 요금제 다양화 113

    03. 스포츠 콘텐츠의 가치 증가 116

    04. 경쟁이 격화된 스트리밍 생태계에서 애니메이션의 재발견 117

05. 숏폼의 성장 119

06. OTT 콘텐츠의 화제성과 경향성 122

07. 방송사의 스튜디오화 123

08. 디즈니+의 고전 125

09. OTT 지원 정책 127

10. 22대 국회와 OTT 정책 129

4. 2025 OTT 전망 135

해외 136

01. FAST의 성장 가속화 136

02. 새로운 한류의 중심지 FAST 138

03. 가격 인상과 이탈과 복귀 139

04. AVOD의 증가 140

05. 미디어 업계의 협력 확대: 번들링(Bundling)과 합종연횡 141

국내 144

01. 티빙과 웨이브의 합병은 성사될까? 144

02. 국내 OTT 시장은 새로운 성장 동력을 확보할 수 있을 것인가? 145

03. OTT는 디지털 광고시장에서 유의미한 플레이어가 될 수 있을 것인가? 146

04. 드라마 제작 감소, 예능 제작 확대 경향이 OTT 시장에서도 나타날 것인가?.148

05. 스포츠와 애니메이션 장르의 가치는 앞으로도 높아질 것인가? 148

5. OTT 현황 151

해외 152

01. 넷플릭스...152

02. 디즈니+...154

03. 훌루..154

04. Max..155

05. 파라마운트+..157

06. 애플TV+..158

07. FAST의 TV화를 주도하는 아마존, 구글...................................159

08. 아마존 프라임 비디오...160

09. 프리비(Freevee)...161

10. 로쿠 채널...162

11. 투비(Tubi)...164

12. 플루토(Pluto)..167

13. 플렉스(Plex)..168

14. VUit(Zeam) 169

　　15. LG 채널스 170

　　16. 삼성 TV플러스 171

　국내 176

　　01. 전반적 현황 176

　　02. 넷플릭스 177

　　03. 티빙 178

　　04. 웨이브 181

　　05. 쿠팡플레이 182

　　06. 왓챠 183

6. 국내 OTT 이용행태 187

　OTT 플랫폼 이용 현황 189

　　01. 플릭스 패트롤 189

　　02. 넷플릭스 191

　　03. KOI 193

화제성 조사 ··· 194

K-콘텐츠의 OTT 소비 현황 ··· 197

    01. OTT 앱 이용현황 ··· 198
    02. 주요 SVOD 점유율 ·· 203
    03. SVOD 이용 콘텐츠 톱10 ·· 203

이용행태 설문조사 ··· 209

    01. 조사개요 ··· 209
    02. 이용 현황 ··· 209
    03. 이용 서비스 현황 ··· 211
    04. 최근 OTT를 이용하지 않은 이유 ··· 213
    05. 티빙 광고 모델 도입에 대한 의견 ······································· 214
    06. OTT의 스포츠 콘텐츠에 대한 의견 ··································· 215
    07. 토종 OTT 합병에 대한 의견 ··· 217
    08. OTT의 성장성에 대한 의견 ··· 218

7. 에필로그 ··· **221**

8. 부록 ·· 229

국내 OTT 오리지널 ·· 230

    01. 넷플릭스 ·· 230

    02. 웨이브 ·· 232

    03. 티빙 ··· 234

    04. 쿠팡플레이 ·· 237

    05. 왓챠 ··· 238

    06. 디즈니+ ··· 239

연도별 OTT 10대 이슈 ·· 241

    01. 해외 ··· 241

    02. 국내 ··· 241

01
프롤로그

프롤로그

프롤로그

2022년 처음 시작한 OTT 트렌드 분석이 벌써 3년째를 맞았다. 2024년 8월 새롭게 작업을 하면서 가장 먼저 떠오른 글이 있다. 바로 EBS <위대한 수업> 김민태 CP의 페이스북 포스팅이다.

> 새해 첫 책으로 고른 OTT 트렌드 2024.
> 미디어에 관심 있는 사람들에게 일독을 권한다.
> 2023 버전을 읽을 때는
> 지상파 방송사가 십 년 전에라도 운전대를 확실하게 틀었다면
> 지금의 계륵 같은 지경까지는 안 왔을 텐데 하는 아쉬움이 많았는데
> 방송사의 주인은 여전히 실체가 없고
> 멘탈은 아직도 '아 옛날이여'에서 나가지 못하는
> 현실이 씁쓸할 뿐이다.
> 아무튼 2024 버전도 편집은 투박한데 논문의 활용성을 염두에 두었는지 데이터 밀도가 높아서 현황 파악에 좋다.
> 이런 류의 책은 처박힐지언정 버려지지는 않는다.
> 이 시리즈는 … 적어도 5년은 더 갔으면 좋겠다.

누구보다 세계 석학을 섭외하고 만나서 인터뷰한 김 CP의 글이라 반향이 크게 다가왔다. 워낙 OTT 관련 글들이 여기저기 많이 나오고 있고, 한국콘

텐츠진흥원에서 2023년에는 <글로벌 OTT 동향 분석> 4회를 발간했고, 2024년 올해에는 <글로벌 OTT 트렌드>라는 이름으로 4회 발간한다. 동 보고서는 OTT 이슈에 대해 시의성 있게 빨리 분석하고 정리하여 많은 도움이 되었다. 그럼에도 필자들이 콘텐츠진흥원의 작업과 상당히 겹치는 듯한 이 작업을 하는 이유는 김민태 CP의 말대로 축적의 힘을 가져보고자 함이다. 또한, 요즘 상황으로 보면 공공기관에서 하는 일이 언제 중단될지도 모른다.

지난해 책을 내면서 학자들의 관심이 챗GPT 때문에 OTT에 대한 관심이 감소할 것 같다고 전망했다. DBpia에서 "OTT"로 검색한 학술자료가 2024년 책을 쓸 때까지만 해도 현격히 감소했기 때문이다. 그러나 집필 시점인 8월에 다시 검색한 결과를 보면 2023년에 모든 부문에서 수치가 증가했다. 글로벌 OTT뿐 아니라 국내에서도 OTT의 사회적 영향과 OTT의 생존과 결부된 이슈들이 지속 제기되었기 때문으로 보인다.

<표1> DBPIA에 등록된 OTT 관련 자료 수

구분	2019	2020	2021	2022	2023	2024 (8.16 기준)
학술저널	397	403	460	455	503	120
학위논문	147	160	214	212	248	
학술대회자료	134	107	172	141	161	62
전문잡지	16	11	18	40	58	24
계	694	681	864	848	970	206

미국 닐슨이 2021년 5월부터 모든 플랫폼에서 TV를 시청하는 시간을 조사하여 밝히는 <더 게이지(The Gauge)>에 따르면 스트리밍의 비중이 2021년 5월 26%에서 2024년 7월 41.4%로 무려 15.4%나 증가하였다. 반면 케이블TV는 39%에서 26.7%로 12.3%나 하락하고, 지상파는 25%에서 20.3%로 4.7%가 하락하였다. 이를 보더라도 OTT로의 흐름은 명확하다고 할 수 있다.[1]

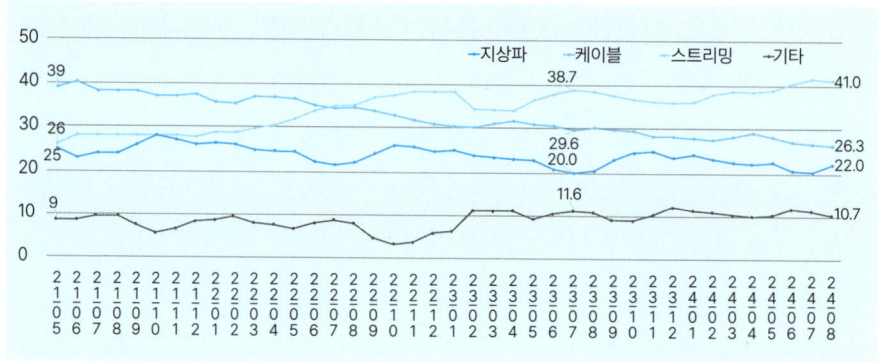

출처: 닐슨 더게이지 월별 자료 취합.

이런 변화에 따라 디즈니는 네트워크용 모바일 및 커넥티드 TV 앱의 대부분을 2024년 9월부터 종료할 계획이다. 그 이유는 더 많은 가입자를 디즈니+와 훌루로 끌어들이기 위한 과감한 조치로 받아들여진다. 이용자는 그동안 가장 인기 있던 'TV Everywhere' 기능도 이용할 수 없게 된다.[2]

지난해에도 언급했듯이 필자들이 영상 콘텐츠 시장이 OTT 플랫폼이 주도하는 생태계로 전환된다고 전망하고, 『OTT 트렌드 2023』을 쓰는 이유를 네 가지로 밝혔는데 현시점에도 여전히 유효하다고 생각한다. 독자들에 대한 리마인드 차원 겸 새롭게 작업을 하는 필자들의 초심을 반추하고자하는 마음에서 다시 한번 밝히면 다음과 같다.

첫째, *OTT에 대한 체계적이고 종합적인 정리이다. OTT 시장이 한 치 앞도 알 수 없을 정도로 변화가 심하고, OTT의 성장에 따라 다양한 이슈가 떠오르고 있다. 이에 대해 종합적이고 체계적으로 바라볼 필요가 있다. 국내외의 OTT 서비스 현황, 주요 이슈, 국내 OTT 이용행태, 국내 OTT 오리지널 작품 현황, OTT 시장 전망 등을 정리하고자 한다.*

둘째, *OTT에 대한 역사적인 기록 유지이다. 서울대 소비트렌드분석센터가 발간하는 『트렌드 코리아』가 2009년부터 매년 대한민국의 경제, 사회, 문화 등*

의 전망을 담으면서 소비 트렌드 분석의 표준이 되었다. 이처럼 매년 OTT 트렌드 책을 통해 OTT와 관련하여 국내외에서 발생하는 사건이나 현상을 기록하고자 한다.

셋째, OTT 발전 방향에 대한 합리적 전망이다. OTT 시장은 안정이 되지 않은 매우 급변하는 시장이다. 그런 만큼 이 시장을 따라잡기 힘들다. 국내외 시장의 세밀한 변화를 포착하여 거시적인 시각으로 전망하여 시장의 흐름을 이해하는 데 도움을 주고자 한다.

넷째, 젊은 세대와 호흡이다. 세대가 젊을수록 OTT에 대한 이해도가 높고 수용성이 좋다. 본 도서 작업을 하면서 MZ 세대의 취향에 더욱 관심을 기울이고, 이해하려고 한다. 이를 통해 미디어가 미래 세대를 끌어들이는 방법을 모색하고자 한다.

저자들이 이러한 목표를 뒤돌아보면 첫 번째 OTT에 대한 기록유지, 두 번째 OTT에 대한 역사적 기록 유지, 세 번째 OTT에 대한 전망 제시는 나름 충실이 잘 수행했다고 생각한다. 다만, MZ 세대에 대한 부분이 의도했던 만큼 다루지 못했다고 평가하여 프롤로그에서 심도있게 정리를 하였다.

MZ들의 관심사는 넷플릭스 등의 OTT가 아닌 유튜브 혹은 틱톡이나 인스타그램이다. 스트리밍이 아닌 소셜 미디어를 통해 동영상을 소비하는 젊은 세대가 늘고 있다. 이들 세대에서는 유튜브, 틱톡이 넷플릭스보다 훨씬 많은 점유율을 기록하고 있다.

최근 젊은 세대 시청자는 기성세대에 비해 TV와 영화를 많이 보지 않는다. 영화와 TV대신 게임이나 유튜브, 틱톡 영상을 보는 시간이 늘고 있다. 허브의 조사에 따르면 13~24세 소비자의 미디어 이용 시간은 TV와 영화 소비를 합쳐도 전체의 32%밖에 되지 않는다. 이에 반해 35세 이상은 59%나 된다.

<표2> 콘텐츠 타입별 시청 시간 비율

나이	TV	영화	게임	SNS	비프리미엄 온라인 비디오
13-24	17	15	23	14	19
35+	40	19	10	8	12

출처: 허브 엔터테인먼트 리서치(2024.1)

젊은이들의 콘텐츠 선호도는 소셜 동영상으로 옮겨가고 있다. 딜로이트(Deloitte)에 따르면 밀레니얼 세대는 나이가 들어도 영화와 TV보다 소셜 비디오를 더 많이 이용한다.

모닝 컨설트(Morning Consult)에 따르면 OTT 중에서 넷플릭스가 다른 플랫폼에 비해 선호 비중이 높다.[3]

<표3> 미국 Z세대 플랫폼 선호도

구분	넷플릭스	훌루	디즈니+	로쿠	피콕	애플TV+	트위치 tv
13-24	82%	63%	58%	55%	45%	35%	57%
35+	87%	70%	65%	60%	45%	28%	27%

출처: 모닝 컨설트

패럿 어낼리틱스(Parrot Analytics)의 분석도 동일한 결과를 보여준다. 인기 TV 프로그램은 주로 Z세대 시청자에게 어필하고 있다. 2024년 1월 1일부터 8월 8일까지 전 세계에서 가장 수요가 많은 톱10 프로그램 중 9개 프로그램이 15~31세 시청자에게 가장 많은 공감을 얻었다. 장르로 보면 공상 과학(<워킹 데드>, <라스트 오브 어스>, <릭 앤 모티>, <기묘한 이야기>), 판타지(<해즈빈 호텔>, <왕좌의 게임>, <하우스 오브 드래곤>), 슈퍼 히어로(<더 보이즈>), 역사 로맨스(<브리저튼>) 등에 대한 선호도가 뚜렷하다. 유일하게 밀레니얼과 X세대에게 소구했던 TV쇼는 아마존 프라임 비디오의 <리처(Reacher)>였다. 가장 여성 Z세대에게 인기가 있었던 작품은 <브리저튼>이다.[4]

이를 보면 콘텐츠는 젊은 세대를 타겟으로 설정하고 추진해야 인기를 얻을 수 있다.

NRG에 따르면 비디오 게임이 TV와 영화 시청을 추월한 반면, Z세대의 경우 그 격차는 더욱 커졌다. 설문조사 결과 Z세대의 60%가 UGC를 선호한다고 답했다. 원하는 콘텐츠를 자동으로 표시하는 강력한 알고리즘 덕분에 시청할 콘텐츠를 찾는 시간을 절약할 수 있기 때문인 것으로 보인다.

젊은 세대들은 이제 넷플릭스보다 유튜브를 더 많이 이용한다. 스트리밍 전쟁을 시청 시간의 싸움으로 본다면 진정한 승자는 넷플릭스가 아니라 유튜브. 미국 콘텐츠 시청 시간을 지배하고 있는 플랫폼은 유튜브다. 특히, 알파 세대의 경우 넷플릭스에 비해 유튜브 시청 시간이 더 길다. 데이터 조사회사 MIDG가 조사한 바에 따르면 나이별 일일 평균 플랫폼 시청 시간에서 알파세대의 경우 유튜브가 2.13시간으로 넷플릭스 1.9시간에 비해 더 길었다. 이에 반해 베이비부머 세대의 경우 넷플릭스가 3.71시간으로 유튜브 1.21시간에 비해 크게 길었다.

<표4> 미국 일일 평균 시청시간

	알파세대	Z세대	밀레니얼	X세대	베이비 부머
유튜브	2.13	2.50	2.28	1.09	1.21
디즈니+	1.99	1.30	1.69	1.29	0.88
넷플릭스	1.90	2.70	4.66	1.91	3.71
MAX	0.94	1.08	1.67	0.11	0.98
스타즈	0.13	0.38	1.16	1.23	1.20
아마존프라임비디오	0.96	1.45	1.21	1.58	1.07
ESPN+	1.06	0.11	1.94	2.45	0.95
디스커버리+	0.06	0.20	3.96	1.45	4.00

	알파세대	Z세대	밀레니얼	X세대	베이비 부머
파라마운트+	0.85	1.39	1.43	1.16	1.21
피콕	0.76	1.00	1.58	1.23	0.92
훌루	0.93	2.71	3.81	1.39	3.69
애플TV+	0.75	1.16	1.13	1.40	1.43

출처: MIDG(Media IDentity Graph)

실제 한국에서도 Z세대들의 콘텐츠 소비 시간은 숏폼 수준으로 짧아지고 있다. Z세대들은 이제 넷플릭스나 디즈니+의 드라마, 예능 오리지널 시간도 길다며 지루해하고 있다. 콘텐츠진흥원은 전국 15~69세 약 1500명을 대상으로 조사하여 2024년 8월 발간한 "Gen Z 콘텐츠 이용 트렌드"에서 PRISM이라는 키워드로 정리했다.[5] Z세대(Gen Z)는 1990년대 중반부터 2010년대 초반 사이에 태어난 디지털 네이티브 세대로, 인터넷과 모바일 환경에서 자란 첫 번째 세대이다. 이들은 기존 세대와는 다른 독특한 문화적 특징과 소비 패턴을 가지고 있으며, 특히 콘텐츠 소비에 있어서는 전통적인 미디어보다 디지털 플랫폼을 선호한다. 이들은 맥락 없어도 재미있고, 현실과 판타지가 결합되고, 자신의 감정을 검색하고, 배속이나 숏츠를 시청하며, AI 활용 콘텐츠에 대해 비평적인 시각을 가진다.

<표5> Z세대의 콘텐츠 이용 트렌드

P	Paradox of Context	노(NO)맥락	개연성이나 논리성이 떨어지더라도 재미있는 콘텐츠를 추구
R	Reality Fantasy Fusion	현실판타지	콘텐츠의 소재, 등장인물, 전개 등 각 측면에서 현실과 판타지가 결합된 콘텐츠를 선호
I	Interactive Emotional Exploration	감정 검색	콘텐츠 소비의 전, 중, 후를 포괄하는 모든 과정에서 검색을 통해 자신의 감정을 확인하고 타인의 반응과 비교
S	Speedy Consumption	초능력 소비	지루함을 피하고 핵심 정보를 얻기 위해 배속 시청, 스킵 시청, 숏츠 시청 등을 하며, 이러한 경향은 특히 뉴스 시청에서 두드러짐
M	Mixed Views on AI	AI 크리틱 (Critic)	AI에 친숙한 만큼, AI 기술의 한계를 명확히 인식하고 있으며, AI 활용 콘텐츠의 질에 대한 비판적 시각을 가짐

출처: Gen Z 콘텐츠 이용 트렌드

Z세대 응답자 42%가 드라마·영화·예능 등 영상 콘텐츠 시청 시 맥락보다 흥미가 중요하다고 답했다. 때문에 '콘텐츠 소비 시간'이 점점 짧아지고 있다. Z세대는 지루함을 피하고자 배속 시청과 스킵 시청을 하는 것으로 드러났다. 배속 시청을 하는 Z세대 응답자의 비중은 27%로 ▲밀레니얼 세대 23% ▲X세대 16% ▲베이비부머 세대 10% 등 모든 세대 중 가장 높은 배속 시청 비율을 기록했다.

아울러 Z세대는 정상 속도로 처음부터 끝까지 콘텐츠를 보는 비중이 57%에 불과했으며 ▲밀레니얼 세대 59% ▲X세대 62% ▲베이비부머 세대 70% 등 모든 세대 중 가장 낮았다.

저자들은 지난 1년 동안 OTT 영역에서 왕성하게 활동했다.
유건식은 PD 저널 <유건식의 OTT 세상>에 3월까지 2주에 한 번씩 OTT 트렌드를 기고하였고, 2024년 8월부터는 미디어 오늘 <유건식의 미디어 이슈>에 OTT 트렌드 이어가고 있다. 이 외에도 OTT와 연계된 특강과 글들을 쓰고 있다. AI 세상이 <OTT 서비스와 AI>(2024, 커뮤니케이션북스)라는 짧은 챕

터북도 발간했다. 또한, AI를 공부하며 OTT 트렌드 2023과 2024를 검색할 수 있는 AI 검색 프로그램을 만들었다. URL은 https://chatgpt.com/g/g-0eZmzdNEm-ott-teurendeu이다. 독자들도 많이 활용하기 바란다.

한정훈은 큰 변화가 있었다. 2023년 3월 글로벌 엔터테인먼트 테크놀로지 분야 뉴스를 전문으로 다루는 다이렉트미디어랩을 공동 설립했다. 다이렉트미디어랩은 스트리밍, AI 등의 분야 뉴스와 보고서를 전문 유통하고 있다. 아울러 2024년 8월에는 엔터테크 분야 뉴스와 글로벌 네트워킹을 담당하는 FAST스튜디오 'K엔터테크허브(K-entertech hub)'를 설립했다. 현재 K엔터테크허브 대표로 활동 중이다.

노창희는 디지털산업정책연구소 소장으로 활동 중이다. 디지털산업정책연구소는 2023년에 한국방송통신전파진흥원에서 'OTT 2.0 시대, K-OTT 글로벌 진출 활성화 방안 연구'를 수행했고, 노창희는 책임연구원으로 참여했다. 디지털산업정책연구소는 한국방송학회와 미디어정책학회와 공동으로 '22대 국회에 바라는 OTT 산업 진흥을 위한 정책과제' 세미나를 개최하기도 했으며, 노창희는 '22대 국회에 바라는 OTT 산업 진흥을 위한 정책 방향'이라는 제목으로 기조 발제를 하기도 했다. 노창희는 현재 한국방송학회 연구이사를 맡고 있으며, 차기 한국방송학회 총무이사를 맡고 있다. 또한, 한국OTT포럼 연구이사를 맡고 있으며, 방송통신위원회 제10기 자체평가위원회 위원으로 활동하고 있다. '한국대학신문'에 정기적으로 OTT 등 미디어와 관련된 칼럼을 기고하고 있으며, 다른 매체에도 비정기적으로 OTT와 관련된 다양한 글을 기고하고 있다.

2024년 OTT 시장은 그야말로 요동을 쳤다. 일반적으로 새로운 산업은 일정 기간을 거치면서 안정이 되는데 OTT의 경우에는 그렇지 않다. 오히려 더 많은 이슈들이 새롭게 발생하고 있는 것처럼 보인다.

국내외를 통합하여 OTT 시장의 흐름을 10가지로 정리해 봤다. 제3장에서 해외와 국내는 별도로 깊이 있게 다룬다.

01. 가입자 확대에서 수익성 중시로

OTT 시장의 가장 큰 흐름이자 전체의 맥은 모든 OTT 서비스들이 지난해부터 수익성 확대로 방향을 잡고 있으며, 2024년은 특히 그렇다. 2024년에는 미국 OTT 서비스들의 오리지널 콘텐츠가 2022년에 비해 100편 정도 줄어든 354편이다.

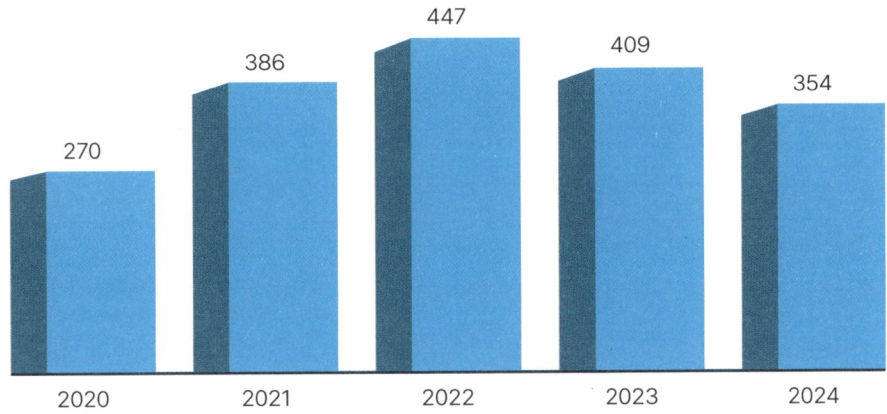

<그림2> 2020-2024 상반기별 미국 SVOD 오리지널 신규 작품수

SOURCE: LUMINATE FILM & TV, VIP+ ANALYSIS; NOTE: EXCLUDES KIDS CONTENT; TOTALS INDICATE NUMBER OF UNIQUE ORIGIANL SERIES RELEASED JAN 1-JUNE 30 OF GIVEN YEAR

OTT 이용자가 정점 또는 포화상태에 이르렀다고 판단하고 성장보다는 수익성에 총력을 기울이고 있다.[6] 넷플릭스는 매 분기 대륙별로 가입자 규모와 다음 분기 예상 규모를 밝히다가 2023년 1분기부터 다음 분기 가입자 전망을 밝히지 않았고[7], 2025년부터는 가입자수를 공개하지 않겠다고 밝혔다.[8] 이 외에도 식당도 오픈하고, 팝콘 등의 과자도 만들고 있다.

수익성 확대 전략은 첫째, 구독료 인상, 즉 스트림플레이션(Streamflation)이다. 스트림플레이션은 스트리밍 서비스가 점차 구독료를 올리는 현상을 말한다. OTT가 출현했을 때만 해도 유료방송에 비해 매우 저렴한 비용(약 1/10)으로 영상 콘텐츠를 이용할 수 있다는 점을 강조했다. 그러다가 서서히 우수한 콘텐츠를 공급하기 위해서는 제작비용 증가가 불가피하다는 핑계를 대면서 가격을 인상하기 시작했다. 영업이익률이 30%에 육박하는 상황에서 납득하기는 어렵다.

미국에서 광고 없는 가장 저렴한 플랜을 기준으로 넷플릭스가 2011년 7.99달러에서 2024년 15.49달러로 7.5달러 인상, 디즈니+는 2019년 7.99달러에서 2024년 13.99달러로 6달러 인상, 훌루는 2015년 11.99달러에서 2024년 17.99달러로 6달러 인상, 애플TV+는 4.99달러에서 9.99달러로 5달러 인상을 하였다.[9] 국내 시장에서 OTT 업체의 수익성 개선 전략으로 가격 인상과 시청 환경 개선을 들고 있다.[10]

<표6> 국내 OTT 업체 수익성 개선 전략

OTT	구분	내용
디즈니+	가격 인상	2023년 11월 멤버십 요금 9,900원에서 13,500원으로 인상, 하위 멤버십 요금제 추가
넷플릭스	가격 인상	스탠다드 요금제 12.5%, 프리미엄 17.2% 인상
티빙	시청 환경 개선으로 고객 확보	데이터 기반 콘텐츠 큐레이션 및 배리어프리 자막 고도화
웨이브	시청 환경 개선으로 고객 확보	웨이브 컨소시엄 구성해 AI 자동자막 생성 기술 개발 중

출처: 이투데이(2023.10.11.).

국내에서 지난해에 넷플릭스는 베이직(월 9,500원)을 페지하고 스탠다드(월 13,500원)만 유지하고, 디즈니+는 스탠다드(월 9,900원) 외에 프리미엄(월 13,500원)을 신설하였으며, 티빙은 베이직(월 7,900원)을 9,500원으로, 스탠다드(월 10,900원)를 13,500원으로, 프리미엄(월 13,900원)은 17,000원으로 인상하였다. 또한,

광고형을 5,500원에 출시하였다. 그리고 2024년 5월부터 연간 요금제를 약 20% 인상하였다.[11]

둘째, 비용을 절감하기 위한 정리해고이다. 수익을 늘리는 데는 두 가지 방법이 있다. 매출을 늘리거나 비용을 줄이는 방법이다. 정리해고는 후자에 속한다. 2023년도에는 뉴스와 미디어 업계에서 2008년 이후 최고로 많은 21,400명을 감원했고, 2024년에도 미디어 업계에서 이어지고 있다. NBC가 1월 75명을 정리해고 하고, CBS도 워싱턴 사무소 20명 감원했다. 워너브라더스디스커버리는 5월에 뉴질랜드 뉴스허브를 닫으면서 300명 이상을 정리했다. 디즈니는 엔터테인먼트 텔레비전의 약 2%인 140명와 내셔널지오그래픽의 13%인 60명이 해당된다. 폭스 엔터테인먼트는 7월에 30명을 감원했다. CNN도 2.9%인 100명을 감원했다. 넷플릭스는 영화 부분 재구조화를 하면서 15명을 감원했고, 유튜브는 1월에 100명을 해고했다.[12]

파라마운트는 올해 초 글로벌에서 3%를 감축하겠다고 밝힌데 이어 지난 8월 2분기 실적 발표후 2025년 9월 30일까지 스카이댄스 미디어(Skydance Media)에 흡수되기 전에 미국 노동자의 15%인 약 2,000명을 해고하겠다고 밝혔다. 이를 통해 3분기에 3~4억 달러의 구조조정 효과를 볼 것으로 기대한다.[13]

셋째, 세금을 줄이기 위해 상각(write-down)을 실시한다. 파라마운트는 케이블TV 네트워크에서 59.8억 달러의 상각을 실시하고, 워너브러더스.디스커버리도 케이블 TV 네트워크 사업의 가치 하락을 반영해 91억 달러 규모의 상각을 발표했다.

넷째, 비용절감 방안도 추진한다. 넷플릭스는 메건 마클(Meghan Markle)의 요리 프로그램과 해리 왕자(Prince Harry)의 폴로 시리즈가 현재 제작 중이지만, 2020년에 체결한 1억 달러 규모의 계약을 갱신할 계획이 없는 것으로 알려졌다. <해리와 매건(Harry and Meghan)>이 인기가 있었으나 이후, 두 부부의 다큐시리즈가 별로 인기가 없었기 때문이다.[14] 이처럼 투자 대비 수익(ROI)이 나오지 않으면 화제가 되는 인물이라고 해도 계약이 지속되지 않는다.

블룸버그에 따르면 파라마운트는 자산을 매각할 목적으로 은행원을 채용하여 지역 12개의 방송국 매각도 검토하고 있다.[15]

미국의 광고 잡지 애드위크(Adweek)도 올해 시장을 전망하면서 '스트리밍 전쟁이 다시 혼돈의 시대로 접어들었다'는 기사를 통해 TV는 황금시대에서 피크시대를 거치고 이제 모든 것이 무너져 하이브리드 TV를 경험하고 있다고 진단했다.[16] 사업자들은 리브랜드나 번들 등을 통해 소비자를 혼란스럽게 하고, 점점 더 많은 비용을 부담시키고 있다.

02. 독자 생존에서 공존으로

미디어 기업들은 넷플릭스의 성공을 보면서 각자 별도의 OTT 플랫폼을 만들었고, 각자의 콘텐츠를 독점으로 공급하거나 오리지널을 만들면서 독자 생존의 모델을 갖추었다. 디즈니+, HBO 맥스, 피콕 등 다양한 OTT가 문을 열면서 각 미디어 기업들은 넷플릭스에 대한 콘텐츠 공급 계약을 멈췄다. 운영하는 OTT에 콘텐츠를 독점 공급하면 가입자가 증가할 것으로 보았기 때문이다. 디즈니의 <어벤저스> 등 마블 시리즈, <스타워즈>, <그레이 아나토미> 등, 워너미디어는 <매트릭스>, <슈퍼맨>, <배트맨>, <반지의 제왕>, <프렌즈> 등, NBC 유니버설은 <더 오피스>, <팍스 앤 레크리에이션> 등이 해당한다.[17]

그러나 지난해부터 공존의 형태로 변화가 일어나고 있다. 파라마운트+는 출범 초기부터 <사우스 파크>를 HBO 맥스에 유통하고, <옐로스톤>은 피콕에 판매하였다. 그 뒤를 이어 2023년 워너브라더스디스커버리는 수직 계열에 한정해 콘텐츠를 유통하는 전략에 변화를 주었다. HBO 맥스의 일부 콘텐츠를 로쿠나 폭스의 FAST 채널 투비(Tubi)에 재판매하였고, 라이온스게이트는 스튜디오 사업과 스타즈 스트리밍 서비스를 분리하였다. 디즈니는 2023년 2월

초 디즈니+의 손실을 줄여야 한다는 압박 때문에 타사에 판매하는 것을 논의하였고, CEO로 복귀한 밥 아이거는 콘텐츠를 제3자에게 라이센싱하는 계획을 검토하고 있다고 밝혔다. 아마존은 워너 브라더스와 파트너십을 확대하여 HBO의 <석세션>, <왕좌의 게임>, <워치맨> 등을 서비스할 예정이다.

미국의 케이블 TV 차터(Charter)는 2024년 5월 파라마운트 글로벌과 계약을 맺고 가장 인기 있는 스펙트럼 유료TV 번들에 추가 비용을 받지 않고 광고 기반의 파라마운트+를 추가하기로 했다. 8월부터 스펙트럼 TV 셀렉트에서 월 5.99달러의 파라마운트+ 에센셜을 이용할 수 있다. 이를 통해 스페트럼 가입자는 최고의 오리지널 콘텐츠와 라이브 스포츠 중계를 볼 수 있고, 파라마운트는 새로운 콘텐츠 유통 창구를 창출했다. 차터의 톰 몬테매그노(Tom Montemagno) 수석 부사장은 이번 협력을 건강한 비디오 생태계를 만드는 중요한 발걸음이라고 평가했다.[18]

2024년 5월, 케이블TV 컴캐스트는 엑스피니티(Xfinity) 고객에게만 피콕, 넷플릭스, 애플TV+를 결합할 수 있는 스트림세이버(StreamSaver)를 월 14.99달러에 출시했다. 통신사 버라이즌은 넷플릭스와 맥스 번들을 출시했다. 2024년 7월, 디즈니와 워너브라더스디스커버리는 맥스, 디즈니+, 훌루를 포함하는 메가번들을 만들어 광고 지원 상품은 월 16.99달러, 광고 없는 상품은 29.99달러에 선보였다.[19]

이러한 번들은 시청자가 보고 싶은 콘텐츠에 대한 선택권을 더 많이 제공함으로써 월 단위로 구독을 해지하는 것을 더 어렵게 만들겠다는 의도일 수 있다. 또한 개별 서비스의 도달률을 높일 수도 있는 장점이 있다.

파라마운트+는 프랑스에서 카날+(CANAL+)와 기존의 협력에서 스트리밍, 방송, 독점 콘텐츠 확보를 포함한 파트너십을 강화하기로했다. 카날+ 가입자는 추가 요금 없이 모든 파라마운트+의 콘텐츠를 시청할 수 있다.[20]

구글은 넷플릭스의 <에밀리 파리를 가다 4>의 후원사가 되어 구글 렌즈로 에밀리의 의상을 촬영하여 온라인에서 쇼핑할 수 있도록 했다.[21] 2025년에도 미디어 기업간의 협력이나 OTT의 쌍방향성을 활용한 다양한 콜라보(협력)가 활성화할 것이다.

03. 넷플릭스를 적에서 동지로

독자 생존에서 공존과 맥을 같이 하는 아이템이다. 그동안 기존 미디어의 OTT 서비스는 넷플릭스를 적으로 여겨왔다. 그래서 넷플릭스에 공급하던 콘텐츠를 전부 끊었다. 그러나 이제는 넷플릭스라는 존재를 어느 정도 인정하고 협력하는 모습을 보이고 있다.

넷플릭스와 경쟁하던 미디어 기업들이 새로운 전략을 짜게 된 이유는 수백억 달러를 들여 구독 기반 스트리머를 위한 프로그램을 늘리려던 거대 미디어 기업들은 자신들이 출시한 OTT 서비스의 성장 잠재력이 한계에 다다랐다는 사실을 깨달았기 때문이다. 또한, 동시에 이용자들은 더 빠른 속도로 케이블을 코드커팅하며 한때 수익성이 높았던 미디어 대기업의 수익원을 위태롭게 하고 있기 때문이다.[22]

넷플릭스는 비즈니스를 확장하기 위해서 콘텐츠 협력(partnerships), 오리지널 콘텐츠 협업(collaborations), 배급 협력, 세계 확장 협력, 기술 협력, 광고 협력 등 다양한 협력을 하고 있다. 넷플릭스는 워너 브라더스, 디즈니, 유니버설, 소니 픽처스 등 할리우드 주요 스튜디오 및 제작사와 전략적 파트너십을 맺고 인기 영화 및 TV 프로그램의 독점 스트리밍 권리를 획득하고 있다.[23] 이러한 노력을 통해 미국의 4대 콘텐츠 배급사로 뛰어올랐다. 닐슨의 더게이지에 따르면 배급사별 콘텐츠의 2024년 7월와 8월 시청 점유율을 보면, 디즈니 10.8%, 유튜브 9.9%, NBC유니버설 8.5%에 이어 넷플릭스가 8.4%이다.[24]

2023년 여름 워너브라더스디스커버리는 HBO 오리지널 시리즈 <인시큐어(Insecure)>를 처음으로 경쟁사인 넷플릭스에 공급하였다. 또한 맥스(Max)와의 공동 독점 계약이 끝난 <밴드 오브 브라더스(Band of Brothers)>, <더 퍼시

픽(The Pacific)>, <식스 핏 언더(Six Feet Under)>, <볼러스(Ballers)>, <섹스 앤 더 시티>도 추가되었다. <트루 블러드(True Blood)>는 미국 외 지역에서 공급되었다.[25]

NBC유니버설은 2023년 6월 2011년부터 2019년까지 방영된 메건 마클(Meghan Markle) 주연의 <슈츠(Suits)>를 넷플릭스에 공급하였다. 이 법정 드라마는 닐슨 스트리밍 상위 10위권에서 3개월 동안 1위를 차지하며 오래된 프로그램에 대한 '넷플릭스 효과'를 보여줬다.[26]

디즈니가 소유한 <스타워즈>와 마블 세계관의 영화 등 가장 인기 있는 콘텐츠는 여전히 보류되고 있지만, <듄(Dune)>, <프로메테우스(Prometheus)> 등 수십 편의 영화와 <영 쉘든(Young Sheldon)> 같은 시리즈가 필요한 현금을 받고 스트리밍 대기업에 판매하였다. 또한 <디스 이즈 어스>, <하우 아이 미트 유어 마더>, <프리즌 브레이크>, <화이트 칼러(White Collar)> <로스트>, ESPN의 스포츠 다큐멘터리 시리즈 <30 대 30> 등도 넷플릭스에 공급했다.[27] 일부 콘텐츠는 한국에서 서비스가 안 된다.

국내에서는 2016년 넷플릭스가 국내 시장에 진출했을 때 대부분의 영상 콘텐츠 저작권을 갖고 있는 국내 방송사들은 콘텐츠를 공급하지 않았다. 그러나 2019년 CJ ENM과 스튜디오 드래곤이 2020년부터 3년간 21편을 공급하기로 하고, 며칠 뒤 JTBC도 유사한 계약을 체결하면서 넷플릭스가 성장가도에 올랐다. 지상파 3사도 2019년 9월 웨이브를 출범하면서 방송사별로 연간 1~2편을 공급하고 있다. 2023년에는 MBC가 예능 <피지컬:100>과 다큐멘터리 <나는 신이다: 신이 배신한 사람들>을 넷플릭스 오리지널로 제작해 납품했다. SBS는 <국가수사본부>를 웨이브에 오리지널로 공급했다. LG 유플러스는 2023년 3월 8부작 스포츠 다큐멘터리 <아워게임: LG트윈스>를 제작하여 티빙 오리지널로 공개했다.[28]

티빙과 웨이브의 통합이 발표된 후 걸림돌로 JTBC가 지분을 더 요구하여 그렇다는 소식이 있었다.[29] 지상파와 웨이브의 계약이 끝나가면서 실시간 방송을 웨이브에서 중단하고 이 자리를 넷플릭스와 쿠팡플레이가 러브콜을 보내고 있으며, 웨이브와 티빙의 합병의 새로운 걸림돌로 넷플릭스에 대한 콘텐츠 공급에 대한 이견이 있다는 소식이 있다. 그동안 넷플릭스에 콘텐츠 공급을 자제해 왔던 지상파가 넷플릭스 등 외부 OTT에 콘텐츠를 더 늘려서 공급하겠다는 입장을 관철 중이라고 한다.[30] 어제의 적이 오늘은 동지가 되는 형국이다.

미국 영화 제작자 저드 아파토우(Judd Apatow)는 오래된 시리즈를 다시 시청하는 트렌드와 스트리머 간의 라이선스 계약이 "무섭다"고 밝혔다. 새 프로그램을 만들기 위해 2억 달러를 쓸 리스크를 무릅쓸 필요는 없기 때문에 새로운 프로그램이 줄어들 거라고 의견을 피력했다.[31] 이처럼 기존 미디어 기업의 구작 콘텐츠가 넷플릭스에 공급이 될수록 부작용도 늘어날 수 있다.

04. OTT의 AI 도입

2022년 11월 챗GPT가 등장한 이래 AI는 전 세계를 혁신하고 있다. OTT 영역도 그렇다. 언뜻 보기에 'OTT에서 AI가 활용되는 영역이 얼마나 있을까' 하는 생각이 든다. 콘텐츠 추천이 가장 먼저 떠오른다. 그만큼 넷플릭스의 개인화된 콘텐츠 추천이 정교하고 이용자뿐 아니라 비이용자에게도 널리 알려졌기 때문이다. 그러나 온라인 교육을 운영하는 디지털디파인드(digitaldefynd)는 "OTT에서 AI의 활용 사례 10가지"를 정리했다. 1) 개인화된 콘텐츠 추천, 2) 동적 콘텐츠 큐레이션, 3) 비디오 스트리밍 최적화, 4) 자동화된 콘텐츠 태그 지정, 5) AI 기반 타겟 광고, 6) 콘텐츠 생성 지원, 7) 시청자 참여 예측, 8) 음성 및 이미지 인식, 9) 콘텐츠 수익화 전략, 10) 예측 콘텐츠 라이센싱 등이다.[32]

하나씩 좀 더 구체적으로 설명하면, 첫째, 개인화된 콘텐츠 추천이다. AI 알고리즘은 선호도, 시청 기록, 상호 작용을 포함한 이용자 데이터를 분석하여 OTT 플랫폼에서 제공하는 콘텐츠를 추천한다. 개인화된 추천 콘텐츠는 개별 선호도와 밀접하게 연계되어 이용자 참여를 높여서 OTT 가입 유지율과 전반적인 이용자 만족도를 높이게 된다.

둘째, 동적 콘텐츠 큐레이션이다. AI로 구동되는 동적 콘텐츠 큐레이션은 OTT 플랫폼이 이용자를 위해 매력적인 콘텐츠 라이브러리를 유지할 수 있도록 한다. AI 알고리즘을 활용하여 이용자 행동, 트렌드, 피드백 및 지역별 선호도를 지속적으로 모니터링하고 분석한다. 이 실시간 데이터 처리를 통해 OTT 플랫폼은 인기 주제, 이용자 피드백 및 새로운 콘텐츠 범주를 기반으로 컬렉션을 동적으로 선별할 수 있다.

셋째, 비디오 스트리밍 최적화이다. AI는 OTT 플랫폼에서 비디오 스트리밍 품질을 최적화하는 데 매우 중요하며, 다양한 디바이스와 네트워크 조건에서 이용자의 원활하고 몰입감 있는 시청 경험을 향상시킨다. OTT 플랫폼은 비트레이트 적응을 위해 AI 알고리즘을 활용하여 실시간 네트워크 측정항목 및 디바이스 기능을 기반으로 비디오 해상도, 비트레이트 및 버퍼링을 동적으로 조정한다. 이 지능형 최적화 프로세스는 인터넷 속도나 네트워크 혼잡 상황에서도 비디오 전송을 최적화하고, 버퍼링을 줄이고, 비디오 품질을 향상시키고, 재생 중단을 최소화하여 이용자에게 최상의 시청 경험을 제공하기 위해 즉각적인 조정을 수행한다.

넷째, 자동화된 콘텐츠 태그 지정이다. AI로 구동되는 자동화된 콘텐츠 태깅은 OTT 플랫폼에서 방대한 양의 비디오 콘텐츠를 분류하고 구성하는 프로세스를 간소화한다. OTT는 AI 알고리즘을 활용하여 콘텐츠, 장르, 언어, 길이 등에 따라 콘텐츠의 메타데이터 태그를 자동으로 만든다.

다섯째, AI 기반 타겟 광고이다. AI 기반 타겟 광고는 OTT 플랫폼이 이용자의 관심사, 인구 통계 및 시청 행동을 고려하여 이용자에게 개인화되고 관련성 높은 광고를 제공하는 데 AI를 사용한다. OTT는 AI 알고리즘을 활용하여 연령, 성별, 위치, 시청 습관, 상호 작용 및 참여 지표를 포함한 방대한 이용자 데이터를 분석하여 광고 게재 및 배치를 개선하여 광고가 최적의 시간에 적절한 잠재고객에게 도달하도록 한다. AI 기반 타겟 광고는 이용자의 관심사와 선호도에 부합하는 타겟 광고를 제공함으로써 광고 관련성, 참여율 및 전반적인 효율성을 개선한다.

여섯째, 콘텐츠 생성 지원이다. AI는 OTT 플랫폼에서 콘텐츠 제작에 귀중한 지원 도구로써 콘텐츠 제작자의 크리에이티브 프로세스를 간소화하기 위한 통찰력, 권장 사항 및 자동화된 기능을 제공한다. AI 기반 콘텐츠 제작 도구는 머신 러닝 알고리즘을 활용하여 이용자 생성 콘텐츠를 분석하고, 트렌드를 식별하고, 비디오 품질을 향상시키는 창의적인 제안을 제공한다.

일곱째, 시청자 참여 예측이다. AI 분석 도구를 사용하면 OTT 플랫폼이 특정 콘텐츠에 대한 시청자 참여 수준을 예측할 수 있으므로 데이터 기반 콘텐츠 프로모션 및 최적화 전략을 수립할 수 있다. OTT는 AI 알고리즘을 활용하여 이용자 행동, 콘텐츠 상호 작용, 참여 지표 및 과거 데이터를 분석하여 신작 또는 기존 콘텐츠의 잠재적 인기와 시청자 참여를 예측한다.

여덟째, 음성 및 이미지 인식이다. AI 기반 음성 및 이미지 인식 기술은 OTT 플랫폼에서 이용자 상호 작용, 개인화 및 콘텐츠 검색을 향상시킨다. 아마존 파이어 TV는 AI 기반 음성 명령을 활용하여 이용자를 위한 핸즈프리 탐색, 콘텐츠 검색 및 제어 기능을 가능하게 한다. AI 기반 음성 인식 프로세스에는 이용자 명령과 쿼리를 이해하고 해석하는 자연어 처리(NLP) 알고리즘이 포함되어 있어 이용자는 음성 명령을 사용하여 특정 콘텐츠를 검색하거나, 재생을 제어하거나, 설정을 조정하거나, 기본 설정에 따라 새로운 프로그램을 검색할 수 있다. 마찬가지로 AI 기반 이미지 인식 기술은 섬네일, 포스터 및 프로모션 이미지와 같은 시각적 콘텐츠와 이용자의 상호 작용을 분석하여 이용자 선호도와 행동을 이해할 수 있다.

아홉째, 콘텐츠 수익화 전략이다. AI 기반 콘텐츠 수익 창출 전략은 데이터 기반 가격 모델, 구독 계획 및 프로모션 제안을 통해 OTT 플랫폼에서 수익 창출을 최적화한다. Max는 AI 알고리즘을 사용하여 이용자 행동, 시장 동향, 경쟁사 전략 및 콘텐츠 성능 지표를 분석하여 수익 창출 결정 및 전략을 수립한다. 이 데이터 기반 접근 방식을 통해 OTT는 이용자의 지불 의사를 이해하고, 구독 선호도에 따라 잠재 고객을 분류하고, 이용자에게 가치를 제공하면서 수익을 극대화하는 가격 책정 계획을 설계할 수 있다.

열째, 라이센싱할 콘텐츠 예측이다. AI 기반 예측 분석은 OTT 플랫폼의 콘텐츠 라이선싱 결정을 안내하여 넷플릭스와 같은 OTT가 콘텐츠 성공, 시청자 참여 및 수요를 예측할 수 있도록 한다. 이러한 예측 분석은 기계 학습 알고리즘, 데이터 마이닝 기술 및 통계 분석을 활용하여 콘텐츠 라이선스의 성능과 영향을 정확하게 예측한다.

정리하면, AI가 OTT에 도입됨에 따라 전례 없는 개인화, 운영의 효율성, 이용자 만족도 향상을 특징으로 하는 엔터테인먼트 분야에 변혁이 일어나고 있다. AI가 발전함에 따라 OTT 영역에서 더욱 혁신적인 발전이 있을 것으로 예상되며, 이는 미디어 소비 및 이용자 상호 작용의 향후 환경에 영향을 미칠 것으로 예상된다. 향후 AI는 전 세계 관객의 시청 경험을 풍부하게 하여 보다 지능적이고 역동적이며 몰입감 있는 엔터테인먼트 생태계를 만들어 갈 것이다.

OTT의 인공지능 활용에 대해서는 유건식의 신간 <OTT 서비스와 AI>(2024, 커뮤니케이션북스>를 참조하기 바란다.

05. 구독에서 광고로

OTT하면 광고 없는 넷플릭스의 구독 모델이 새로운 블루오션으로 꼽혔었다. 넷플릭스도 이를 강조하면서 구독자를 끌어모았고, 이용자도 여기에 호응했다. 그러나 불과 몇 년 만에 트렌드가 바뀌고 있다. OTT 서비스가 포화상태가 되면서 광고에 초점을 맞추고 있다. 넷플릭스는 광고 요금제가 효율성이 높다는 판단하에 베이직 요금제를 없애고 광고 요금제 확대를 꾀하고 있다. 심지어 광고 단가를 50%로 낮추어 더 많은 광고주를 유인하겠다는 전략을 추진하고 있다.

호로위츠 리서치의 수석 부사장 겸 인사이트 및 전략 책임자인 아드리아나 워터스톤(Adriana Waterston)에 따르면 "FAST는 소비자들이 TV 앞에 앉을 때마다 시청할 콘텐츠를 찾기 위해 많은 노력을 기울여야 했던 온디맨드 공간에서의 TV 시청 문제를 완화하여 편안한 시청 경험을 제공하는 데 도움을 주고 있다. 또한 미디어 기업 입장에서는 광고 수익과 신디케이션을 통한 수익을 모두 창출할 수 있는 기회를 창출하여 비즈니스 모델의 균형을 되찾는 데 도움이 될 것이다."고 밝혔다.[33]

OTT에서 광고 모델은 두 가지이다. 하나는 구독모델이지만 광고를 보는 대신 저렴한 구독료를 내는 AVOD(Ad-supported VOD)모델이고, 다른 하나는 구독료 없이 콘텐츠를 볼 수 있지만 광고를 더 많이 봐야 하는 FAST(Free Ad-supported Streaming TV) 서비스이다.

AVOD는 기존의 미디어 기업이 SVOD(Subscription VOD)에 이어 도입한 서비스이다. 대표적인 서비스가 넷플릭스와 디즈니+이다.

미국에서 매년 5월에 기존 미디어어 광고 판매 행사인 업프런트가 열린다. 디지털 미디어가 부상하면서 2008년부터 뉴프런트 행사가 생겼다. 일반적으로 스트리밍 및 디지털 미디어 관련 뉴스는 대부분 뉴프론트에서만 다루어졌지만, 2024년에는 아마존과 넷플릭스가 NBC유니버설, 디즈니, 폭스, 워너브라더스디스커버리 등 기존 네트워크와 함께 일주일간 진행되는 행사에 참여하여 자사의 스트리밍 서비스에 상당한 무대 시간을 할애했다.

넷플릭스는 또한 사내 광고 기술 플랫폼과 2024년 초부터 광고 계층의 규모가 두 배로 증가하여 월간 활성 사용자 수가 4천만 명에 달한다고 발표했다. 넷플릭스의 광고 담당 사장인 에이미 레인하드(Amy Reinhard)는 현재 전체 가입자의 40%가 광고 요금제를 통해 가입한다고 말했다.[34] 넷플릭스의 다음 성

장 동력으로 광고를 꼽고 있다.[35]

FAST 서비스는 삼성이나 LG 같은 스마트TV 업체나 로쿠처럼 CTV 업체, 인터넷망으로만 유지하는 플루토TV, 투비 등이 있다. FAST 서비스의 장점으로는 이용자의 비용 절감도 있지만, 시청 경험의 확장이라는 측면도 강하다. 미국의 경우 호로위츠(Horowitz) 리서치가 발간한 "미디어, 엔터테인먼트 및 기술 현황: 시청 행태 2024"[36]에 따르면 시청자의 66%가 FAST 서비스를 이용하고 있다. FAST 이용자의 53%는 기존의 구독 OTT 서비스를 중단했다고 응답했고, 43%는 FAST 채널에서 시청했던 콘텐츠를 계속 보기 위해 유료TV를 계속 가입하고 있다고 밝혔다. 43%의 이용자가 유료TV를 시청하는 이유는 그동안 캐치업이라는 용어로 설명하던 현상이다. 신규 콘텐츠와 라이브러리 콘텐츠가 협력할 수 있는 지점이다. 실제로 이 보고서에 따르면 코드커팅을 하고 온디맨드 스트리밍만 이용하는 소비자들은 채널 서핑의 여유로운(lean-back) 경험을 못하고 있다. FAST 사용자의 73%는 무료 서비스를 통해 무엇이든 시청할 수 있게 되면서 TV 시청이 더 즐거워졌다는 데 동의했다. 코드커터 중 58%는 이 무료 서비스가 케이블 TV를 다시 시청하는 것과 같다고 답했다.

OTT 서비스에서는 기존 유료 가입자 확보 전쟁에서 지속적으로 증가하는 광고 시장을 공략하는 전쟁으로 전환이 지속될 것이다.

06. 드라마에서 스포츠로

OTT 지형에서 가장 큰 영향을 준 콘텐츠를 선택하라면 글로벌에서는 2013년 방송한 넷플릭스 오리지널 <하우스 오브 카드>를 꼽을 것이다. 한국에서는 2019년 방송한 넷플릭스 오리지널 <킹덤>이 해당될 것이다. 두 드라마는 그만큼 OTT 지형의 판도를 바꾼 콘텐츠이다. 드라마는 영화보다 더 투자 대비 효과가 크고 영향력이 오래 가기 때문이다. 그래서 OTT 산업에서는 오리지널은 신규 가입자를 확보하는 주된 콘텐츠로 인정되었다. 이제는 국내외를 막론하고 스포츠 콘텐츠가 새롭게 캐시카우로 떠올랐다.

먼저 미국을 보면 스포츠 콘텐츠 확보 전쟁이 펼쳐진다. 허브 엔테테인먼트 리서치의 "스포츠 미디어의 진화"에 따르면 미국 응답자의 59%가 스트리밍을 선호했고, 스포츠 중계의 신뢰성은 방송사(24%)가 높았다.[37] 대형 스포츠 이벤트는 항상 지상파 방송에 있었지만 이제 스포츠는 어디에나 있다. 대표적인 사례가 올림픽이다. NBC유니버설은 5,000시간 동안 파리 올림픽을 중계하였고, 모든 플랫폼에서 평균 3,060만 명의 시청자를 기록하였다. 이는 2021년 도쿄 올림픽 1,690만 명보다 82%의 증가를 보인 수치이다. NBC유니버셜의 OTT 서비스인 피콕에서 3.92억 시간의 시청시간을 기록하였고 이는 도쿄 올림픽 2.86억 시간보다 40%가 증가한 기록이다.[38]

미국에서 NFL(전국 풋볼 리그)의 인기는 엄청나다. 미국의 시청률 조사회사 닐슨이 운영하는 '더 게이지(The Gauge)'에 따르면 2024년 1월의 TV 시청률이 4년 만에 최고치를 기록했다.[39] 그 이유 중의 하나가 NFL(풋볼 리그) 플레이오프를 시청하는 스트리밍 트래픽의 폭증이었다. 그중에서 피콕이 독점 중계하는 NFL 플레이오프가 주된 역할을 했다. 1월 13일은 총 408억 분이 스트리밍되어 역사상 가장 많이 스트리밍된 날로 기록됐다. 1월 지상파 시청률이 7.1%가 증가하여 전체 TV 시청이 24.2%로 상승했다. 주된 이유는 스포츠 시청이며 전체 방송 시청의 28%를 차지했다.

허브 엔테테인먼트의 조사에 따르면 스포츠에 대한 접근성은 시청자의 플랫폼에 큰 영향을 미친다. 스포츠 팬은 다른 콘텐츠보다 스포츠를 좋아하고, 스포츠는 시청자가 플랫폼 가입에 영향을 미치는 힘을 갖고 있으며, 스포츠 유통의 변화는 다른 콘텐츠에도 적용될 것이라는 점을 지적했다.[40] 이러한 인사이트는 최근 OTT들이 스포츠 콘텐츠를 확보하기 위해 혈안이 된 점을 보면 타당해 보인다.

OTT 서비스인 넷플릭스도 <마이클 조던: 더 라스트 댄스>(2020), <F1: 본능의 질주>, <언톨드(Untold)> 등 스포츠 다큐멘터리 시리즈를 제작에서 라이브 스포츠 중계에 뛰어들었다. 2023년 11월 다큐멘터리 시리즈 <F1: 본능의 질주>의 드라이버와 골퍼가 출연한 넷플릭스컵을 처음으로 중계하였다. 다음으로 2024년 3월에는 테니스 스타 라파엘 나달과 카를로스 알카라즈의 시범 경기인 넷플릭스 슬램(Netflix Slam)을 개최하고 중계했다.[41] 넷플릭스는 2024년 1월 WWE와 10년 계약을 체결하여 2025년 1월부터 WWE의 대표 주간 프로그램인 <로(Raw)>를 스트리밍하는 계약을 체결했다. 지금까지는 NBC유니버설의 USA 네트워크에서 방송되었다.[42] 또한, 크리스마스 NFL 경기를 3년간 중계하게 된다.

미국프로농구(NBA) 관련 소송도 진행중이다. NBA는 2024년 7월 2025년부터 11년간 경기 중계권을 디즈니 산하 방송 채널인 ESPN·ABC, NBC유니버설, 아마존 3개 사와 경기 중계권 계약을 체결했다. 계약 금액은 770억 달러에 달한다. 문제는 약 40년간 중계해 온 워너브라더스디스커버리(WBD)가 떨어졌다. 이에 WBD는 경쟁사와 동일한 조건을 제안했지만 떨어졌다고 소송을 제기했다. 이에 NBA에 조건이 달랐다고 답변했다.[43]

영국의 플랫폼 기반 축구 미디어 회사인 원풋볼(Onefootball)은 이탈리아의 세리에A(Serie A) 2024/2025 리그를 영국과 아일랜드에서 중계하기로 합의했다. 이 계약을 통해 세리에A 380 경기 모두를 스트리밍하게 된다.[44]

국내에서도 쿠팡플레이를 시작으로 스포츠 중계권 확보 전쟁이 벌어졌다. 과거에는 지상파가 스포츠 중계를 독점하던 시대가 있었다. 그러다가 SPOTV 등 스포츠 전문 케이블이 나오면서 힘의 우위가 케이블로 넘어갔다. 쿠팡플레이는 슈퍼볼 독점 중계, 해외 유명 축구 구단 초청 등 스포츠 중계를 통해 월간 사용자 800만 명을 돌파하면서 토종 OTT 중에서 가장 많은 이용자를 확보하기도 하였다. 티빙은 2024~2026년 한국프로야구 KBO리그 뉴미디어 중계권을 연간 약 450억 원, 총 1350억 원에 획득하고, 중계권을 네이버 등에 재판매하지 않고 독점하기로 했다. 미국 지상파 계열 OTT와 협업을 통해 스포츠 중계권을 확보하는 움직임도 보이는데, 이런 시청자 확보 노력은 주목할 필요가 있다.

더 구체적인 내용은 2024년 글로벌 동향 네 번째 "OTT의 스포츠 콘텐츠 확보 전쟁"과 국내 동향 네 번째 "스포츠 콘텐츠의 성과"를 참조하기 바란다.

07. 글로벌 규제 논의에서 법제화로

시장과 규제의 관계에 있어서 규제는 항상 늦게 규율이 된다. 어느 정도 시장의 현상이 나타나야 어떻게 질서를 잡게할지 정부의 규제가 따라온다. OTT에 대해서 시장의 질서를 위해 초기부터 규제해야 한다는 입장과 시장에서 성숙될 때까지 기다려야 한다는 주장이 대립된다. 이제는 글로벌 기업인 넷플릭스의 완승으로 끝나는 경향이 있으므로 규제의 움직임이 강화되고 있다.

글로벌에서는 법제화를 통해 규제하려는 곳이 프랑스, 독일, 뉴질랜드이다. 유럽이나 남미 국가들은 법 강화를 통해 창작자들의 공정보상권을 보장하고 있다. 실제로 미국외에도 유럽과 남미 지역에서 넷플릭스는 재상영분배금을 창작자에게 분배하고 있으며, 해당 국가에서는 이를 '공정보수'(fair remuneration)라 부르고 있다. 미국의 '재상영분배금'과 마찬가지로 작품이 일정기간 동안 넷플릭스를 통해 서비스되는데 따른 기여를 금전적으로 인정해주는 것이다.[45]

2019년 유럽연합(EU)은 디지털 유통환경 변화에 맞게 저작자 및 실연자의 권리를 강화한다는 내용의 "디지털 단일시장의 저작권 및 저작인접권에 관한 지침(Directive (EU) 2019/790 of the European Parliament and of the Council of 17 April 2019 on copyright and related rights in the Digital Single Market and amending Directives 96/9/EC and 2001/29/EC)[46]을 발표하고, EU 내 모든 회원국이 2년 내 지침 내용을 국내법 개정을 통해 반영하고 이행하게 했다. 프랑스나 독일, 스페인, 아르헨티나, 콜롬비아 등의 경우 어떤 플랫폼에서든 영상물이 상영될 때마다 발생하는 수익의 0.2~0.5%를 창작자의 수익으로 돌아갈 수 있게 법으로 정해두고 있다. 또 이 저작권료를 받아 창작자들에게 분배할 수 있는 권한을 법으로 공인된 저작권

공동관리단체(CMO)가 위탁받아 관리할 수 있게 조항을 명시하고 있다.[47]

프랑스는 EU가 각 국가들이 2021년 6월 7일까지 이행해야 하는 "디지털단일시장의 저작권 및 저작인접권에 관한 지침 2019/790" 제17~23조를 준수하기 위해 2021년 5월 12일 법 제2021-580호를 채택하였다(Osborne Clarke, 2021.6.1.). 법은 일부는 이미 적용되고 있고, 2022년 6월 7일부터 적용되었다. 제2021-580 지침 제17조는 콘텐츠 공유 플랫폼 제공자에 대한 특정 책임 메커니즘을 도입하여 콘텐츠 공유 플랫폼 제공자가 저작물 창작자와 공정한 보상 계약을 체결하도록 장려한다. 콘텐츠 공유 플랫폼 제공자는 직간접적인 영리 목적으로 사용자가 업로드한 대량의 저작권 보호 저작물 또는 기타 보호 대상물을 저장하고 대중이 접근할 수 있도록 하는 온라인 커뮤니케이션 서비스 제공자로 정의했다.

독일도 영상제작 분야의 스태프들의 건강과 관련된 복지제도는 근로법 및 민법과 같은 국가적인 법률 규정에 근거하여 적용된다. 영상 제작 분야의 임금협정은 ver.di[48]와 독일 영화제작자 연맹(Filmförderungsanstalt, FFA)[49] 간 체결된 근로 및 임금협정(Manteltarifvertrag)을 토대로 한다.

뉴질랜드에서는 영상콘텐츠산업의 단체 교섭은 법에 기반을 두고 이루어진다. 2022년 10월 27일 제정되어 12월 30일부터 시행된 영상산업노동자법(Screen Industry Workers Act)에 따라 개인계약자(contractor)가 종업원(employees)의 신분을 인정받지 못하더라도 단체교섭을 할 수있도록 허용된다. 영상산업노동자법은 직종별 단체교섭(occupational bargaining)과 기업별 단체교섭 (enterprise bargaining)이라는 두 가지 형태의 단체교섭을 허용하고 있다. 직종별 단체교섭은 직종 차원의 최저 조건과 고용 기준을 정하는 것이며, 기업별 교섭은 개별 제작사나 개별 고용인과 최저 조건과 고용 기준을 교섭으로 정하는 것이다.

국내에서도 OTT 관련하여 많은 법률안이 발의되었다. OTT서비스 등 새로운 미디어서비스를 전통적인 '방송'에 포섭하기 어려운 상황이기 때문이다. 방송·통신 융합 환경에 부합하는 상위개념으로서 '시청각미디어서비스' 개념을 설정하고, 기존 '방송' 범위를 재설정하고 인터넷동영상서비스들도 시청각미디어서비스 하위개념에 포섭하는 방안이 필요하다.[50] 그렇지만 OTT로 힘의 균형이 증가하고 있지만 여전히 규제는 정리가 되지 못하고 있다.[51]

국회입법조사처가 발간한 국정감사 이슈 분석 보고서에 따르면 2024년 과학기술방송통신위원회(과방위) 국감의 OTT 분야 주요 관련 이슈는 미디어 통합법 추진, OTT 플랫폼 해외진출 지원, 방송발전기금 운용 개선 등이다. 방송통신위원회가 정책연구반을 가동하여 준비하고 있는 통합미디어법은 현행 방송법, 인터넷멀티미디어 방송사업법, 전기통신사업법으로 분산된 미디어 규율 체계를 개편해 신·구 미디어를 포괄하는 게 골자다. 아직 법적 사각지대에 있는 OTT를 제도권 안으로 포섭하겠다는 게 정부의 구상이다. 더불어민주당 조인철 의원의 OTT 기금 징수 법 발의를 포함하여 OTT에 방송통신발전기금(방발기금)을 걷기 위한 법 개정을 둘러싼 논란도 올해 국감에서 활발해질 것으로 보인다. 방발기금은 주파수 할당 대가 배분액과 방송사업자의 분담금 등을 재원으로 조성되며, 방송통신서비스 활성화 및 기반 조성을 위한 사업, 공익·공공을 목적으로 운영되는 방송통신 지원 등에 사용된다. 방송사업자에 대한 분담금은 허가 또는 승인 방송사업자(지상파·종편PP·보도전문PP, 유료방송 및 홈쇼핑PP)가 부과 대상이다.[52]

이처럼 국내외의 OTT 서비스가 어느 정도 안정화하면서 이에 대한 규제가 법률로 정착되고 있다.

08. 국내 OTT의 주도권이 방송사에서 통신사로

OTT는 극장에서 개봉 후 상당기간이 지난 영화를 공급하는 것에서 시작했다. 이후 TV 콘텐츠가 주된 시청 대상이 되었다. 그러면서 미국은 방송 콘텐츠의 IP를 소유하고 있는 미디어 기업들이 OTT 서비스를 시작하고, 국내도 드라마를 소유하고 있는 방송사 주도로 OTT 서비스가 성장했다. 이제는 국내에서 OTT에 대한 방송사의 주도권은 점차 힘을 잃고 SKT나 KT 등 통신사가 끌어가고 있다.

통신사는 OTT 서비스에 깊숙이 관여하고 있다. 웨이브는 지상파가 59.49%를 갖고 있지만 대주주는 SK스퀘어로 40.5%(웨이브 36.68% + SK스퀘어 아메리카 3.84%)를 소유하고 있다. 지상파 3사(KBS·MBC·SBS)와 웨이브와 콘텐츠 계약이 올해 끝나는데 연장이 어떻게 결론이 날지 관건이다.

KT의 자회사 스튜디오 지니는 티빙의 지분 13.54%를 소유하고 있다. KT는 세계적 컨설팅 기업 보스턴컨설팅그룹(BCG)에 콘텐츠 사업을 중심으로 한 미디어 사업 전략 진단을 의뢰했는데 콘텐츠·미디어 사업 투자가 필요한지 판단과 함께 적정한 투자 규모와 사업 종류에 대한 조언과 OTT 사업 재추진에 대한 검토 등도 포함된 것으로 알려졌다.[53]

LGU+도 사내기업 스튜디오 X+U를 통해 <노 웨이 아웃> 등의 콘텐츠를 만들어 'U+모바일tv'에 콘텐츠를 공급하고 있다. 차이점은 미드폼 콘텐츠를 주로 만든다.[54]

통신사 모두 OTT 결합 상품을 출시하고 있다. SK텔레콤은 지난 6월 구독 서비스 플랫폼인 'T우주'에서 넷플릭스를 구독할 수 있는 '우주패스 넷플릭스'를 출시했다. 이는 SKT와 SK브로드밴드, 넷플릭스가 지난해 9월 체결한 전략적 파트너십의 성과다. '우주패스 넷플릭스'는 국내외 대표 OTT인 넷플릭스와 웨이브를 결합해 최대 10% 저렴한 할인 혜택을 제공한다. 가입자는 넷플릭스의 광고형 스탠다드(5,500원), 스탠다드(13,500원), 프리미엄(17,000원) 요금제 중 하나를 선택할 수 있으며 웨이브의 콘텐츠 팩(7,900원)과 결합돼 최대 10% 저렴한 가격으로 이용할 수 있다. 또한, 2024년 9월 OTT와 IPTV 경계를 허문 신개념 요금제인 'B tv All+' 요금제를 출시했다. 하나의 요금제로 257개 실시간 채널뿐만 아니라 영화, 방송, 애니메이션, 키즈, 다큐멘터리 등 약 20만여

편의 전 장르 VOD를 무제한 시청할 수 있다. OTT처럼 추가결제할 필요 없이 실시간 채널부터 모든 장르 콘텐츠까지 마음껏 취향대로 즐길 수 있다.[55]

KT는 'OTT 구독' 상품을 통해 월 9,500원의 티빙 베이직 상품을 5,500원의 광고형 상품 가격으로 이용할 수 있다. 월 8,000원대의 지니뮤직은 3,000원대로 이용할 수 있다. 5G 데이터 무제한에 티빙과 지니뮤직, 밀리의 서재 혜택을 기본으로 제공하는 '티빙·지니·밀리 초이스'는 초이스 프리미엄(월13만원), 초이스 스페셜(월11만원), 초이스 베이직(월9만원) 3종이 있다. KT스카이라이프가 출시한 TV와 인터넷 결합상품에 원하는 OTT를 더하면 최대 11000원 할인 혜택을 제공하는 OTT 선택형 상품 'sky All&OTT'는 넷플릭스, 웨이브, 디즈니+, 왓챠를 포함한 OTT와 유튜브 프리미엄 등 6가지 중 선택이 가능하다.[56]

LG유플러스도 유튜브 프리미엄과 넷플릭스를 결합한 '더블 스트리밍 연간권'을 출시했다. 이 상품은 LG유플러스의 구독 상품 '유독'을 통해 가입할 수 있고, 14,900원 상당의 유튜브 프리미엄과 월 5,500원의 넷플릭스 광고형 요금제를 결합해 1년간 22% 할인된 월 15,900원이다.[57] 또한, 제네시스에 차량용 'U+모바일tv'를 탑재했다. 월 7,700원 제네시스 스트리밍 플러스 요금제에 가입하면 별도 구독료 없이 뉴스, 음악, 예능, 스포츠 등 실시간 채널 15개를 시청할 수 있다.[58] 유튜브 프리미엄과 넷플릭스 광고형 스탠다드를 1년 약정으로 약 22% 할인한 월 15,900원(VIP급 이상은 11,900원)에 제공하는 '더블 스트리밍 연간권'을 2024년 8월 출시했다.[59]

세계 미디어 시장의 변화가 가속화하고 있는데도 정부나 국회는 수년째 한 걸음도 나가지 못하는 불통과 무능을 보이고 있다. 그런 상황에서 방송사의 재정은 광고 악화와 함께 악순환 상태로 빠져들면서 그 주도권은 통신사로 넘어가고 있다.

09. 인기 K-콘텐츠의 풍성에서 빈약으로

글로벌에서 K-콘텐츠의 인기가 많았다. 지상파의 재정 위기 속에서 드라마 제작을 축소하면서 화제작이 별로 없다.

화제성을 조사하는 굿데이터코퍼레이션의 펀덱스(FUNdex) 조사 결과 연도별 3위 이내의 OTT 오리지널 콘텐츠를 확인해 보았더니 2024년에는 한 편도 없다.

<표7> 연도별 화제성 상위 3위 이내 드라마

구분	2021	2022	2023	2024
1	오징어 게임 (넷플릭스)	이상한 변호사 우영우 (ENA)	더 글로리 파트2 (넷플릭스)	선재 업고 튀어 (tvN)
2	펜트하우스2 (SBS)	지금 우리 학교는 (넷플릭스)	무빙 (디즈니+)	눈물의 여왕 (tvN)
3	옷소매 붉은 끝동 (MBC)	더 글로리 (넷플릭스)	낭만닥터 김사부 3 (SBS)	내 남편과 결혼해줘 (tvN)

출처: 굿데이터코퍼레이션.

다음으로 넷플릭스 자체에서 발표하는 주간 톱10 자료를 넷플릭스 사이트(top10.netflix.com)에서 다운받아 정리했다. 넷플릭스는 매주 10위까지 콘텐츠를 발표한다. 플릭스패트롤이 국가별 OTT에서 인기있는 콘텐츠 순위를 이용하여 글로벌 순위를 산출한다. 이와 같은 방식으로 넷플릭스 순위를 11에서 뺀 점수(1위는 10점, 10위는 1점)를 합산하여 콘텐츠의 인기를 계산하였다. 그 결과 펀덱스와 유사한 경향이 보인다. 매년 점수가 감소하는 경향이 보였다. 2021년 1위인 <슬기로운 의사생활 2>는 150점, 2022년 <환혼>은 126점, 2023년 <더 글로리>는 138점, 아직 연말까지 남아는 있지만 2024년 <눈물의 여왕>은 101점이다. 또한, 3위 안에 넷플릭스 오리지널이 2021년 <오징어 게임>과 2023년 <더 글로리>가 있지만, 2024년은 한 편도 없고 5위에 <살인자O난감>이 올라 있다. 이를 보더라도 OTT 오리리널 콘텐츠가 예년에 비해 인기가 부족함을 알 수 있다.

<표8> 연도별 넷플릭스 인기 상위 3위 이내 드라마

순위	2021			2022			2023			2024		
	제목	점수	10위내	제목	점수	10위내	제목	점수	10위내	제목	점수	10위내
1	슬기로운 의사생활 2	150	18	환혼	126	16	더 글로리	138	19	눈물의 여왕	101	13
2	갯마을 차차차	91	12	우리들의 블루스	122	15	일타 스캔들	94	12	귀멸의 칼날	82	11
3	오징어 게임	91	14	나는 솔로	121	24	닥터 차정숙	78	9	낮과 밤이 다른 그녀	79	10

마지막으로 전 세계의 OTT 플랫폼에서 콘텐츠의 인기를 조사하는 플릭스패트롤(flixpatrol.com)의 자료를 확인했다. 넷플릭스에서 100위내 K-콘텐츠 숫자가 2021년에는 <오징어 게임>을 비롯하여 10개에서 2022년에는 <지금 우리 학교는>을 포함하여 15개로 증가하고, 2023년에는 <더 글로리>를 포함하여 19개로 지속 증가하였다. 그러나 2024년 9월 7일 현재 15개로 감소하였다. 즉, 2024년에는 과거의 영광을 지속하지 못하고 K-콘텐츠의 전성기에서 하향세로 돌아서는 모습을 보여준다. 특히, 넷플릭스 오리지널은 <기생수>가 27위에 올랐을 뿐이다.

<표9> 플릭스패트롤 기준 글로벌 100위 내 연도별 K-콘텐츠

2021년 (10개)		2022년 (15개)		2023년 (19개)		2024.9 (15개)	
순위	제목	순위	제목	순위	제목	순위	제목
1	오징어 게임	9	지금 우리 학교는	6	더 글로리	8	눈물의 여왕
15	빈센조	11	이상한 변호사 우영우	9	킹더랜드	14	낮과 밤이 다른 그녀
26	갯마을 차차차	15	사내 맞선	27	여신강림	17	닥터 슬럼프

OTT 이용자들은 넷플릭스에서 더 볼 게 없다는 평을 많이 한다. 펀덱스나 플릭스패트롤의 결과가 이를 방증한다. 문제는 이렇게 K-콘텐츠가 순위가 낮을수록 국내 콘텐츠 기업의 미래는 없다는 점이다. 애플TV+의 <파친코 2>가 나왔고, <오징어 게임 2>가 12월 공개되면 어떤 반향을 일으킬지 기대된다. 확실히 킬러 콘텐츠 없이는 K-콘텐츠의 미래는 없다.

10. 정부의 우선 순위가 방송에서 OTT로

정부의 콘텐츠 육성과 지원이 대부분 방송으로 되어 있던 시절이 있다. 한국콘텐츠진흥원에서 실시하는 가치평가에서도 지상파 편성과 시청률이 주된 지원 기준이다. 이제는 정부의 육성과 지원이 OTT로 중심으로 변하고 있다.

미디어·콘텐츠산업융합발전위원회(이하 융발위)가 출범[60]한지 11개월만인 2024년 3월 「미디어·콘텐츠 산업융합 발전방안」(이하 발전방안)을 의결했다. 2023년 4월 융발위가 출범할 때 양지을 전 티빙 대표가 '미래 미디어 기술과 국내 OTT 성장전략'을 발표할 정도로 OTT는 중요한 이슈였고, 최종 발전방안에서도 다음 표에서 보는 바와 같이 OTT는 중심을 차지하고 있다고 해도 과언이 아니다.

<표10> 미디어·콘텐츠산업융합발전위원회 발전방안 중 OTT 관련 내용

구분	내용
현황 및 진단	- 국내 OTT 적자 규모(2022년): 티빙 1,192억 원, 웨이브 1,213억 원 - OTT사의 ICT 인력 : 넷플릭스 3,554명 vs 티빙 71명 - 강점(S): 로컬 OTT 플랫폼의 존재 - 약점(W): 국내 OTT 플랫폼의 경쟁력 취약 - 기회(O): 글로벌 OTT사의 국내 투자 확대 - 위협(T): 글로벌 OTT의 국내시장 잠식
구분	내용
비전	- 목표: 국내 OTT, 아시아를 넘어 세계로 - 추진 전략: 국내 OTT의 해외 진출 지원 다각화

추진 전략	- IP 지원 사업 강화: 'OTT 특화 제작지원'(IP 공동보유 의무) - OTT+스마트TV+콘텐츠 동반 진출: 국내 스마트TV에 내장된 FAST 채널에 국내 OTT 콘텐츠를 제공 - OTT+제작사 컨소시엄: 국내 OTT 플랫폼이 글로벌 경쟁력 있는 콘텐츠 확보 - 해외 ICT 거점 활용: 현지 OTT·IPTV와의 계약, 스마트TV+OTT 결합형 진출 지원 - 국내OTT 해외 홍보: OTT 특화 국제 시상식인 'Global OTT Awards', '국제 OTT 포럼' 등을 활용 - 해외 통합정보 제공: 한류데이터센터, 해외 OTT 산업 동향 및 해외 OTT 시장조사 등을 활용 - 마케팅·유통: 국내 OTT는 글로벌 경쟁업체에 비해 가입자의 이용 데이터가 극히 부족하므로 AI를 활용 - OTT 특화 인력: OTT·콘텐츠 특성화 대학원의 특화교육과정 운영(연 80명) 및 글로벌 OTT와의 협업

출처: 이투데이(2023.10.11.).

 콘텐츠진흥원은 '2023년 온라인동영상서비스(OTT) 특화콘텐츠 제작 지원 사업' 공모를 통해 드라마, 예능, 다큐멘터리 등 27개 작품을 선정했다. 'OTT 특화콘텐츠 제작 지원 사업'은 제작사와 국내 OTT 플랫폼 간에 지식재산권(IP)을 공동 보유하고, 국내 OTT 플랫폼에서의 의무적으로 1차 방영하는 조건이다. 이를 통해 제작사에는 부가 수익 창출을 통한 지속 성장의 기회를, 국내 OTT 플랫폼에는 우수 콘텐츠 확보를 통해 신규가입자 수 증가에 도움을 주어, 제작사와 국내 OTT 플랫폼 모두가 동반성장 할 수 있도록 설계된 사업이다.[61] 2024년에는 '방송영상콘텐츠 제작지원사업'으로 공모작 총 102개를 선정하였다. 제작지원 사업은 국내 방송영상 분야 글로벌 경쟁력을 강화하고, 우수한 신규 K-콘텐츠를 발굴·육성하는 콘진원의 대표 지원사업이다. OTT특화콘텐츠 제작지원 부문은 최대 30억 원으로 제작사가 IP(지식재산권)에 대한 권리를 확보할 뿐만 아니라 OTT 제작 투자와 방영을 보장받을 수 있도록 '플랫폼 연계형'이다. 또한, 10억 원의 예산으로 신진 작가의 IP를 발굴해 영상 제작부터 OTT 플랫폼 상용화까지 전 단계를 지원하는 '신진 창작자 데뷔지원 사업'도 추진하고 있다.[62] 실제로 OTT 서비스가 기획안을 심사하여 공동으로 추진하는 형태를 취했다.
 반면, 단막극 제작을 활성화하기 위해 제작하는 KBS 드라마스페셜의 경우 전파진흥협회의 지원은 2021년이 마지막으로 지원이 사라지고, 2024년의 경우 공공공익 장편(팩츄얼) 분야는 방송사 5편, 단편(교양)은 16편이 선정되었다.[63] 콘텐츠진흥원의 경우에도 방송사 지원은 2023년 5편으로 가장 많고, 2024년은 1편으로 감소했다.

이를 보면, 정부의 주된 콘텐츠 진흥 정책은 OTT로 쏠려 있음을 알 수 있다.

이 책이 담고 있는 내용은?

제2장에서는 『OTT 트렌드 2024』에서 전망한 해외 5개와 국내 5개에 대해서 리뷰를 했다. 해외 전망으로는 ① 슬픈 스트리밍의 시대, ② 스트리밍 TV 및 번들링, ③ 전통 미디어 생태계 붕괴, ④ FAST 시장 가속화, ⑤ AI와 OTT였다. 전망대로 맥스가 2023년에 이어 약간의 흑자를 유지했지만, 넷플릭스를 제외하고는 어려운 상황으로 수익성 지향의 전략을 펼치고 있다. WBD와 디즈니의 번들, 스포츠 베뉴(Venu) 등이 나왔고, 미디어간 합병도 진행되고 있다. 전통미디어의 가치는 계속 하락하고 있다. 케이블TV는 2023년 1월 30.4%에서 2024년 7월 26.7%로 하락하고, 지상파TV는 24.9%에서 20.3%로 하락하였다. 반면 스트리밍은 38.1%에서 41.4%로 증가하였다. 2024년 광고 기반 무료 스트리밍 TV(Free Ad Supported Streaming TV, FAST)는 미디어 시장 대세가 됐다. 북미 시장의 FAST 시장은 계속 커지고 있다. 2024년 미국 FAST시장 매출은 2024년 52억 4,000만 달러에 달할 것으로 예상된다. 매출은 4.53%의 연평균 성장률(CAGR 2024-2029)을 보일 것으로 예상되며, 2029년까지 시장 규모는 65억 4,400만 달러에 이를 것으로 전망된다. 마지막으로 OTT 서비스에 개인화된 콘텐츠 추천, 더빙, 요약 등에 AI가 활용되고 있다.

국내 전망으로는 ① 한계에 직면한 국내 OTT 시장, ② 국내 OTT 시장 구조 개편 일어날까?, ③ 요금 정책 다양화, ④ 광고 요금제 도입과 복수 플랫폼 이용, ⑤ OTT 정책 변화와 OTT 시장의 변화였다. 토종 OTT의 성장이 한계에 직면했다고 생각했지만, 티빙이 스포츠와 예능으로 월간순이용자(MAU)가 급증하였다. 티빙과 웨이브는 합병을 선언해 놓고 아직 결론을 못내고 있고, 상황이 바뀌어 힘들다는 전망이 대두되고 있다. OTT 사업자들은 높은 콘텐츠 수급 비용 때문에 요금제의 다양화를 선택할 수밖에 없다. 이는 이용자 선택권이 확대되고, 이용자는 광고요금제를 통해 다수의 OTT를 이용할 수 있다. 광고 요금제는 티빙이 광고 요금제를 도입하였으나 웨이브는 아직 실시하지 않고 있다. OTT 정책은 법이 바뀌지 않아 큰 변화가 없지만 진흥 정책은 훨씬 강화되었다.

제3장에서는 저자 세 명이 회의를 거쳐 글로벌과 국내 10대 이슈를 뽑아서 정리하였다. 글로벌 10대 이슈로는 ① 구독자 확보 전쟁의 마감, ② 그레이트 리번들링, ③ 스포츠 스트리밍 서비스 베누(Venu)의 탄생. 그리고 업계의 불안, ④ OTT와 K-팝, ⑤ FAST의 성장 현황, ⑥ 영국 작가협회와 넷플릭스 합의, ⑦ 유럽연합의 글로벌 OTT 규제, ⑧ OTT의 AI 수용, ⑨ K-플랫폼의 해외 진출, ⑩ 네이버 웹툰의 나스닥 상장이 OTT에 미칠 영향이다.

국내 10대 이슈는 ① 티빙과 웨이브 통합, ② 국내 요금제 다양화, ③ 스포츠 콘텐츠의 가치 증가, ④ 경쟁이 격화된 스트리밍 생태계에서 애니메이션의 재발견, ⑤ 숏폼의 성장, ⑥ OTT 콘텐츠의 화제성과 경향성, ⑦ 방송사의 스튜디오화, ⑧ 디즈니+의 고전, ⑨ OTT 지원 정책, ⑩ 22대 국회와 OTT 정책이다.

제4장에서는 2025년 OTT 시장에 대해 전망해 보았다. 2025년 글로벌 OTT 시장은 수익을 남기기 위한 각자도생과 합종연횡이 공존하는 해가 될 것으로 전망했다. 글로벌 시장에서는 ① FAST의 성장 가속화, ② 새로운 한류의 중심지 FAST, ③ 가격 인상과 이탈과 복귀, ④ AVOD의 증가, ⑤ 미디어 업계의 협력 확대: 번들링(Bundling)과 합종연횡이다.

국내에서는 ① 티빙과 웨이브의 합병 전망, ② 국내 OTT 시장의 새로운 성장 동력 확보, ③ 디지털 광고시장의 유의미한 플레이어 가능성, ④ 드라마 제작 감소와 예능 제작 확대 경향 ⑤ 스포츠와 애니메이션 장르의 가치 등을 전망했다.

제5장에서는 OTT 현황에 대해 정리하였다. 해외 OTT는 넷플릭스, 디즈니+, 훌루, Max, 파라마운트+, 애플TV+, FAST의 TV화를 주도하는 아마존 및 구글, 아마존 프라임 비디오, 프리비(Freevee), 로쿠 채널, 투비(Tubi), 플루토(Pluto), 플렉스(Plex), VUit(Zeam), LG 채널스, 삼성 TV플러스를 정리했다. 국내는 전반적 현황과 넷플릭스, 티빙, 웨이브, 쿠팡플레이, 왓챠를 정리하였다.

제6장에서는 국내 OTT 이용행태를 정리했다. 전 세계의 OTT에서 시청하는 콘텐츠를 조사하는 플릭스 패트롤, 넷플릭스, 한국리서치의 KOI, 굿데이터 코퍼레인션의 FUNdex 자료에서 인기 콘텐츠를 정리하였다. 플릭스 패트롤에 따르면 TV쇼 중에서 2024년에 국내 넷플릭스에서는 <눈물의 여왕>이 1위를 차지하였고, 디즈니+에서는 <무빙>이 차지하였다. 넷플릭스 톱10 자료에서는 <괴멸의 칼날>, <살인자O난감>, <낮과 밤이 다른 그녀>가 동일 점수를 차지하였다. FUNdex에서는 드라마 부문은 <선재 업고 튀어>가, 비드라마 부문은 <싱어게인 3>가 1위를 기록했으며, KOI에서는 <눈물의 여왕> 1위를 차지했다.

부록에서는 국내 OTT의 오리지널 시리즈를 플랫폼별로 정리하였고, OTT 트렌드 2023과 2024의 10대 이슈를 소개하였다.

OTT 지형은 여전히 생존경쟁이 치열하다. 그래서 그런지 제도 정비는 여전히 오리무중이다. 3년째 맞는 본 도서가 산업계에서 OTT 시대에서 미디어의 경영 전략을 수립하고, 22대 국회에서 제도 정비의 밑바탕이 되고, 학계의 OTT 연구에서 주요한 참고문헌이나 교재로 활용되었으면 하는 마음이 간절하다.

1) https://www.nielsen.com/data-center/the-gauge/
2) https://www.newscaststudio.com/2024/08/26/disney-ctv-mobile-app-shutdown/
3) https://pro.morningconsult.com/analyst-reports/a-brands-guide-to-gen-z-men-and-women?utm_source=newsletter&utm_medium=email&utm_campaign=our_best_intel&utm_content=082824
4) |https://www.tvrev.com/news/gen-z-rules-streaming-but-is-the-industry-ignoring-everyone-else?ref=themeasure.net
5) 김인애(2024). Gen Z 콘텐츠 이용 트렌드. KOCCAFOCUS. 통권 171호, 한국콘텐츠진흥원.
6) https://www.khan.co.kr/economy/economy-general/article/202404222016015
7) https://s22.q4cdn.com/959853165/files/doc_financials/2022/q4/FINAL-Q4-22-Shareholder-Letter.pdf
8) https://www.wowtv.co.kr/NewsCenter/News/Read?articleId=A202404190366
9) https://www.reddit.com/r/dataisbeautiful/comments/19cz93q/oc_streaming_service_price_increases_since_2011/#lightbox
10) https://www.etoday.co.kr/news/view/2290855
11) https://www.mk.co.kr/news/business/10996114
12) https://www.fastcompany.com/91035879/news-media-layoffs-2024-list-growing-worst-year-financial-crisis
13) https://variety.com/2024/tv/news/paramount-layoffs-15-percent-1236100607/
14) https://variety.com/2024/tv/news/paramount-layoffs-15-percent-1236100607/
15) https://www.tvtechnology.com/news/report-paramount-considering-sale-of-12-local-tv-stations?utm_term=1F41734C-0D74-4885-9FFE-F15FE4A86D23&lrh=0dd2de31eee9bb77b2abef3fea96ba560f2f394cd2000595f80f7edcadb2fddd&utm_campaign=241BFF69-1938-421F-A5A7-DCA24C4C53CF&utm_medium=email&utm_content=E7C02F90-4766-41B3-9031-7F5A3CC2BEAF&utm_source=SmartBrief
16) https://www.adweek.com/convergent-tv/the-tv-streaming-war-enters-its-messy-era/
17) https://www.pdjournal.com/news/articleView.html?idxno=74758
18) https://www.nexttv.com/news/charter-adds-add-supported-paramount-plus-to-its-most-popular-spectrum-pay-tv-bundles?utm_term=1F41734C-0D74-4885-9FFE-F15FE4A86D23&lrh=0dd2de31eee9bb77b2abef3fea96ba560

f2f394cd2000595f80f7edcadb2fddd&utm_campaign=C74FC4FA-5D4D-4151-8915-3043BA411DBE&utm_medium=email&utm_content=62287CD3-5F7A-43D7-A829-D642AA58F3CB&utm_source=SmartBrief

19) https://www.cnet.com/tech/services-and-software/disney-plus-hulu-and-max-the-17-megabundle-you-shouldnt-miss/
20) https://worldscreen.com/paramount-canal-strengthen-partnership-in-france/
21) https://deadline.com/2024/08/netflixs-emily-in-paris-google-lens-shopping-sponsorship-deal-1236041794/
22) https://variety.com/2022/digital/news/netflix-stock-wall-street-media-companies-streaming-services-1235402352/
23) https://fastercapital.com/topics/what-are-some-notable-partnerships-or-collaborations-that-have-helped-netflix-expand-its-business-globally.html
24) https://www.nielsen.com/data-center/the-gauge/
25) https://www.hollywoodreporter.com/tv/tv-news/netflix-insecure-six-feet-under-ballers-hbo-1235528469/
26) https://www.ft.com/content/fd84f6bb-b3e1-4691-9b90-f6f90c16bae6
27) https://www.nytimes.com/2023/12/15/business/media/netflix-licensed-shows.html
28) https://www.pdjournal.com/news/articleView.html?idxno=74758
29) https://m.edaily.co.kr/News/Read?newsId=02479686638923688&mediaCodeNo=257
30) https://www.hankyung.com/article/2024082319077
31) https://variety.com/2024/tv/news/judd-apatow-netflix-hbo-licensing-pacts-scary-streamers-1235950436/
32) https://digitaldefynd.com/IQ/ai-in-ott/
33) https://www.broadbandtvnews.com/2024/08/22/research-66-of-us-viewers-are-watcing-fast-channels/
34) https://www.thecurrent.com/streaming-upfronts-netflix-sports-news-amazon
35) https://seekingalpha.com/article/4717547-netflix-advertising-to-spur-the-next-phase-of-growth?mailingid=36558128&messageid=must_reads&serial=36558128.358977&source=email_must_reads&utm_campaign=Must+Reads+recurring+2024-08-28&utm_content=seeking_alpha&utm_

medium=email&utm_source=seeking_alpha&utm_term=must_reads
36) https://www.broadbandtvnews.com/2024/08/22/research-66-of-us-viewers-are-watcing-fast-channels/
37) https://worldscreen.com/hub-sports-fans-flock-to-streaming/
38) https://www.hollywoodreporter.com/tv/tv-news/2024-olympics-final-tv-ratings-nbcuniversal-1235972438/
39) https://www.tvtechnology.com/news/nielsen-tv-viewing-hits-four-year-high-in-january?utm_term=1F41734C-0D74-4885-9FFE-F15FE4A86D23&lrh=0dd2de31eee9bb77b2abef3fea96ba560f2f394cd2000595f80f7edcadb2fddd&utm_campaign=241BFF69-1938-421F-A5A7-DCA24C4C53CF&utm_medium=email&utm_content=99E88DB6-D378-4013-95E4-F10E7352F9D6&utm_source=SmartBrief
40) https://advanced-television.com/2024/02/23/resarch-sports-may-settle-streaming-wars/
41) https://deadline.com/2024/05/netflix-live-sports-the-netflix-cup-viewership-1235928974/
42) https://frontofficesports.com/netflix-finally-makes-its-big-move-into-live-sports-in-the-most-logical-way/
43) https://www.tvtechnology.com/news/nba-files-motion-to-dismiss-wbd-lawsuit-over-nba-rights?utm_term=1F41734C-0D74-4885-9FFE-F15FE4A86D23&lrh=0dd2de31eee9bb77b2abef3fea96ba560f2f394cd2000595f80f7edcadb2fddd&utm_campaign=241BFF69-1938-421F-A5A7-DCA24C4C53CF&utm_medium=email&utm_content=E7C02F90-4766-41B3-9031-7F5A3CC2BEAF&utm_source=SmartBrief
44) https://viewer.joomag.com/sep-oct-joomag/0881776001725508425?short&
45) 영화인신문고. (2023). OTT 영화영상콘텐츠 제작 스태프의 노동환경 개선방안 연구. 영화신문고. 21쪽.
46) https://t.ly/n9dQj
47) https://m.edaily.co.kr/news/read?newsId=01088966632423384&mediaCodeNo=258
48) https://www.verdi.de/ueber-uns/idee-tradition/gruendungsgewerkschaften/++co++b75ea874-9847-11e1-4541-0019b9e321cd
49) https://www.ffa.de/
50) 이부하. (2021). OTT서비스 등 새로운 미디어서비스에 대한 입법정책. 법과 정책연구,

21(3), 3-22.
51) https://www.ngetnews.com/news/articleView.html?idxno=511191
52) https://www.newsis.com/view/NISX20240821_0002857965
53) https://www.hankyung.com/article/2024082319077
54) https://www.ajunews.com/view/20230912152708608
55) https://www.enewstoday.co.kr/news/articleView.html?idxno=2175657
56) https://www.enewstoday.co.kr/news/articleView.html?idxno=2175657
57) https://www.newspim.com/news/view/20240826000769
58) https://www.etoday.co.kr/news/view/2336543
59) https://news.bizwatch.co.kr/article/mobile/2024/08/27/0033
60) https://www.korea.kr/briefing/pressReleaseView.do?newsId=156563125
61) https://www.newspim.com/news/view/20230407000220
62) https://gameguide.kocca.kr/kocca/koccanews/reportview.do?nttNo=713&menuNo=204767
63) https://www.kca.kr/boardView.do?pageId=www47&boardId=NOTICE&seq=1782208&movePage=1&searchCtgry=1

02

2024
전망 리뷰

2024 전망 리뷰

해외

01. 슬픈 스트리밍의 시대

　스트리밍 서비스가 대세가 됐지만, 넷플릭스를 제외하고는 모두가 승자가 되지 못했다. 다소 극단적인 분석으로 들릴 수 있지만 이는 현실됐다. 넷플릭스는 2024년 3분기 기준 2억 8,272만 명의 구독자를 확보했다. 또 이익도 꾸준히 내고 있다. 그러나 다른 회사들과의 차이는 계속 벌어지고 있다.

　디즈니+(Disney+)는 2024년 4~6월 전체 구독자 수가 1% 증가해 전체 구독자 수는 약 1% 증가해 약 1억 1,830만 명이 됐다. 넷플릭스와 상당히 차이가 난다. 미국과 캐나다에서는 80만 명의 신규 구독자를 추가하여 5,480만 명에 도달했다. 그러나 디즈니+ 자체(Disney+ Core, Disney+ Hotstar 제외)의 글로벌 구독자 수는 약 10만 명이 감소(6,350만 명)하여 이탈률을 낮추고 신흥 시장에서 구독자를 확보하는 것은 앞으로 디즈니에게 남은 숙제다. 디즈니는 2024년 3분기(4~6월)에 4,700만 달러 흑자를 기록했지만 누적 적자 해소를 위해선 큰 수익 개선이 필요하다. 디즈니 역시 향후 스트리밍 광고 모델에 승부를 걸 것으로 보인다. 다른 스트리밍 서비스들도 마찬가지다. 디즈니+와 파라마운트+가 흑자로 전환했지만, 누적 적자를 해소하기는 아직 쉽지 않은 분위기다.

02. 스트리밍 TV 및 번들링

2024년의 주된 특징을 번들링(Bundling)의 해로 부를 수 있다. 스트리밍 서비스 시장은 이제 혼자서는 생존할 수 없는 시장이 됐다. 때문에 두 개 이상의 스트리밍 서비스를 묶어 구독하는 번들(Bundling)이 대거 등장했다. 다양한 스트리밍 기업들이 합치고 새로운 서비스를 냈다. 디즈니의 디즈니+,훌루(Hulu), ESPN+ 번들은 물론이고 다른 회사 간의 번들(Bundle)도 등장했다.

워너브라더스디스커버리(WBD)는 디즈니(Disney)와 함께, 디즈니+, 훌루(Hulu)와 맥스(MAX)의 번들 상품을 내놓겠다고 밝혔고, 7월 말 광고 없는 상품은 29.99달러, 광고 포함 상품은 16.99달러에 출시했다.[64] 2024년 1분기 실적 발표후[65] 자슬라브 WBD 대표는 폭스와 디즈니와 함께 만드는 스포츠 스트리밍 번들, 디즈니+와 훌루(Hulu)와 함께 만드는 일반 스트리밍 번들을 언급하며 '넷플릭스와 아마존 프라임'과 경쟁하고 수익성을 높이기 위한 전략'이라고 설명했다. 그는 "경쟁 스튜디오와 협력해 시장 선두주자인 넷플릭스 및 아마존 프라임 비디오와의 경쟁에 맞서 수익성을 높이기 위한 전략"이라고 설명했다.

자슬라브는 디즈니+와 훌루, 맥스(MAX) 등 이른바 트리플(Triple) 스트리밍 번들에 대해 애널리스트들에게 "가격도 적당(Price well)하고 광고가 없는 버전이나 혹은 적은 버전이 출시될 것"이라며 "미국 소비자들에게 정말 긍정적인 소비자 경험을 주게 될 것이며 우리에게는 기회가 될 것"이라고 설명했다.

2024년 1분기 실적 발표에서 데이비드 자슬라브는 "스트리밍 부문(DTC, 유료 방송, 프리미엄 유료 방송)에서 8,600만 달러 수익을 올렸다. 1년 전 5,000만 달러에 비해 크게 늘었다"고 말했다. 2023년 흑자 전환 이후 2년 연속 긍정적인 결과다. 넷플릭스를 제외하고 스트리밍 서비스에서 흑자를 기록한 사업자는 맥스가 유일하다. 맥스 스트리밍 서비스 구독자는 9,960만 명으로 2023년 말 기준 9,770만 명에 비해 소폭 늘었다. 스트리밍 사업 매출은 24억 6,000만 달러로 큰 변동이 없었다.

미국 스트리밍 서비스 시장은 이제 콘텐츠보다 유통(Distribution)이 중심이 되고 있다. 효율적인 유통과 규모를 갖춘 유통 플랫폼을 통해 경쟁력을 갖추는 것이다. 컨퍼런스 콜에서 자슬라브는 "디즈니와 WBD의 트리플 번들 패키지를 통해 '소비자들에게 다가가고 고객을 유지하는' 스트리밍 번들링의 중심에 서길 원한다"고 강조했다. 그는 또 "세계에서 가장 좋은 콘텐츠를 보유한 두 회사가 힘을 합쳐 소비자들에게 다양한 콘텐츠를 합리적인 공급할 수 있도록 노력하고 있다"고 말했다.

WBD와 디즈니는 트리플 번들을 할인된 가격에 공급하기로 했다. 이와 관련 자슬라브 CEO는 "통신사 버라이즌과 협업으로 넷플릭스와 맥스 통합(광고) 상품이 월 10달러에 제공되고 있다"며 "넷플릭스와 번들은 생각보다 좋은 결과를 가져오고 있다"고 말했다. 두 회사의 번들링은 시너지가 날 수 있다. 콘텐츠 라이브러리간 중복도가 매우 낮기 때문이다. 패널애널리틱스에 따르면 2024년 2분기 기준 디즈니 콘텐츠 비율이 43.2%, 맥스 36.6%, 디즈니+ 13.0%이고, 훌루와 맥스 공통은 4.9%, 디즈니+와 훌루 공통은 2.3%로 콘텐츠 중복도는 거의 없다.

현재는 할리우드에서는 다양한 합병 시나리오가 나오고 있다. 파라마운트 글로벌(Paramount Global)은 합병되기 전 전략 파트너를 찾고 있다고 밝혔고, 데이비스 앨리슨의 스카이댄스(SkyDance)가 파라마운트 글로벌을 280억 달러에 인수한다고 밝혔다.

참고로 패럿애널리틱스가 분석한 파라마운트의 합병 시나리오를 소개한다.[66] 워너브라더스디스커버리, NBC유니버설, 넷플릭스와의 가능성을 두었는데, 스카이댄스로 결론이 났다.

첫 번째 시나리오는 WBD와 파라마운트이다. 워너브라더스와 파라마운트 글로벌의 합병 소식은 2023년 12월부터 흘러나왔다. 그러나 이후 파라마운트의 기업 가치는 계속 떨어졌다. 때문에 합병 논의도 중단된 것으로 알려졌다. 또 워너미디어와 폭스, 디즈니가 스포츠 스트리밍 서비스 베뉴(Venu)를 만들겠다고 밝힌 것도 변수다. 하지만, 파라마운트와 워너미디어가 합병하게 되면

'스포츠 중계에서 상당한 지위'를 확보하게 된다. 그러나 동시에 두 회사 모두 케이블TV 사업 비중이 너무 크다. 워너와 파라마운트가 합치게 되면 추락하는 실시간 TV에 대한 부담도 더 커진다.

두 번째는 NBC유니버셜과 파라마운트이다. NBC유니버셜과 파라마운트는 곧 출시될 통합 스포츠 스트리밍 서비스 'Venu'에서 협상에서 제외됐다. 이에 피콕(Peacock)과 파라마운트+(Paramount+)의 플랫폼 합병 가능성이 다시 제기되고 있다. NBC유니버셜과 파라마운트 글로벌이 합칠 경우 기업 콘텐츠 수요 측면에서 디즈니를 앞설 수도 있다. 그러나 문제는 글로벌 경쟁력이다. 패럿애널릭스에 따르면 파라마운트와 피콕이 합친다고 해도 글로벌 스트리밍 오리지널 수요는 6.8%에 불과하다. 이 결합도 실시간 채널(NBC+CBS)의 위험성을 더 키울 수 있다. 일단 미국 커뮤니케이션 법률 상 빅4(CBS, NBC)의 합병은 쉽지 않아, 분사가 불가피할 것으로 예상된다.

세 번째는 넷플릭스와 파라마운트(Netflix vs Paramount)이다. 넷플릭스의 자금력은 이 거래(파라마운트 인수)를 감당할 수준이 된다. 넷플릭스는 스튜디오 운영이나 라이브러리 소유권에만 관심을 가질 가능성이 높았다. 그러나 파라마운트가 새로운 주인을 찾은 만큼 이 거래는 가능성이 없어졌다. 하지만, CBS 등 실시간 TV의 미래는 여전히 불확실하다. 넷플릭스는 이미 모든 시청자 수요 카테고리에서 1위를 차지하고 있다. 파라마운트 라이브러리를 추가하면 기업 수요 점유율에서도 1위를 차지할 수 있다.

03. 전통 미디어 생태계 붕괴

미국의 플랫폼별 시청점유율을 보면 전통 미디어의 추락이 지속되고 있다. 케이블TV는 2023년 1월 30.4%에서 2024년 7월 26.7%로 하락하고, 지상파 TV는 24.9%에서 20.3%로 하락하였다. 반면 스트리밍은 38.1%에서 41.4%로 증가하였다.

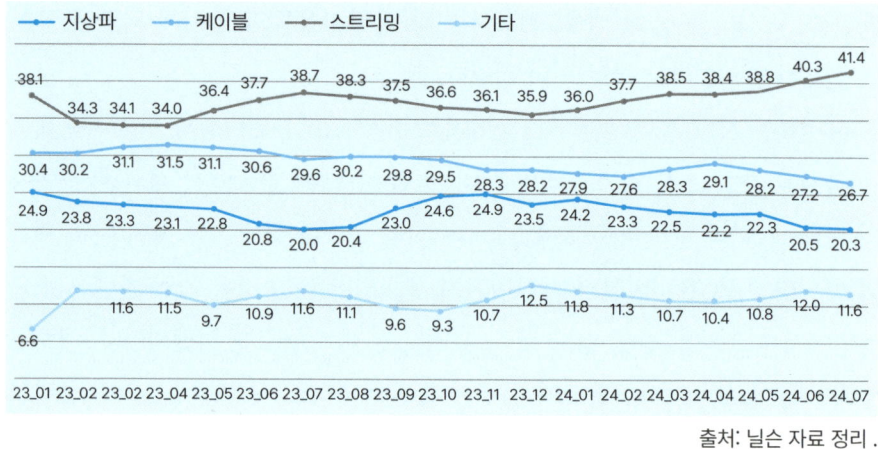

<그림3> 미국 플랫폼별 시청점유율 현황

출처: 닐슨 자료 정리.

2024년 미국 주요 할리우드 스튜디오들이 잇달아 케이블TV 비즈니스의 가치를 낮췄다. 스트리밍 서비스로의 무게 중심 이동으로 케이블TV의 손실을 장부에 반영한 것이다.

파라마운트 글로벌(Paramount Global)은 2024년 8월 8일(미국 시간) 케이블TV 사업에 대해 60억 달러 규모의 상각(write-down)을[67] 장부에 반영했다. '라이트 다운'은 특정 자산 가치에 변동이 생겼을 때, 장부에 기재된 가격을 실제 하락한 자산으로 재평가 및 기장하는 것을 의미한다. 모회사가 스카이댄스(SkyDance)로의 인수를 앞두고 상각을 기재한 것이지만, 워너브라더스디스커버리가 케이블TV사업부에 90억 달러의 영업 손실을 기록한 다음날 벌어진 일이어서 충격은 더 컸다.

케이블TV의 손실을 공개한 충격은 상당했다. 두 회사의 수익 상당수가 케이블TV 등 실시간 TV 비즈니스에 집중되어 있기 때문이다. 파라마운트 글로벌의 주가는 당일 시간외 거래에서 처음으로 스트리밍 수익을 기록했음에도 불구하고 12% 급락했다. WBD 역시 실적 발표 후 9% 하락하여 사상 최저치를 기록했다.

파라마운트 글로벌은 MTV, VHI, 코미디센트럴(Comedy Central) 등의 케이블TV채널을 보유하고 있다. WBD도 HGTV, 푸드네트워크(Food Network), CNN 등의 유명 케이블TV채널을 운영하고 있다.

공교롭게도 이 두 회사는 최근의 대형 인수합병을 통해 생겨났다. 그러나 이번 케이블TV 사업의 영업 손실은 '레거시 미디어의 통합만으로는 넷플릭스(Netflix)나 애플 TV+ 등 빅테크 기반 미디어에 대항할 수 없다는 것을 보여준다. CBS는 지난 2019년 지상파 방송 CBS와 바이어컴(Viacom)의 합병으로 탄생했다. 워너미디어(Warner Media)는 2022년 디스커버리(Discover)와 합병해 WBD를 만들었다.

파라마운트는 케이블TV 영업 손실 반영 이후 미국 근무 인력의 15%를 정리해고 있다. 동시에 스트리밍 서비스 파라마운트+를 확장하기 위해 파트너를 물색하고 있다고 밝혔다.[68]

워너미디어와 파라마운트는 통합을 논의하기도 했다. 그러나 미국 증권가 등에서 케이블TV의 통합은 변화하는 미디어 환경에 적합하지 않다는 부정적 여론이 확산되면서 실현되지는 못했다. WBD는 최근 오랫동안 보유했던 NBA에 TV중계권을 아마존과 NBC에 내어주기도 했다. 동시에 WBD는 2024년 여름 1,000명의 구조조정을 발표한 바 있다.

미국 케이블 구독 가구는 점점 줄어들고 있다.[69] 2024년 1분기 미국 유료방송(케이블TV, 위성방송, 가상유료방송(vMVPD)) 2024년 1분기 구독자는 238만 명 감소했는데, 역대 최고치였다.

<그림4> 미국 유료 방송 구독자 분기별 변화추이

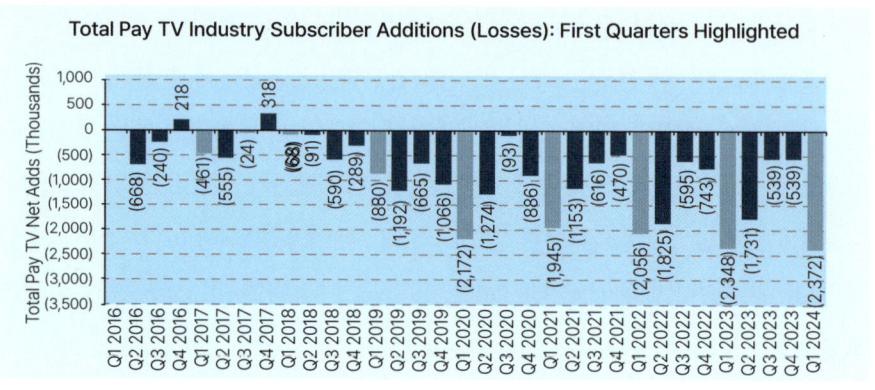

출처: 모펫내탄슨.

<지상파 라이브러리의 FAST 시청 증가>

2024년에도 미국 지상파 방송의 인기는 높았다. 특히, FAST 등 새로운 플랫폼이 늘어남에 따라 기존 검증된 콘텐츠에 대한 수요도 급증했다. 이와 함께 경기 침체와 투자비 축소 등을 오리지널 투자 여력이 떨어진 파라마운트+(Paramount+), 맥스(Max) 등의 스트리밍 서비스들은 기존 지상파 방송 라이브러리를 이용해, 구독자를 유지하려는 전략을 펼쳤다. 넷플릭스(Netflix)도 다른 메이저 방송사들의 오래된 라이브러리를 인수해, 구독자를 끌어들이는 데 활용했다.

플랫폼 경쟁 시대에는 누가 더 많은 독점 콘텐츠를 확보하는지가 중요하다. 특히, 콘텐츠 투자가 아닌 관리의 시대에는 더욱 그렇다. 이제 시장 수익을 생각하지 않고 맹목적인 투자에 나서는 시기는 지났다. 최근 유행하고 있는 광고 기반 무료 스트리밍 TV FAST(Free Ad Supported Streaming TV, FAST)에도 독점 콘텐츠를 확보하는 것은 플랫폼의 가장 큰 경쟁력이 되고 있다. 독점 콘텐츠(Exclusive)를 얼마나 오랫동안 유지하고 있는지가 구독자를 끌어들이고 오랫동안 머무르게(Retention) 하는 데 큰 도움을 주고 있다.

시청률 조사 기관 닐슨(Nielsen)이 내놓은 2024년 2분기 가장 많이 스트리밍된 상위 20개 타이틀에 따르면 오리지널 시리즈는 단 2개(브리저튼, 폴아웃)에 불과했다. 브리저튼(Bridgerton)이 156억 분 시청됐지만 ABC방송의 오래된 라이브러리 콘텐츠 <그레이 아나토미(Grey's Anatomy)>는 142억 분이 방송됐다. 물론 두 시리즈 사이에서는 많은 수의 에피소드 숫자 차이가 존재한다.

하지만 라이선스 콘텐츠의 강점은 부인할 수 있다. 2개 프로그램을 제외한 상위 20개 중 나머지는 모두 실시간 TV 플랫폼 등 기존 미디어 방송의 콘텐츠다.

넷플릭스는 2024년 현재 124억 달러 규모의 라이선스 콘텐츠 자산(Licensed Content Assets)을 보유하고 있다. 심지어 2024년 디즈니+에서 가장 많이 시청된 콘텐츠는 호주 ABC 키즈(ABC Kids)에서 2018년 첫 방송된 미취학 아동을 대상으로 한 캐릭터 애니메이션 <블루이(Bluey)>다. 2024년 2분기에만 154억 분이 시청됐다. 이 프로그램은 BBC 스튜디오가 전 세계 배급을 맡았다. 미국에서는 디즈니 주니어(Disney Junior) 전 세계 최초로 공개됐다.

아울러 닐슨에 따르면 2024년 2분기 시청률 상위 100개 중 79%(타이틀수)가 기존 방송사들의 라이선스 프로그램이다. 라이선스 프로그램의 성취는 에피소드 뿐만은 아니다(물론 <오피스>와 같은 장수 라이브러리 콘텐츠는 에피소드만해도 수백편이 넘는다.). 하지만 미국 지상파 방송 등 클래식 미디어의 라이브러리에 대한 구독자 참여도는 낮다. 그러나 오래된 라이브러리를 원하는 플랫폼들이 많은 만큼, 기존 방송, 케이블TV 회사 등은 이를 통한 다양한 방식의 수익화가 가능하다. 콘텐츠 플랫폼이 경쟁에서는 오리지널보다 독점이 유리한 시대다.

<그림5> 미국 2024년 2분기 가장 많이 스트림된 콘텐츠

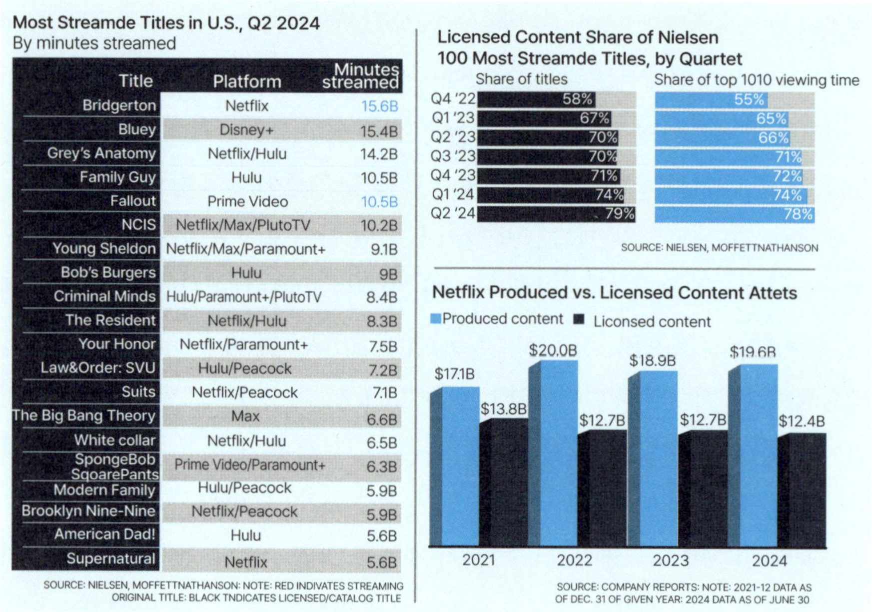

Most Streamde Titles in U.S., Q2 2024
By minutes streamed

Title	Platform	Minutes streamed
Bridgerton	Netflix	15.6B
Bluey	Disney+	15.4B
Grey's Anatomy	Netflix/Hulu	14.2B
Family Guy	Hulu	10.5B
Fallout	Prime Video	10.5B
NCIS	Netflix/Max/PlutoTV	10.2B
Young Sheldon	Netflix/Max/Paramount+	9.1B
Bob's Burgers	Hulu	9B
Criminal Minds	Hulu/Paramount+/PlutoTV	8.4B
The Resident	Netflix/Hulu	8.3B
Your Honor	Netflix/Paramount+	7.5B
Law&Order: SVU	Hulu/Peacock	7.2B
Suits	Netflix/Peacock	7.1B
The Big Bang Theory	Max	6.6B
White collar	Netflix/Hulu	6.5B
SpongeBob SqoarePants	Prime Video/Paramount+	6.3B
Modern Family	Hulu/Peacock	5.9B
Brooklyn Nine-Nine	Netflix/Peacock	5.9B
American Dad!	Hulu	5.6B
Supernatural	Netflix	5.6B

SOURCE: NIELSEN, MOFFETTNATHANSON; NOTE: RED INDIVATES STREAMING ORIGINAL TITLE; BLACK TNDICATES LICENSED/CATALOG TITLE

Licensed Content Share of Nielsen 100 Most Streamde Titles, by Quartet

	Share of titles	Share of top 1010 viewing time
Q4 '22	58%	55%
Q1 '23	67%	65%
Q2 '23	70%	66%
Q3 '23	70%	71%
Q4 '23	71%	72%
Q1 '24	74%	74%
Q2 '24	79%	78%

SOURCE: NIELSEN, MOFFETTNATHANSON

Netflix Produced vs. Licensed Content Attets
■ Produced content   ■ Licensed content

	2021	2022	2023	2024
Produced	$17.1B	$20.0B	$18.9B	$19.6B
Licensed	$13.8B	$12.7B	$12.7B	$12.4B

SOURCE: COMPANY REPORTS; NOTE: 2021-12 DATA AS OF DEC. 31 OF GIVEN YEAR; 2024 DATA AS OF JUNE 30

04. FAST 시장 가속화

  2024년 광고 기반 무료 스트리밍 TV(Free Ad Supported Streaming TV, FAST)는 미디어 시장 대세가 됐다. FAST는 단어 그대로 광고를 보는 대신 무료로 TV를 볼 수 있는 플랫폼이다. FAST채널은 주로 스마트TV나 스마트폰 등을 통해 시청한다. FAST 플랫폼(FAST채널을 모아서 서비스하는)과 FAST 채널, 송출 지원 플랫폼 등 유료 방송과 비슷한 층위의 사업자 구조를 가지고 있다.

  광고를 기반으로 한다는 점에서 일반 지상파TV 채널과 같은 수익 구조를 형성하고 있다. 또 스포츠, 뉴스, 영화, 엔터테인먼트 등 다양한 장르 채널이 있다는 부분에서는 케이블TV 등 유료 채널과 유사하다. FAST는 여기에서 한 발 더 나아간다. 스마트TV, 스마트폰 등 개인 식별이 가능한 미디어 플랫폼에서 서비스되는 만큼 맞춤형 콘텐츠가 제공된다. 유튜브, 틱톡 등 소셜 미디어 서비스의 장점도 흡수하고 있다.

FAST는 최근 강세를 띠고 있다. 프리미엄 동영상 플랫폼의 생태계를 한눈에 보여주는 닐슨 게이지(Gauge)는 FAST 현재 분위기를 가장 잘 전달해준다 (<그림 2> 참조). 게이지는 시청자들이 하루 스마트TV에서 어떤 미디어 플랫폼을 얼마나 소비하는 지를 보여주는 지표다. 2024년 7월 기준, 스트리밍 서비스 시간 점유율이 41.4%를 기록한 가운데 FAST 투비(Tubi)는 2.1%를 기록했다. 디즈니+와 같은 수준이다. 피콕, 맥스 등 다른 프리미엄 스트리밍 서비스에 비해서는 크게 앞서 있다. 투비가 끝이 아니다. 또 다른 FAST플랫폼인 로쿠채널은 1.6%, 파라마운트 글로벌의 플루토 TV(Pluto TV)도 0.7%로 상위 리스트에 이름을 올렸다. FAST 시장의 성장과 경쟁을 보여주는 지표도 게이지다. 플루토TV는 FAST라는 개념을 만들었고 수년간 1위를 기록했지만 현재는 점유율 0.7%로 상위 리스트에 겨우 이름을 올리고 있다. FAST시장 경쟁이 얼마나 치열한지를 보여준다.

2019년 시작 초기 오래된 지상파, 케이블TV 방송과 낮은 품질의 유튜브 콘텐츠를 유통하던 FAST는 이제 '클래식 TV를 위협할 정도로 영향력이 커졌다. 글로벌 FAST사업자는 크게 4부류다. 스마트TV 제조사(TV SET), 테크 서비스(플루토TV, 투비), 유료 방송 사업자(컴캐스트, MVPD), 헐리우드 스튜디오 및 방송사(Broadcaster) 등이다. 이들 사업자들은 FAST시장에서 치열하게 경쟁하고 있다.

<그림6> 미국 주요 FAST 서비스

Service Name	Owner	Owner Type	Service Name	Owner	Owner Type
ABC	ABC	Broadcaster	Roku Channel	Roku	Tech
CW Channels	Nexstar	Broadcaster	Samsung TV Plus	Samsung	TV Set
Fire TV	Amazon	Tech	Sling Freestream	Dish	MVPD
Freevee	Amazon	Tech	STIRR	Thinking Media	Tech
Google TV	Google	Tech	TCL TV+	TCL	TV Set
Haystack News	Independent	Tech	Tubi	Fox	Broadcast
LG Channels	LG	TV Set	Very Local	Hearst	Broadcast
Local Now	Entertainment Studios	Broadcaster	VIDAA	Hisense	TV Set
Peacock	NBCUniversal	Broadcaster	Vizio WatchFree+	Walmart	Retail
Plex	Independent	Tech	ViX	Televisalnivision	Broadcast
Pluto TV	Paramount	Broadcaster	Xumo Play	Charater/Comcast	MVPD
Redbox Watch Free	Chicken Soup for the Soul	Media			

출처: CRG글로벌.

스타티스타(Statista)에 따르면 2024년 미국 FAST시장 매출은 2024년 52억 4,000만 달러에 달할 것으로 예상된다. 매출은 4.53%의 연평균 성장률(CAGR 2024-2029)을 보일 것으로 예상되며, 2029년까지 시장 규모는 65억 4,400만 달러에 이를 것으로 전망된다. 2024년 FAST플랫폼 사용자당 평균 수익(ARPU)은 69.60달러에 달할 것으로 보인다. 스타티스타는 오는 2029년 이용자 숫자가 8,080만 명에 달할 것으로 예상했다. 사용자 침투율(User penetration)은 2024년 22.0%가 될 것이며 2029년에는 23.1%에 이를 것으로 전망된다.

<표11> 북미 시장 FAST 시장 전망 (단위: M USD)

	2019	2020	2021	2022	2023	2024
미국	277.6	907.8	2,184.3	3,973.3	5,722.0	7,423.0
캐나다	2.0	7.7	23.1	54.2	97.2	145.3
계	279.6	915.5	2,207.4	4,027.6	5,819.2	7,568.3
	2025F	2026F	2027F	2028F	2029F	
미국	9,018.4	10,734.9	12,567.0	14,335.7	16,713.3	
캐나다	190.3	239.3	294.6	355.5	440.4	
계	9,208.7	10,974.2	12,861.5	14,6912	17,153.6	

출처: MIDG(Media IDentit

<OTT 광고 시장 성장>

2022년 시작된 스트리밍 서비스 광고 시장은 본격적으로 성장하고 커졌다. 2022년 말 디즈니와 넷플릭스가 스트리밍 광고 시장에 들어온 이후, 2024년 1월 아마존 프라임 비디오(Amazon Prime Video)도 참전했기 때문이다. 현재 대부분의 스트리밍 서비스가 하이브리드 광고 지원 요금제를 도입하고 있다. 글로벌 스트리밍 광고 시장은 빠르게 성장하고 있으며, 이미 전체 광고 시장에서 중요한 위치를 차지하고 있다.[70]

PWC에 따르면 글로벌 광고 수익은 2026년에 1조 달러를 돌파할 것으로 예상되며, 2028년에는 2020년 대비 2배 규모로 성장할 전망이다.[71] 또한 PWC

는 스트리밍 광고 수익은 2028년까지 전체 스트리밍 수익의 약 28%를 차지할 것으로 전망했다. PWC는 광고 기반 스트리밍 서비스(AVOD)의 성장이 2026년까지 미국 인구의 절반 이상이 최소 하나의 광고 지원 스트리밍 서비스를 이용할 것으로 예상된다고 밝혔다.

<그림7> 스트리밍 수익의 다변화

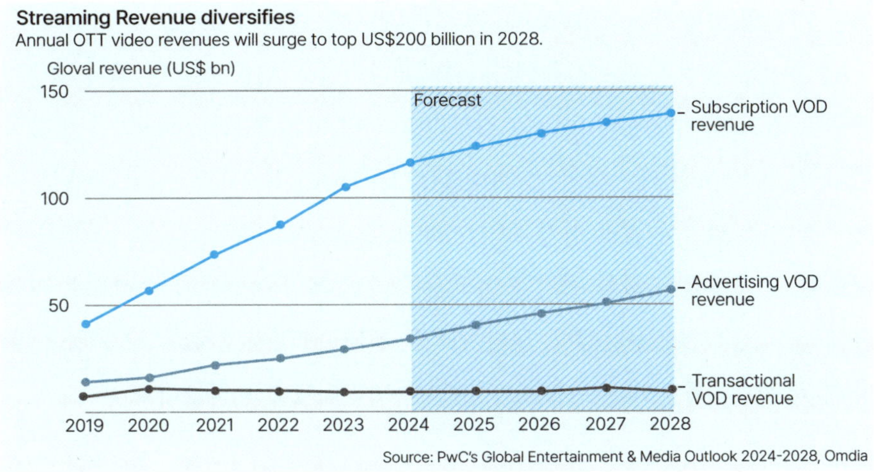
Streaming Revenue diversifies
Annual OTT video revenues will surge to top US$200 billion in 2028.
Gloval revenue (US$ bn)
150
100
50
Forecast
Subscription VOD revenue
Advertising VOD revenue
Transactional VOD revenue
2019
2020
2021
2022
2023
2024
2025
2026
2027
2028
Source: PwC's Global Entertainment & Media Outlook 2024-2028, Omdia

05. AI와 OTT

2024년 전세계 산업에서 AI가 본격적으로 적용된 해였다. 특히, 생성형AI를 이용, '개인화된 콘텐츠 추천'이 일반화됐다. 넷플릭스는 고급 머신러닝 모델을 사용하여 사용자의 과거 시청 습관, 평가, 시청 시간대 등을 기반으로 영화와 TV 프로그램을 추천하기 시작했다[72]. 이런 개인화된 콘텐츠는 플랫폼에 대한 사용자 참여도를 높여, 구독을 오래 동안 유지하는 데 도움을 준다.

아울러 AI기반 더빙은 로컬 콘텐츠의 글로벌화에 크게 도움을 줬다. 아마존, 넷플릭스 등은 AI 더빙을 다양한 시리즈에 이용하고 있다. 런웨이(Runway), 신세시아(Synthesia) 등 AI를 이용한 더빙 기술을 개발한 오디오 기업들도 늘고 있다.

　AI 합성 음성의 쓰임은 많다. 지역화 외에도 다른 용도로 사용될 수 있다. 스포츠, 애니메이션, 다큐멘터리 등의 음성 내레이션이나 오디오북과 같은 스크립트 오디오 애플리케이션, 대규모 언어 모델(LLM)로 구동되는 음성 지원 대화형 챗봇 등이 대표적이다. AI합성 음성은 개인화된 콘텐츠 경험을 제공하면서도 품질이 뛰어나고 제작속도가 빠르다는 장점이 있다. 유명인이나 연예인들은 자신의 초상권(heir likeness) 수익화하면서도 팬들과 교감도 가능하다.

　AI 음성은 올림픽에도 진출했다. NBC유니버설은 AI를 이용한 개인 맞춤형 올림픽 경기 하이라이트 클립을 스트리밍 서비스 피콕(Peacock)을 통해 제공했다. 유명 스포츠 캐스터인 알 마이클(Al Michaels) 목소리를 AI로 학습해 구독자들에게 '일일 올림픽 경기 요약(Your Daily Olympic Recap on Peacock)을 공급했다. 구독자들이 관심 경기를 미리 등록하면 해당 이벤트를 중심으로 파리 올림픽을 요약하여 전달했다. 뿐만 아니라 NBC는 경기 종료후 AI 기능을 이용해 과거보다 훨씬 빠른 속도로도 경기 하이라이트를 제공했다.

<그림8> 피콕 AI 중계 화면

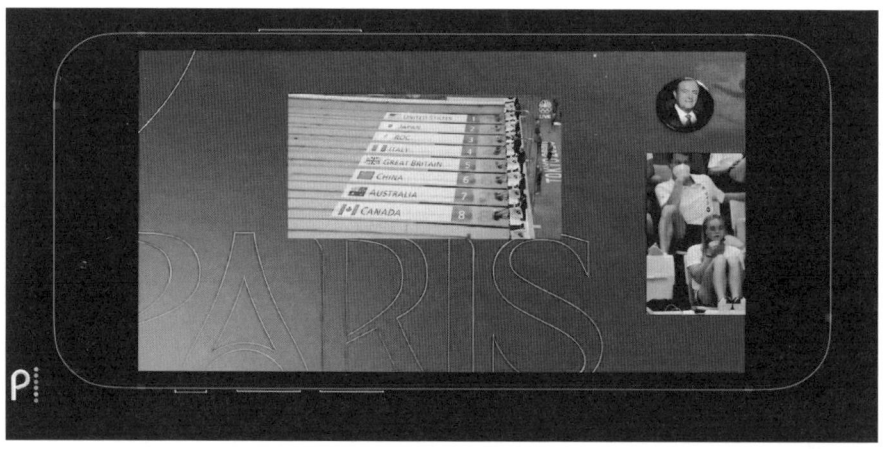

유명인 AI가 책을 읽어주는 오디오북도 일반화됐다. 일레븐랩스는 제임스 딘(James Dean), 버트 레이놀즈(Burt Reynolds), 로렌스 올리비에(Laurence Olivier), 주디 갈랜드(Judy Garland) 등 고인이 된 유명 배우 4명의 AI 목소리가 책을 읽어주는 새로운 리더 앱(Iconic Voices)을 출시했다.[73] 이 앱은 링크, PDF 및 ePub 등 다양한 형식으로 제공된다.

AI는 스트리밍 품질을 최적화하는 데도 사용된다. AI 알고리즘은 실시간으로 스트리밍 품질을 최적화하여 네트워크 상태와 기기 성능에 맞춰 조정한다. 유튜브는 AI 알고리즘을 활용하여 다양한 기기와 네트워크 환경에서 최적의 시청 경험을 제공한다고 밝힌 바 있다.

특히, 많은 스트리밍 플랫폼들은 AI를 콘텐츠 제작과 편집에 사용하고 있다. 특히, 2024년에는 스포츠 경기 중계와 하이라이트 제작에 AI를 사용하는 것이 일반화됐다. 아마존 프라임 비디오(Amazon Prime Video)는 독점 중계하고 있는 목요일 미식 축구(Thursday Night Football)에도 AI중계 기능을 도입하고 경기가 끝나거나 휴식 기간에 AI가 영상을 빠르게 편집해 송출한다.

아마존 프라임 비디오는 시청자에게 현재 어떤 팀의 선수들이 경기를 진행하고 있는지, 누가 코치를 맡고 있는지, 그리고 상대 팀의 선수들이 필드에 나와 있는지 등을 분석해 게임 승패까지 AI로 예측하고 있다. 이외 AI를 이용한 개인화 광고, 콘텐츠 보호 및 불법 복제 방지 등 2024년에는 보다 일반화되고 정교화됐다. 이와 관련 AI는 개인화된 광고를 지속적으로 제공해 '시청자의 관심사에 맞는 타깃 광고를 스트리밍 서비스를 통해 제공'하고 있다. 바로 동적 광고 삽입이다.

국내

01. 한계에 직면한 국내 OTT 시장

OTT 시장은 국내·외 모두 성장의 한계를 체감하고 있다. 넷플릭스를 제외한 대부분의 OTT가 적자인 상황이다. 그 이유는 뒤에서 다시 언급하겠지만 OTT의 비즈니스 모델 자체가 콘텐츠 투자비는 많이 드는 반면 수익을 창출하기는 어렵기 때문이다. OTT 사업자들은 광고요금제를 도입하면서 요금을 인상하는 요금 다양화 전략을 펼치고 있고, 넷플릭스는 게임을 출시하는 등 수익 모델을 다각화하려고 시도하고 있지만 여전히 대부분의 OTT 사업자들이 구독료와 광고 이외에 수익 창출 방안을 찾고 있지 못한 실정이다.

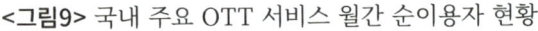
<그림9> 국내 주요 OTT 서비스 월간 순이용자 현황

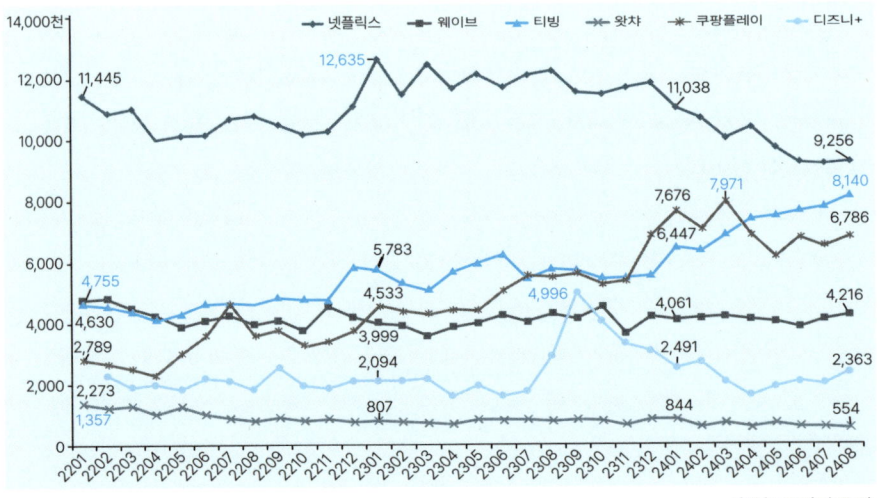

출처: 코리안클릭.

<그림 9>의 MAU 추이에서 확인할 수 있는 것처럼 국내에서 서비스되고 있는 OTT 서비스들은 티빙을 제외하고 대부분의 가입자가 박스권에 갇혀 있는 양상을 보여주고 있다. 티빙은 KBO 유·무선 중계권 확보, <선재 업고 튀어>와 같은 오리지널 콘텐츠에 대한 꾸준한 투자로 이용자수가 우상향하는 추이를 보이고 있다. 반면, 2023년 11월부터 넷플릭스의 하락세가 심해지고 있다. 다른 OTT 서비스들은 MAU가 정체되어 있는 양상을 보이고 있다. 티빙과 웨이브 합병이 이뤄진다면 국내에서 넷플릭스를 넘어서는 국내 OTT 서비스가 탄생할지도 모른다.

국내에서 서비스를 영위하고 있는 사업자들은 8천억 원 이상의 매출을 올리고 있는 넷플릭스를 제외하고는 모두 적자인 상황이다. 티빙은 전반적인 매출과 이용자수는 증가하고 있지만 경쟁력 강화를 위해 적극적으로 투자하면서 적자 폭이 커지고 있다. 2023년에는 1,420억 원의 적자를 기록했고, 2024년 상반기는 152억 원으로 상당히 감소시켰다. 웨이브는 투자를 줄이면서 적자 폭을 줄이기는 했으나 2023년 800억 이상의 적자를 기록했다.

티빙의 상황이 개선되고 있어 내년에는 국내 OTT의 흑자도 기대해 볼 수 있는 상황이다. 물론, 애니메이션 전문 OTT 라프텔이 흑자를 내고 있기는 하지만[74] 상위권 시장에서 경쟁하는 OTT 중 흑자를 내는 OTT가 2024년에는 등장할 수도 있다.

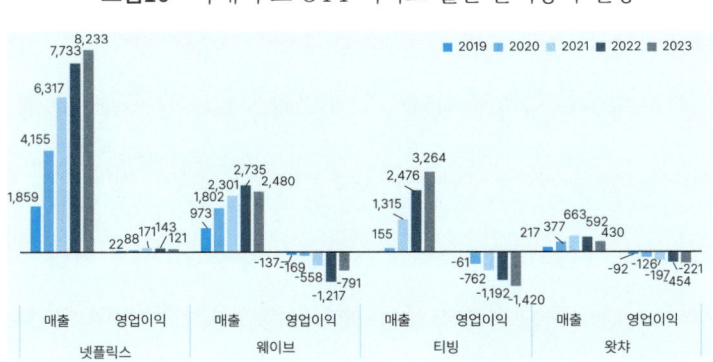

<그림10> 국내 주요 OTT 서비스 월간 순이용자 현황

출처: 전자공시시스템(DART) 자료 정리

02. 국내 OTT 시장 구조 개편 일어날까?[75]

티빙과 웨이브가 합병 절차를 밟고 있다. 물론, 일각에서는 합병 절차가 장기화되면서 합병이 성공적으로 이뤄질 수 있을지 회의적인 시각을 제기하기도 한다. 양사 간 합병은 두 회사의 지분을 가지고 있는 사업자가 다양하기 때문에 논의 과정이 길어질 수 있다는 지적이 나오고 있다.

<표12> 티빙-웨이브 주주구성

티빙	CJ ENM	젠파트너스앤컴퍼니	KT스튜디오지니	SLL중앙	네이버
	48.9%	13.5%	13.5%	12.7%	10.7%
웨이브	SK스퀘어	MBC		SBS	KBS
	40.5%	19.8%		19.8%	19.8%

출처: 이진휘 (2024. 7. 29). 웨이브 업은 티빙, 늘어지는 합병에 막판 '진통'. <탑데일리>.

기업 간 M&A는 최종 마무리될 때까지 당사자들 외에 제삼자가 예측하기 매우 어렵다. 여기서는 두 기업의 합병이 가지고 있는 의미에 대해 논의해 보고자 한다. 티빙과 웨이브의 합병이 성사된다면, 첫 번째 의의는 국내 OTT 산업의 경쟁력 제고에 긍정적으로 작용할 것이라는 점이다. 티빙과 웨이브가 합병하게 되면 넷플릭스와 대등한 경쟁을 펼칠 수 있는 OTT 서비스가 등장하게 되어 국내 OTT 산업의 경쟁력 제고에 도움이 될 것이라는 점이다. 통상 M&A의 부작용으로 꼽히는 것이 M&A 이후 초래되는 시장에서의 독과점 심화다. 하지만 국내의 경우 넷플릭스라는 압도적인 1위 사업자가 존재하기 때문에 티빙과 웨이브의 합병이 독과점 심화로 이어질 가능성은 매우 낮다고 판단된다.

다음으로는 티빙과 웨이브를 동시에 이용하고 있는 이용자들의 요금 부담이 줄어들게 되면 이용자 복지 향상에 도움을 줄 수 있다는 측면에서 긍정적일 수 있다. 국내 OTT와 미디어·콘텐츠 산업의 가장 큰 특징 중 하나는 국내 이용자의 국내 콘텐츠에 대한 선호도와 충성도가 높다는 것이다. 이 때문에 현재 티빙과 웨이브를 같이 이용하는 이용자가 많다. 티빙과 웨이브를 같이 이용하고 있는 이용자 입장에서 이번 합병은 복수 서비스에 대한 지불 부담을 줄이는 계기가 될 수 있다. 또한, 합병 이후 서비스 등 다양한 투자를 통해 향상된 품질의 서비스를 기대하는 것도 가능하다.

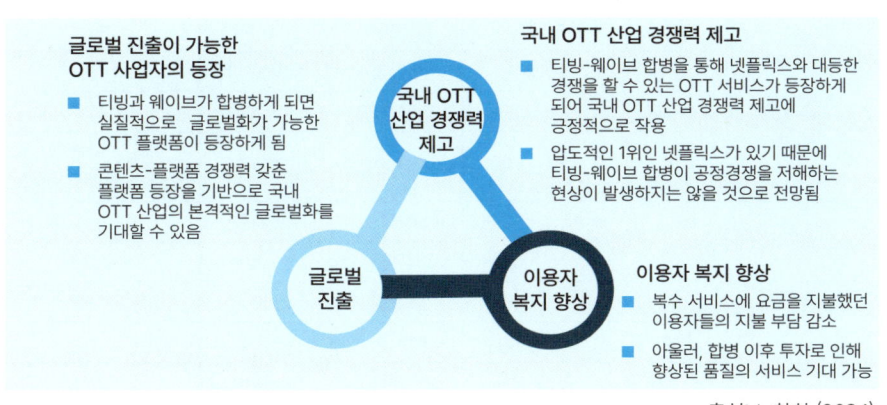

<그림11> 티빙-웨이브 합병의 의의

출처: 노창희 (2024).

티빙과 웨이브 합병이 갖는 가장 큰 산업적 의의는 티빙과 웨이브가 합병을 거쳐 글로벌 진출이 가능한 OTT 사업자로 성장할 가능성이 있다. 티빙과 웨이브는 글로벌 시장에서 경쟁을 펼칠 수 있는 콘텐츠를 가지고 있는 사업자들이기 때문에 합병 이후 본격적으로 글로벌 진출을 모색할 수 있다. 콘텐츠-플랫폼 경쟁력을 갖춘 OTT 산업의 본격적인 글로벌화를 기대할 수 있다.

03. 요금 정책 다양화

앞서도 언급한 것처럼 OTT는 비즈니스 모델이 제한되어 있는 서비스다. 대부분의 OTT 사업자가 적자를 보고 있는 상황에서 사업자들이 고를 수 있는 선택지는 많지 않다. 넷플릭스가 광고요금제를 도입하면서 다른 사업자들도 광고요금제를 도입했고, OTT 사업자들은 광고요금제를 도입하면서 저가형 상품을 출시하는 한편 요금을 인상하는 전략을 취하고 있다.

<표13> 국내 OTT 사업자 요금제 인상 현황

서비스명	기존 가격		변경된 가격		비고
넷플릭스	광고형	5,500원	광고형	5,500원	
	베이직	9,500원	베이직	판매 중단	
	스탠다드	13,500원	스탠다드	13,500원	
	프리미엄	17,000원	프리미엄	17,000원	*계정 공유 시 인당 5,000원 추가
디즈니플러스	9,900원		스탠다드	9,900원	* 1080p 화질
			프리미엄	13,900원	* 4K 화질
티빙	-		광고형	5,500원	
	베이직	7,900원	베이직	9,500원	
	스탠다드	10,900원	스탠다드	13,500원	
	프리미엄	13,900원	프리미엄	17,000원	
웨이브	스탠다드	10,900원	변경 없음		
	프리미엄	13,900원			
쿠팡플레이	와우 멤버십	4,900원	와우 멤버십	7,890원	쿠팡 로켓와우 멤버십 회원에게 제공
왓챠	베이직	7,900원	변경 없음		
	프리미엄	12,900원			

자료: 각 사 홈페이지.

넷플릭스는 국내에서도 광고요금제를 도입하면서 요금 인상을 하지는 않았지만 9,500원이었던 베이직 요금제를 폐지하며 실질적인 요금 인상이라는 평가를 받았다. 디즈니+도 13,900원의 프리미엄 서비스를 도입했다. 티빙도 5,500원의 광고요금제를 도입하면서 요금을 인상했다. 스트리밍과 인플레이션의 합성어인 스트림플레이션이라는 용어가 주목받으면서 OTT 요금 인상이 언론에서 주목받았으나 본질은 요금 인상이라기보다는 요금제 다양화로 보는 것이 합리적이라고 판단된다. 광고요금제를 출시하는 등 저가형 요금제도 출시되었기 때문이다.

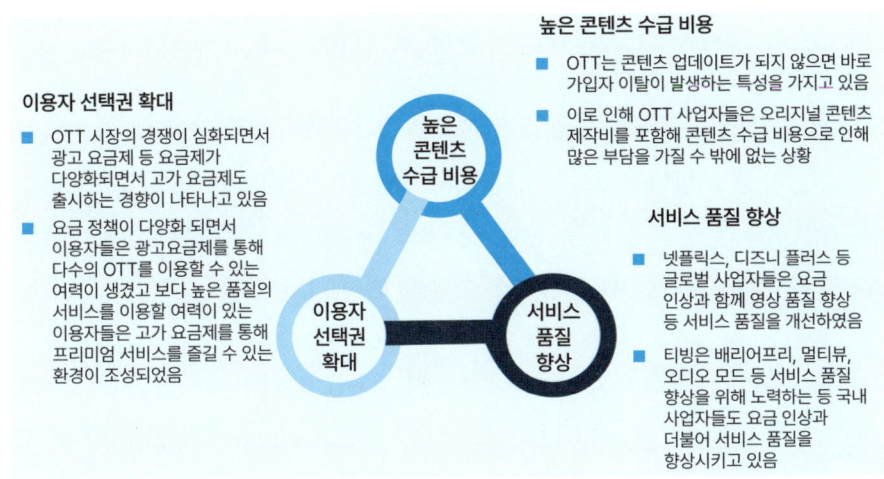

<그림12> OTT 사업자 요금 정책 다양화의 원인과 기대효과

출처: 노창희 (2024).

    OTT 사업자들이 요금제의 다양화를 선택할 수밖에 없는 이유는 높은 콘텐츠 수급 비용을 꼽을 수 있다. OTT는 콘텐츠 업데이트가 되지 않으면 바로 가입자 이탈이 발생하는 특성을 가지고 있다. 이로 인해 OTT 사업자들은 오리지널 콘텐츠 제작비를 포함해 콘텐츠 수급 비용으로 인해 많은 부담을 가질 수밖에 없다. 이 때문에 광고요금제를 도입하여 수익을 다각화하는 한편 요금을 인상하여 수익 극대화를 추구할 수밖에 없는 것이다.

    요금 정책 다양화의 기대효과는 우선 이용자 선택권이 확대된다. 요금 정책이 다양화되면서 이용자들은 광고요금제를 통해 다수의 OTT를 이용할 수 있는 여력이 생기게 되었다. 한편, 보다 높은 품질의 서비스를 이용할 여력이 있는 이용자들은 고가 요금제를 통해 프리미엄 서비스를 즐길 수 있는 환경이 조성되었다. 한편, 요금을 인상하면서 OTT 사업자들은 품질 향상을 위한 투자를 지속하고 있다. 국내 사업자인 티빙의 경우 배리어프리, 멀티뷰, 오디오 모드 등 서비스 품질 향상을 위해 노력하는 등 요금제 다양화와 더불어 서비스 품질을 향상시키는 움직임을 보이고 있다.

04. 광고 요금제 도입과 복수 플랫폼 이용

앞서 언급했던 것처럼 넷플릭스 광고요금제 도입 이후 국내·외 OTT들이 광고요금제를 도입하고 있고, 국내 사업자인 티빙도 광고요금제를 도입했다. OTT 플랫폼의 특징 중 하는 콘텐츠를 배타적으로 제공한다는 것이다. 이 때문에 OTT 이용자들은 복수 플랫폼 이용에 대한 니즈가 높은 편이다.

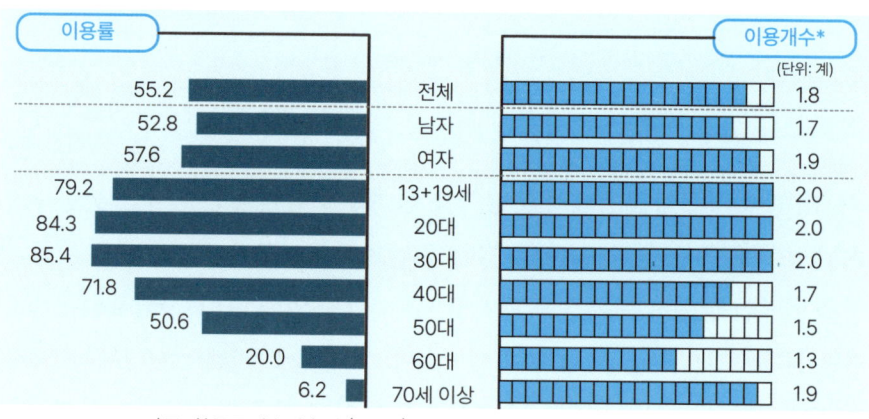

<그림13> 성연령별 유료 OTT 이용률 및 이용 개수

자료: 한국콘텐츠진흥원 (2023). <2023 OTT 이용행태 조사>. 나주: 한국콘텐츠진흥원.

5,041명의 샘플을 대상으로 조사를 진행한 한국콘텐츠진흥원(2023)의 조사 결과에 따르면 국내에서 유료 OTT를 이용하는 비율은 55.2%, 이용하는 플랫폼 수는 1.8개인 것으로 조사되었다. 이와 같은 조사 결과는 유료 OTT 이용과 복수 OTT 플랫폼 이용이 보편화되었다는 것을 보여주는 결과라고 할 수 있다.

한국콘텐츠진흥원(2023)의 조사 결과에 따르면 광고요금제 이용 비율은 40

대(25.1%), 50대(21.1%) 등 상대적으로 높은 연령대에서 광고요금제를 상대적으로 많이 이용하는 것으로 나타났다. 김헌·김동윤·최종환(2023)의 연구 결과에 따르면 연령대가 낮을수록 광고에 대한 저항이 높은 것으로 나타났다.

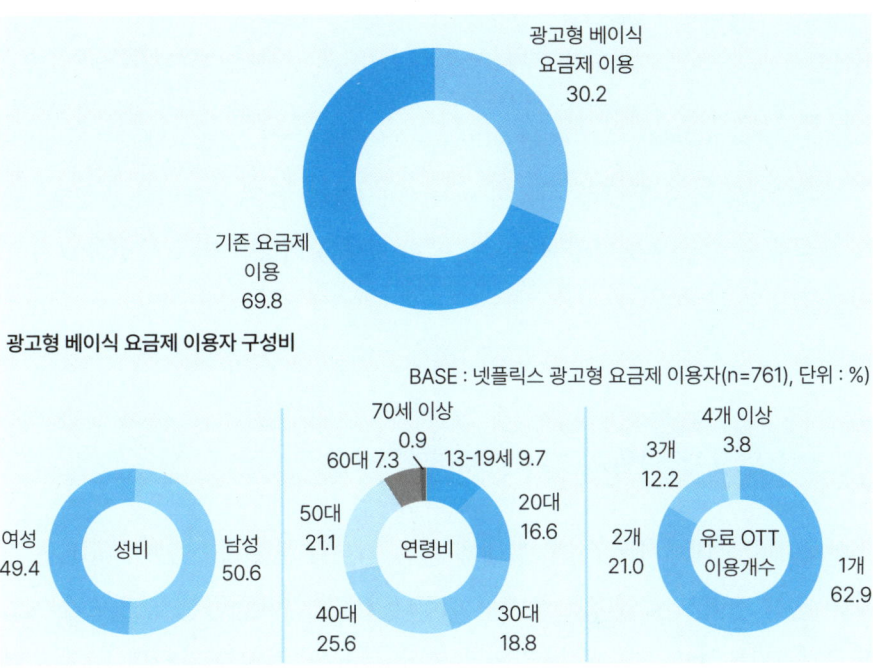

<그림14> 넷플릭스 광고형 요금제 이용률

자료: 한국콘텐츠진흥원 (2023). <2023 OTT 이용행태 조사>. 나주: 한국콘텐츠진흥원.

이승희·이용관(2024)의 연구 결과에 따르면 중간광고에 대한 수용도는 조사 대상이 된 모든 매체에서 사전광고보다 낮은 것으로 나타났다. 중간광고가 광고 효과가 더 크다는 것이다.

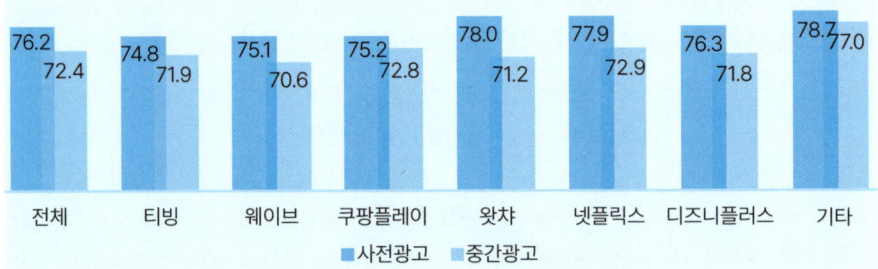

<그림15> 구독 이용하는 OTT 서비스의 광고 수용 의사

자료: 이승희·이용관 (2024). <OTT 서비스 변화에 대한 이용자 반응: 광고 요금제>. 서울: 한국문화관광연구원.

국내에서도 복수 플랫폼 이용이 어느 정도 자리 잡은 상태이다. 2025년 광고 요금제 등 요금제가 다양화된다면 복수 플랫폼 이용은 더욱 활성화될 수도 있을 것으로 보인다.

05. OTT 정책 변화와 OTT 시장의 변화

현재까지 국내에서는 OTT에 대해 진흥 기조를 유지하고 있다. 따라서 별도의 정책 변화가 있었다고 보기는 어렵다. OTT 자체등급분류 제도가 도입되고, 「전기통신사업법」에 "온라인 동영상 서비스" 정의가 추가된 것 정도가 OTT와 관련된 정책적 변화라고 볼 수 있다.

OTT와 관련된 다양한 지원 방안에 대한 논의가 있었는데 뒤에서 자세히 살펴보도록 하고 여기서는 간략하게만 리뷰하고자 한다. 가장 주목해서 살펴볼 만한 정책적 시도는 범부처 합동으로 발표한 <미디어·콘텐츠 산업융발 발전방안(안), 이하 '융발위 발전방안(안)'>이다. 여기에는 과학기술정보통신부, 문화체육관광부, 방송통신위원회 등 미디어 관련 부처의 정책방안이 종합적으로 담겨 있다.

뒤에 이슈에서 보다 구체적으로 살펴보겠지만 발전방안(안)에는 1조원 대 'K-콘텐츠·미디어 전략 펀드 신설'이 포함되어 있다. 이 펀드 중에 어느 정도 OTT 관련 예산으로 배정될지 지켜볼 필요가 있다. '콘텐츠 IP 보유 중심의 정책 지원 확대'에 IP 공동 보유 의미를 전제로 'OTT 특화 제작지원' 예산도 2023년 454억원에서 2024년에 537억원으로 증액되었다. 또한, 'OTT+스마트TV+콘텐츠 동반 진출', 'OTT+제작 컨소시엄', '국내OTT 해외 홍보', '해외 통합정보 제공' 등도 OTT 진흥을 위한 진흥 방향으로 제시되어 있다.

융발위 발전방안(안)을 포함하여 OTT 진흥 관련 예산들은 OTT 지원을 위해 충분하다고 보기는 어려운 상황이다. 국내 미디어·콘텐츠 분야의 중요성과 플랫폼을 통한 글로벌화의 필요성을 고려할 때 OTT 진흥 관련 예산은 큰 폭의 증액이 바람직하다고 판단된다.

한국 시장에서도 FAST 시장이 급격히 성장할 전망이다. 미아 리서치 자료를 보면 2024년 45.11%, 2025년 27.74%에 달한다.

<그림16> 한국 FAST 시장 전망

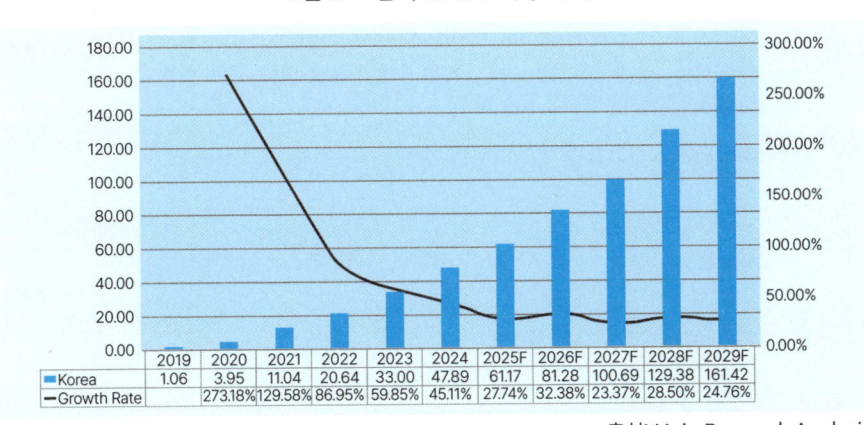

출처: Maia Research Analysis

64) https://www.yna.co.kr/view/AKR20240807005500075
65) WBD-1Q24-Earnings-Release.pdf (q4cdn.com)
66) Parrot Analytics M&A Cheat Sheets | DEMAND360 by Parrot Analytics
67) Paramount Sees $5.98 Billion Cable Networks Write-Down Due to Skydance (variety.com)
68) Paramount mulls streaming JV, plans job cuts as sale talks escalate (axios.com)
69) US pay-TV losses reach a nadir (lightreading.com)
70) Advertising Will Drive Global Media Growth, Streaming Revenue, Says PwC (deadline.com)
71) https://www.pwc.com/gx/en/issues/business-model-reinvention/outlook/insights-and-perspectives.html
72) Use of AI in OTT [10 Examples][2024] - DigitalDefynd
73) Listen to your favorite books and articles voiced by Judy Garland, James Dean, Burt Reynolds and Sir Laurence Olivier | ElevenLabs
74) https://n.news.naver.com/article/050/0000073681?sid=101
75) 노창희 (2024). 22대 국회에 바라는 OTT 산업 진흥을 위한 정책 방향. <한국방송학회-미디어정책학회-한국OTT포럼-디지털산업정책연구소 공동주최 '22대 국회에 바라는 OTT 산업 진흥을 위한 정책과제' 발제문>. 재인용

03

2024 OTT 10대 이슈

글로벌

01. 구독자 확보 전쟁의 마감

2024년 스트리밍 시장을 한 마디로 정리하자면 스트리밍 전쟁이 끝났다는 것이다. 물론 승자는 넷플릭스(Netflix)다. 넷플릭스는 2025년부터 가입자 수를 공개하지 않기로 했다. 이에 대해 버라이어티는 "구독자 경쟁은 끝났으며 이제 SVOD의 사용자 기반 규모는 수익과 참여를 이끌어낼 수 있는 정도만 중요하다"고 말했다. 2024년 3분기 기준 넷플릭스의 구독자는 2억 8,272만 명이다.

<그림17> 글로벌 주요 OTT 가입자 현황

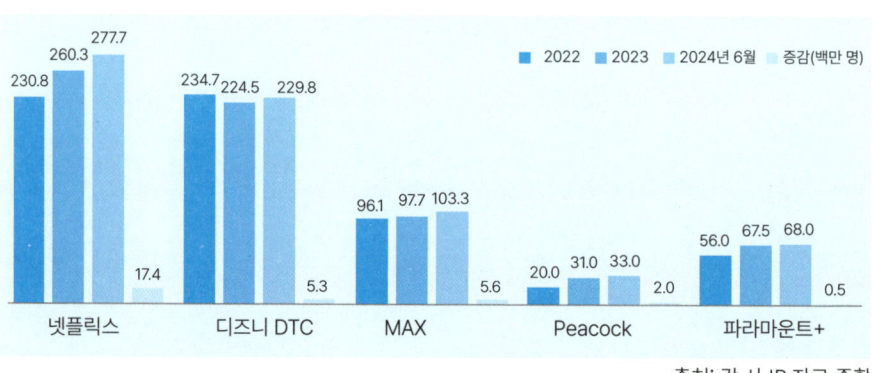

출처: 각 사 IR 자료 종합

2024년 2분기 기준, 글로벌 주요 스트리밍 서비스의 구독자는 7억 3,840만 명이다. 1년 전인 2023년 2분기 6억 6,590만 명에 비하면 1억 명 이상이 늘었다. 그러나 넷플릭스를 제외한 스트리밍 서비스들은 생존을 걱정하는 처지다.

디즈니, 파라마운트+ 등 모든 사업자들이 2024년 스트리밍 서비스(DTC)에서 흑자를 기록하기 위해 노력하고 있다. 디즈니와 파라마운트 모두 2024년 2분기에 긍정적인 분기 DTC 실적을 기록했다. 파라마운트 글로벌은 파라마운트+가 출시 이후 처음으로 2024년 2분기 흑자를 기록했다. 디즈니+는 2024년 1분기와 2분기 모두 4,700만 달러의 DTC부문 흑자를 달성했다. 그러나 수익성을 높이기 위해 디즈니+와 훌루, ESPN+의 10월 가격 인상을 선언했다.[76] WBD의 스트리밍 맥스(MAX)는 1분기에는 8,600만 달러의 흑자를 달성했으나 2분기에는 1억 700만 달러의 적자를 기록했다. 지난 2023년 HBO MAX와 디스커버리+의 통합 이후 흑자를 기록하기도 했다.

<그림18> 글로벌 주요 OTT 매출 및 영업이익 현황

출처: 각 사 IR 자료 종합

그러나 흑자 폭은 매우 적다. 이에 반해 실시간 TV 등 레거시 미디어의 몰락 폭은 매우 빠르다. 미디어 부문의 현재 고통이 장기화될 가능성이 높다는 이야기다. 때문에 전문가들은 모든 스트리밍 서비스가 혼자 살아남을 수 없다는 지적을 하고 있다. 인수합병(M&A)에 나서거나 스트리밍 서비스들을 묶어 구독하는 번들링(Bundling)이 더 활성화될 수 있다.

02. 그레이트 리번들링

미국의 광고 잡지 애드위크(Adweek)는 2024년을 전망하면서 "스트리밍 전쟁이 다시 혼돈의 시대로 접어들었다"는 기사에서 TV는 황금시대에서 피크시대를 거치고 이제 모든 것이 무너져 하이브리드 TV를 경험하고 있다고 밝혔다.[77] 결국 리브랜드나 번들 등을 통해 소비자를 혼란스럽게 하고, 점점 더 많은 비용을 부담시키고 있다. 유로미디어(Euromedia) 2024년 9월/10월호도 커버스토리로 "번들의 귀환?"이라는 제목을 뽑았다.[78] 세상이 글로벌 스트리머와 코드 커팅의 등장으로 번들이 해체되었는데, SVOD에서 나타나는 통합과 콘텐츠 발견의 어려움 때문에 다시 오퍼레이터(예. 통신사) 주도의 통합이 돌아올 시간이 되었는지에 대한 내용이다. 옴디아(Omdia)의 토니 균나슨(Tony Gunnarsoson) 수석 분석가는 "D2C에 사로잡힌 TV 산업은 효과적인 콘텐츠 수급(effective aggregation)에 실패했고, 이 시장에 통신사(telco)가 경쟁적인 스트리밍 서비스를 모으는 오퍼레이터 번들을 제공하며 뛰어들었다. 포화 상태의 시장을 뛰어넘어 통신사는 D2C만 단독으로 보는 고객에게 번들을 제공하며 자리잡았다."고 주장했다. 예를들어 케이블TV 컴캐스트는 고객들에게 아마존, 넷플릭스, 디즈니+ 등 21개의 스트리밍 서비스를 이용할 수 있는 계약을 했다. 옴디아의 분석에 의하면 2024년 말까지 모든 SVOD 가입자의 21%(3.65억 명)가 번들을 통해 이루어지고, 2029년에는 24%(5.4억 명)로 증가할 것으로 전망했다. 번들이 증가하는 이유는 꼭 낮은 구독료 때문이 아니라 가능한 단순한 콘텐츠를 이용하는 소비자의 여정과 전환이다. 결국 번들링이 콘텐츠 비즈니스의 미래이며, 소비자는 더나은 스트리밍 번들을 찾을 것이다.[79]

헐리우드의 미디어 기업들은 새로운 환경 변화에 대응하기 위해 넷플릭스에 공급하여 부가수익을 창출하던 콘텐츠 공급을 끊고 직접 플랫폼을 만들어 이 시장에 뛰어들었다. 2019년 디즈니+와 애플TV+, 2020년 피콕과 HBO맥스가 출시되면서 영상 미디어 시장은 그야말로 춘추전국시대에 돌입했다. 현재까지 미디어 기업들은 생존을 위해 SVOD, AVOD, FAST 등 다양한 전략과 전술을 치열하게 펼치고 있는데 최근 상황을 보면 적과 아군이 따로 없다. 미디어 기업들이 기존의 이해관계를 떠나 합종연횡하면서, 번들링이 기존보다 큰 규모로 일어나면서 '그레이트 리번들링(The Great Rebundling)'이라는 용어가 회자 되고 있다. 시장 일각에서는 시청자들이 케이블TV 서비스에 대한 반발과 대안으로 선호했던 OTT 서비스가 다시 케이블TV의 유산인 패키지 전략으로 회귀하는 것이 아니냐는 진단도 나오고 있다.[80]

버라이어티는 2023년 8월 "스트리밍 서비스 번들(Streaming Service Bundles)" 특별 보고서에서 번들의 유형을 크게 비디오 온리(소프트 번들, 하드 번들, 기업 간 번들), 집합 서비스(집합 서비스, 집합 서비스 디바이스), 통신 사업자(무선 통신, 브로드밴드/유료방송), 크로스 플랫폼(멀티서비스, 유통서비스) 등 4가지로 구분하였다. 소프트 번들은 개별 서비스 결합 상품이고, 하드 번들은 서로 다른 OTT 플랫폼을 하나의 인터페이스 및 서비스로 통합한 상품을 의미한다.[81]

OTT 시장은 새로운 황금알을 낳는 거위처럼 여겨지며 급격히 과열되었다가 다시 조정을 거치고 있는 상황이라고 볼 수 있다. 성장기에도 다양하고 공격적인 전략이 펼쳐지지만, 조정기에도 동일할 수밖에 없다. 과거에 번들링이라는 용어가 주로 유료 방송 채널 간의 결합을 주로 뜻했다면, '리번들링'의 시대에는 보다 다양한 콘텐츠를 제공하는 서비스간의 결합이다.

리번들링은 OTT 기업에게는 비용절감과 수익추구를 위해 도움이 되고, 이용자에게는 영상 콘텐츠를 편리하고 저렴하게 이용할 수 있는 장점이 있다.

OTT 시장에서 리번들링이 일어나는 형태는 아마존 프라임 비디오가 추진하는 마켓플레이스형, 통신사 결합형, 서비스 통합형, 유료TV 연계형, OTT 자체 번들형, 콘텐츠 번들형, 신규 플랫폼형, 노블 번들형 등 8개로 구분할 수 있다.[82]

<표14> 번들링 유형 분류

유형	내용	사례
마켓플레이스형	마켓에 입점하는 형태와 유사	아마존, 월마트, 유튜브, 까르푸와 OTT 제휴
통신사 결합형	통신사 모바일 요금제 + OTT	버라이즌 + 네슬릭스, T-모바일 + 넷플릭스 등
서비스 통합형	두 개 이상의 서비스 통합	맥스와 디스커버리, 파라마운트++ 쇼타임, 디즈니++ 훌루, 티빙과 웨이브(추진중)
유료TV 연계형	OTT와 유료TV가 번들 구성	차터와 디즈니+ 및 ESPN+, 컴캐스트와 플루토TV,
OTT 자체 번들형	자체 번들	넷플릭스가 모바일 게임 제공
콘텐츠 번들링형	서로 다른 종류의 콘텐츠를 하나의 구독 요금제로 통합하여 제공	스포티파이 + 훌루
신규 플랫폼형	미디어 회사들이 소유한 콘텐츠를 활용하여 새로운 플랫폼 구축	ESPN과 FOX, WBD가 새롭게 만들기로한 스포츠 OTT
노블 번들형	소설을 사 모으듯 자신들이 원하는 스트리밍 서비스를 스스로 묶는 유형	OTA(Over The Air)와 OTT

리번들링은 과연 지속될 것인가? 옴디아는 향후 5년 내에 OTT 번들이 크게 확대될 것으로 전망했다. 2028년까지 OTT 신규 구독자의 70%가 유료 방송 또는 유무선 인터넷 번들을 이용할 것으로 예측한다.[83] 특히 2027년부터 신규 구독의 경우 번들 구독자가 단일 서비스 구독자를 넘어설 것으로 전망했다.[84] 티브이레브(TVREV)에서도 레거시 미디어는 2024년 이후에도 번들링 기회, 특히 비 엔터테인먼트 서비스(Paramount+ 및 Walmart, Apple One Bundle, Amazon Prime 등)의 부가가치를 포함하는 유틸리티 번들을 계속해서 찾을 수 있으며 앞으로도 그럴 것으로 전망한다.[85] 실제로 디즈니는 맥스와의 번들을 출시한 이후 시간을 더 보내고 있고, 이탈률이 낮아진다는 긍정적인 평가(working really well)를 내리고 더 많은 번들링 계약을 체결할 것이라고 밝혔다.[86] 스웨덴에서도 텔레2(Tele2)와 계약을 맺고 디즈니+를 통해 콘텐츠를 공급하기로 했다.[87]

리번들링이 성공하려면 이용자의 비용을 절감할 수 있는 방식으로 서비스를 패키징할 수 있어야 한다. 그런면에서 과거의 포괄적인 TV 패키지를 다시 만드는 시도라기 보다는 적당한 판매 확대 전략을 펼쳐야 한다.[88] 그렇지 못하면 OTT 기업은 케이블TV 시대처럼 번들링 효과가 없을 수도 있다.

이용자 입장에서도 OTT 서비스들이 번들링을 만든 다음 가격을 올리면 결국 가격 부담이 증가하여 큰 효과를 보지 못할 수도 있다.

미국에 번들을 관리하는 서비스가 나왔다. 바로 마이번들(MyBundle)로 스트리밍 TV를 쉽게 이용할 수 있도록 하는 게 목표이다.[89] 가입한 서비스와 원하는 채널을 선택하면 채널을 추천하면서 볼 수 있는 채널과 금액도 제시해주고, 자신에 맞는 번들을 만들 수 있도록 한다.

국내의 티빙과 웨이브가 지난해 말 통합을 선언했다. 토종 OTT의 성장을 위해서는 불가피하다. 아직 가시적인 결과를 내놓고 있지 않지만 당분간 서비스 통합보다는 번들 형태가 되지 않을까 한다. 티빙과 웨이브가 통합을 통해 점유율을 확대하기 위해선 합병 이후 보다 많은 라이브러리 콘텐츠와 오리지널 공급을 늘려야 한다. 또 광고 기반 저가 상품을 제공해 이탈률을 낮추는 것도 관건이다.

번들링은 기본적으로 OTT 플랫폼이나 이용자에게 좋다. 잘 정착하여 기업의 이윤 창출과 이용자의 복지에 기여하기를 기대해 본다.

03. 스포츠 스트리밍 서비스 베누(Venu)의 탄생

스트리밍 시대를 대비, 디즈니(Disney), 폭스(Fox), 워너브러더스디스커버리(Warner Bros.Discovery)가 추진 중인 스포츠 스트리밍 서비스 베누(VENU)[90]가 법원에 의해 제동이 걸렸다. 미국 연방법원은 "이 서비스가 스포츠 시청 시장 경쟁을 약화시킬 것"이라며 경쟁사 푸보(Fubo)가 낸 '가처분 신청'을 받아들였다.

뉴욕 남부 연방지방법원(New York's Southern District)은 69페이지 분량 판결

문으로 베누의 런칭은 잠시 중단됐다. 베누는 디즈니, 폭스, 워너가 '케이블TV'를 구독하지 않는 스포츠 팬들을 위해 야심차게 기획했던 전문 서비스다.

이 스트리밍은 2024년 10월 42.99달러에 서비스될 예정이었다. NFL, NBA, MLB 등 메이저 스포츠들이 모두 제공된다. 베누 스포츠의 가장 큰 장점은 다양성이다. 베누는 큰 리그의 게임 외 내셔널 하키 리그, NASCAR 자동차 경주, NHL(National Hockey League), 대학 스포츠(college sports), 얼티밋 파이팅 챔피언십(Ultimate Fighting Championship)과 같은 격투 스포츠, PGA 투어 골프 등 스포츠 팬들을 위한 프로그램을 제공하겠다고 약속한 바 있다.

스포츠 경기 콘텐츠 이외에도 구독자들은 심슨(The Simpsons), 배첼러(The Bachelor) 등과 같은 소속 방송 채널(ABC, 폭스, TNT)이 제공하는 예능 프로그램도 방송된다. 조인트벤쳐는 디즈니, 폭스 디스커버리가 3분의 1씩 소유하고 있다.

런칭이 발표된 뒤, 베누는 애플 출신 미디어 전문가 피트 디스타드(Pete Distad)를 최고 경영자로 영입하는 등 본격적으로 인력을 충원하기 시작했다.

그러나 이 생각은 경쟁사들의 반발에 부딪혔다. 지난 2월 20일 스포츠 스트리밍 푸보(Fubo)는 베누가 반독점 법을 위반했다며 '통합을 불허해야 한다'고 소송을 냈다.[91] 소장에서 푸보는 "디즈니, 폭스, 워너브라더스디스커버리가 반경쟁적 전술을 통해 자사의 사업을 방해하려는 '장기적인 패턴'에 관여했다"고 주장했다. 이 소송의 영향은 미 의회까지 전달돼 청문회까지 열렸다. 청문회에서는 베누에 대한 가처분 신청이 집중 논의됐다.

마가렛 가넷 판사(Margaret Garnett)는 판결문에서 새로운 서비스가 "경쟁을 실질적으로 감소시키고 거래를 제한할 것"이라는 푸보의 주장이 '승소'할 가능성이 높다고 말했다. 또 가처분 신청을 거부하면 재판 후 내려진 법원 명령의 효력이 제한될 수 있다고 덧붙였다.

성명에서 폭스, 워너브러더스, 디즈니 ESPN은 법원의 판결에 "정중하게" 동의하지 않으며 항소를 계획하고 있다고 밝히고, "푸보의 주장이 팩트와 다르고 법적으로도 맞지 않다고 생각한다. 푸보가 법적으로 가처분 신청(preliminary injunction)을 할 자격이 있음을 증명하지 못했다고 생각한다"라고 설명했다.

그는 또 "베누 스포츠는 구독 상품들을 이용하지 않는 시청자층에 도달해, 소비자 선택권을 강화하는 것을 목표로하는 경쟁력 있는 옵션"이라고 말했다. 푸보의 최고 경영자 데이비드 갠들러(David Gandler)는 성명에서 이번 판사의 결정이 "푸보 뿐만 아니라 소비자들의 승리"라고 말했다.

디즈니, 폭스, 워너브러더스는 팬들이 좋아하는 스포츠 경기를 '알 라 카르테(à la carte) 방식으로 제공해 아직은 수익을 내지만 사양길로 접어든 케이블TV 구독과 수익성이 크게 성장하고 있는 스트리밍 세계로 연결되길 바랐다.

04. OTT와 K-팝

스트리밍 서비스는 K팝을 글로벌로 유통시키는데 큰 역할을 하고 있다. 스트리밍 플랫폼은 K팝의 주요 유통 경로가 되고 있다. 국내 1위 엔터테인먼트 테크놀로지 음악 스튜디오 하이브(HYBE)도 멀티 플랫폼을 적극 활용하고 있다. 유튜브, 틱톡, 릴스 등 소셜 미디어 서비스 뿐만 아니라 유무료 스트리밍 서비스도 하이브의 주요 콘텐츠 유통 플랫폼 중 하나다. 글로벌 78개국에서 K콘텐츠를 유통하고 있는 코코와(Kocowa)는 하이브(HYBE) 등과 손을 잡고 K팝을 스트리밍을 통해 글로벌로 유통시키는데 가장 앞장서고 있다. 코코와는 글로벌 1위 K콘텐츠 유통 플랫폼이다. 다른 음반기획사와는 다른 흐름이다.

하이브(HYBE)는 코코와+(Kocowa+)와 콘텐츠 유통 협업을 맺었다. 코코와는 2024년 6월부터 9월까지 하이브(HYBE) 방탄소년단의 라이브 콘서트 공연, 다큐멘터리, 리얼리티 쇼를 대거 공개했다. 코코와+는 하이브와 협업을 통해 수천 시간 분량 BTS콘텐츠를 글로벌로 전달하고 있다. 코코와+는 방탄소년단과 멤버들이 출연하는 40개 이상의 프로그램 라이브러리를 가지고 있다. 특히,

플랫폼에서 공개되는 모든 콘텐츠는 글로벌 팬들과 교감할 수 있도록 온라인 이벤트와 연계됐다. 코코와는 팬들이 서로 교감할 수 있도록 '코코크레이브스(Kococraves)'라는 라이브 이벤트를 진행했다.

스트리밍에는 하이브의 음악 영상뿐만 아니라 공연 영상도 유통된다. 코코와+는 방탄소년단의 데뷔를 기념하는 연례 행사인 '방방콘(Bang Bang Con)', '러브 유어셀프(BTS Love Yourself)' 등 방탄소년단의 대표 라이브 공연 영상을 방송한 바 있다. 코코와+는 '방탄소년단 브레이크 더 사일런스(Break the Silence), 방탄소년단 브레이크 더 소울(Break the Soul tours)' 투어 기간 동안 밴드 멤버들의 비하인드 스토리를 담은 다큐 시리즈와 영화를 공개했다.

코코와+는 방탄소년단 팬들을 위한 이벤트 '아미데이'를 기념, 지난 2024년 7월 9일 방탄소년단이 외딴 숲속에서 함께 휴식을 취하는 모습을 담은 'BTS 인 더 숲(BTS In the Soop)'을 공개하고, 방탄소년단 멤버들의 생일에 맞춘 시청 파티도 개최했다. 2024년 9월 1일에는 방탄소년단 멤버 정국을, 9월 12일에는 RM을 플랫폼에서 집중 조명했다. 코코와+는 런닝맨 시리즈, 아이돌스타 육상 선수권 대회, 화랑 등 한국 인기 예능에 방탄소년단이 출연한 콘텐츠도 제공했다. 이외 데뷔 직후 멤버들의 무대 뒤 생활로 팬들을 안내하는 '방탄소년단 신인왕', '방탄소년단 버라이어티 연대기', '셀럽 브로맨스' 등 다양한 프로그램도 플랫폼에서 시청할 수 있다.

특히, 음악의 인기와 관련 K팝을 테마로 한 FAST채널도 주목할 만하다. 뉴 아이디의 빈지코리아(Binge Korea), 투비의 K콘텐츠 섹션 등 글로벌 시장 내 한국 콘텐츠 수요가 높아지면서 FAST에서도 K음악 콘텐츠 채널들이 늘고 있다.

<그림19> FAST 채널의 장르별 채널 현황

Number of TV show FAST Channels by Genre								
Reality	Drama	Documentary	Kids	Mixed Genre	Comedy	True Crime	Classics	Food
120	115	97	83	78	73	59	51	46
Ganre Shows	Lifestyles	Religious	Home Improvement	Travel	Pop Culture	Courtroom	Family	Black Culture	Western
32	27	24	24	22	20	19	17	16	16
Gaming& Esports	Automotive	Relaxation	Paranormal	Animals	Sci-Fi	Anime	Other Unscripted	Other Scripted
15	15	14	13	13	13	12	43	12

출처: 삼성ads

05. FAST의 성장 현황

FAST의 매력은 케이블TV 채널의 편리성과 유튜브의 자율성을 동시에 보유하고 있다는 것이다. FAST에는 케이블TV 채널 처럼 오래된 TV프로그램의 재방송이 많다. 투비는 <콜드 케이스 파일(Cold Case Files)>, <바운티 헌터 개(Dog the Bounty Hunter)>, <아이스로드 트럭 운전사(Ice Road Truckers)> 등 오랜 TV콘텐츠를 방송하는 옛날 채널을 운영하고 있다. 플루토TV 역시 <비버리 힐스 아이들(Beverly Hills 90210)>, <캅스(Cops)>와 같은 고전 프로그램이 방송하고 있다.

<그림20> Tubi 채널

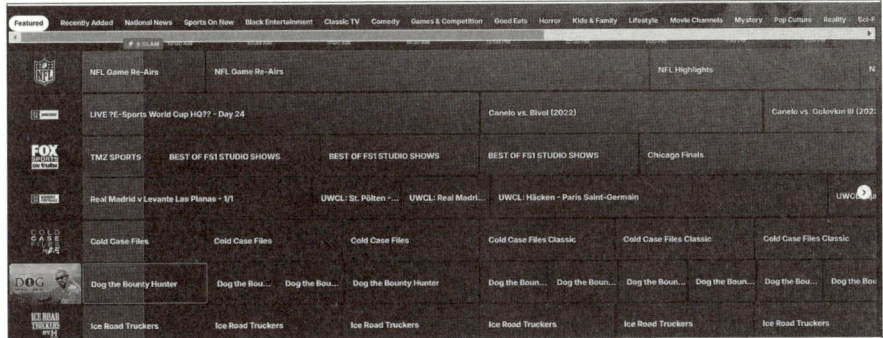

투비의 2023년 월간 활성 이용자는 7,800만 명 수준이다. 플루토TV는 8,000만 명 정도 된다. FAST 채널은 기존 케이블보다 훨씬 더 탄력적이다. FAST채널은 시장 판단에 따라 새로운 채널이 계속 들어오고 퇴출된다. 유입되는 FAST채널도 유튜브처럼 보다 개인적이고 시장 수요에 민감하다.

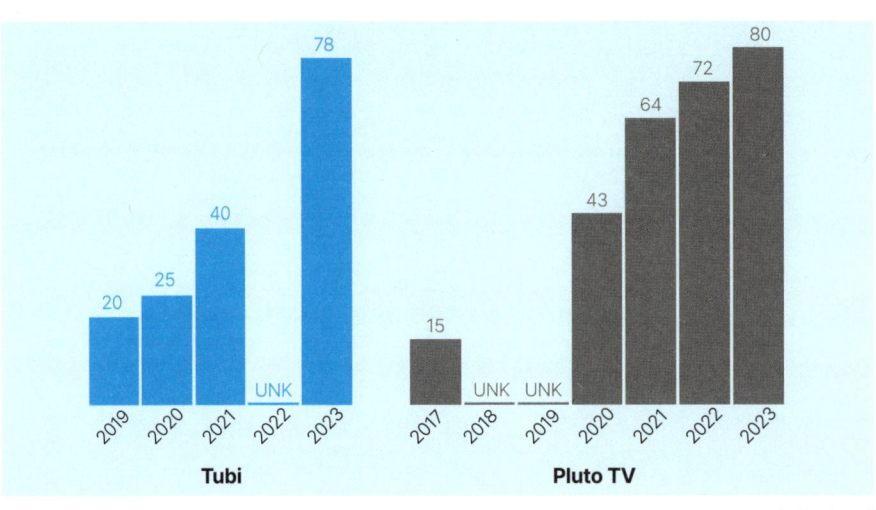

<그림21> 투비와 플루토 TV의 월간 이용자수

출처: 앤클러

　FAST는 VOD와 실시간 채널 모두를 편성하고 있다. 하지만, 사업자 마다 전략은 다르다. 투비는 최근 실시간 채널을 확충하고 있지만 VOD에 더 집중하고 있다. 서비스 메인 화면에서도 스트리밍 서비스와 마찬가지로 오래된 고예산 영화가 가장 먼저 표시된다. VOD에 대한 고객들의 주목도가 높기 때문이다.

　폭스 CEO 라클란 머독(Lachlan Murdoch)은 지난 5월 인터뷰에서 "시청 시간의 90% 이상이 VOD에서 발생한다"고 말하기도 했다. 이와 반대로 플루토TV(Pluto TV)는 실시간 채널 위주다. 케이블TV처럼 메인 화면도 실시간 채널로 시작한다. FAST와 기존 스트리밍의 차이점은 두 옵션 사이(실시간 채널, VOD)에서 매우 쉽게 전환할 수 있다.

FAST의 달라진 위상은 지난 2024년 5월에 있었던 미국 방송 광고주 설명회에서도 확인할 수 있었다. 5월 13일 미국 뉴욕에서 진행된 광고주 설명회 업프론트(upfront)에서 폭스(Fox)는 지상파 채널 대신 FAST를 강조했다. FAST 플랫폼 투비의 성과와 미래 가능성을 지상파 폭스보다 더 많은 시간을 할애해 소개했다. 폭스는 "FAST의 장점은 방대한 자체 및 라이선스 콘텐츠 라이브러리에 있다는 것"이라며 "유료 방송에 비해 플랫폼 이용 비용이 저렴해 이용자들이 몰리고 있다"고 말했다.

한국 FAST 시장도 커지고 있다. 마이아 리서치(Maia Research Analysis)는 한국 시장이 매년 평균 25% 이상 성장할 것이며, 오는 2029년 1억 6,100만 달러(2,173억 원)가 될 것이라고 전망했다. 특히, 한국은 중국과 일본 등 동북 아시아 지역 FAST 시장 중 가장 높은 성장률과 매출을 기록할 것으로 예상됐다. 일본 FAST시장은 2029년 9,452만 달러로 커질 것으로 점쳐졌다. 만약 한국에서 시청 점유율이 높은 지상파 콘텐츠가 FAST에 조기 투입된다면 판세는 달라질 것으로 전망된다.

그러나 이는 방송 광고 시장을 기준으로 작성된 다소 보수적인 숫자다. 디지털 광고 시장까지 합치면 FAST 시장은 더 늘어날 것으로 예상된다. 다른 연구기관 디지털 TV리서치(Digital TV Research)는 2023년 6월 오는 2028년 한국 FAST시장이 8억 7,600만 달러(1조 1,820억 원)로 성장할 것으로 내다본 바 있다. 같은 기간 미국 FAST시장은 98억 달러까지 커질 것으로 예상했다.

아시아 지역 FAST시장도 높은 성장률을 기록할 것으로 기대된다. 동북아시아 시장에서 스마트TV의 보급률이 높아지고 인기 콘텐츠들이 조기 투입되면서 저변이 확대되고 있는 것이다. 다이렉트미디어랩은 "동아시아 소비자들이 미디어 엔터테인먼트 콘텐츠 소비가 늘어나는 가운데 온라인 엔터테인먼트 플랫폼 이용도 증가하고 있다"며 "FAST플랫폼도 그 중 하나"라고 지적한 바 있다.

특히, 한국은 동북아시아 FAST시장을 이끄는 국가 중 하나다. 드라마, 예능,

뮤직 등 K콘텐츠가 FAST로 향하고 있고 KBS, MBC, SBS, JTBC 등 주요 방송사들도 앞다퉈 FAST시장에 뛰어들고 있다. 볼만한 콘텐츠의 증가는 시청자 확대에도 기여하고 있다.

<표15> 동북아시아 FAST 시장 전망(단위: M USD)

	2019	2020	2021	2022	2023	2024
중국	0.15	0.54	1.63	3.59	6.56	10.36
일본	0.54	2.09	6.18	12.88	21.75	32.89
한국	1.06	3.95	11.04	20.64	33.00	47.89
계	1.75	6.58	18.85	37.10	61.31	91.14
	2025F	2026F	2027F	2028F	2029F	
중국	17.94	29.93	40.66	59.62	83.23	
일본	41.71	53.10	63.05	79.10	94.52	
한국	61.17	81.28	100.69	129.38	161.42	
계	120.82	163.41	204.39	268.10	339.17	

출처: Maia Research Analysis

현재 미국에선 20여 개 이상의 FAST 플랫폼이 서비스되고 있다. 삼성 TV 플러스 등 스마트TV기반, FAST 테크 플랫폼, 채널과 스튜디오 기반 플랫폼 등이 제공되고 있다. 최근에는 미국 대표 유료 방송 채널인 CW가 FAST채널 앱을 런칭했다.

<그림22> 메이저 FAST 서비스 현황

Service	Owner	%18-34s Watching at Least Weekly	% 35-49s Watching at Least Weekly	% 50-64s Watching at Least Weekly	General Entertainment Channels	Movie Channels	Music Channels	News& Opinion Channels	Sports Channels
ABC	Disney	0.1%	0.1%	0.1%	12	0	0	9	1
CW Channels	Nexstar	0.6%	0.6%	0.6%	47	7	0	0	0
Freevee	Amazon	17.7%	25.2%	25.2%	340	33	24	61	31
Goolge	Google	1.4%	1.4%	1.4%	73	11	8	21	12
LG Channels	LG	0.2%	0.5%	0.5%	197	40	19	49	21
Peacock	NBCUniversal	1.0%	2.0%	2.0%	16	1	0	10	0
Plex	Plex	0.1%	1.1%	1.1%	342	74	42	37	52
Pluto TV	Paramount	4.2%	10.7%	10.7%	270	42	24	37	26
Rock Channel	Roku	5.0%	10.0%	10.0%	294	53	35	95	37
Samsung TV Plus	Samsung	1.3%	1.6%	1.6%	244	29	42	115	24
Tubi	Fox	9.9%	13.1%	13.1%	105	14	0	118	23
Vizio Freestream	Walmart	0.4%	0.8%	0.8%	210	40	16	74	21
Xumo Play	Comcast & Charter	0.1%	0.8%	0.8%	219	34	19	59	28

출처: 버라이어티

각 서비스마다 채널 라인업과 집중하는 콘텐츠가 다르다. 일부는 뉴스에 집중하고 일부는 영화, 엔터테인먼트 또 지상파나 케이블TV를 대거 편성하는 FAST 플랫폼도 있다. 삼성 TV플러스는 뉴스와 오피니언 채널이 112개가 된다. 이에 반해 프리비는 음악 채널이 24개가 서비스되고 있다. FAST가 TV를 닮아가는 트렌드도 여기서 확인된다.

미국 내 젊은 오디언스들은 아직 FAST 소비량이 낮다. 하지만, 아마존 프라임 비디오가 제공하는 프리비(Freevee)는 18~34세 이용 비중(주간)이 17%나 된다. 다양한 콘텐츠가 편성되고 있어 앞으로 확대될 가능성은 충분하다. 프리비, 플루토 TV, 로쿠, 투비의 빅4가 전체 FAST 시청의 80% 이상을 차지하고 있다. 특히, 스마트TV가 제공하는 FAST는 점유율이 계속 늘어나고 있다.

06. 영국 작가협회와 넷플릭스 합의[92]

OTT 오리지널의 저작권과 관련하여 2024년도에도 2023년에 이어 중요한 논의가 있었다. 대표적인 사례가 넷플릭스와 영국 작가 조합의 작가료 합의이다. 이는 미국 작가노조(WGA)와 배우노조(SAG-AFTRA)가 2023년 60년 만의 동반 파업을 통해 OTT 오리지널에 대한 재상영분배금(Residuals)을 기존 방송과 동일 수준으로 쟁취한 것만큼이나 의미가 크다. 특히, 글로벌 스트리머, 즉 OTT 서비스로는 최초로 외국 작가 단체와 관계를 강화하기 계약을 맺었다는 점이 가장 큰 의미가 있다.

넷플릭스는 영국 작가 조합(WGGB, Writers Guild of Great Britain) 및 영국 매니저 협회(PMA, Personal Managers Association)와 처음으로 영국에서 넷플릭스가 제작하는 작품에 대한 작가료 기준에 합의했다. 적용 대상은 넷플릭스에서 처음으로 공개하기 위해 영국에서 제작되는 실사 대본 드라마이다. 합의 내용은 2024년 2월 1일부터 적용된다.

<주요 계약 내용>

넷플릭스·영국 작가 조합·영국 매니저 협회의 주요 계약 내용은 영국 작가 조합의 홈페이지의 "WGGB/Netflix/PMA agreement – summary"[93] 항목에 게재되어 있다. 세 단체 간의 계약의 주된 내용은 첫째, 최저 극본료의 설정이다. 60분을 기준으로 단막극은 17,000파운드(약 2,895만 원)이고, 시리즈는 15,000파운드(약 2,554만 원)이다.

미국의 경우에는 SVOD 60분 드라마의 극본료는 지상파 프라임타임 드라마와 같은 28,858달러(약 3,885만 원)[94]로 영국의 금액은 미국보다 적게 책정되었다.

둘째, 최저 극본료로 활용할 수 있는 기간의 설정이다. 최저 극본료는 넷플릭스가 넷플릭스(월드와이드) 서비스, 비극장 서비스 및 홍보에 활용할 수 있는 권리에 대한 대가이며, 넷플릭스는 6개월간 사용할 수 있다.

　미국의 경우에는 OTT에 90일 이상[95] 서비스하고 있으면 재상영분배금(Residuals)을 지급해야 하므로 3개월의 차이가 발생한다.

　셋째, 추가사용 선급금(SUA, Subsequent Use Advance)의 설정이다. 넷플릭스는 의무적으로 촬영 첫날 해당 에피소드의 크레딧 작가에게 합의된 대본료의 125%를 지급한다. 결국 넷플릭스는 대본료(6개월)와 125%의 추가사용 선급금(9년 6개월)로 10년간 이용할 수 있다. 그렇지만 넷플릭스는 125%의 추가사용 선급금을 9년 6개월 미만으로 하고, 나머지는 넷플릭스가 아닌 서비스에 대한 추후 로열티나 이후 기간으로 설정할 수 있다. 추가사용 선급금은 제작된 콘텐츠가 새로운 방식으로 사용될 때 발생하는 추가적인 수익에 대한 공정한 로열티 지급을 위한 방안이다.

　미국의 경우에는 OTT의 가입자 규모와 공개 후 연도에 따라 지급표에 따른다. 고예산 SVOD 드라마의 경우 1년차 대본의 재상영분배금은 21,058달러(약 2,835만 원)이다.[96] 영국은 이와 달리 9년 6개월 사용할 수 있는 기준으로 125%이니 미국보다 훨씬 낮은 셈이다.

<표16> 미국 고예산 SVOD 프로그램 작가 재상영분배금(Residuals) 기준($)

분량	2023.9.25. ~ 2024.5.1		
	스토리	대본	스토리 & 대본
20~35분	6,691	10,866	16,724
36-65분	12,159	21,058	30,398
66-95분	18,273	32,391	45,684
96분 이상	23,946	42,961	59,867

출처: WGA

　넷째, 10년을 초과하여 사용할 경우 추가사용 선급금의 명기다. 넷플릭스가 10년을 초과하여 권리를 확보할 경우에는 매년 합의된 극본료의 3%, 15년 이후에는 1%의 추가 비용을 지급한다. 넷플릭스가 15년간 이용하려면 극본료와 140%의 추가사용 선급금을 지급하여야 한다.

다섯째, 비 넷플릭스에 대한 사용에 대한 보상의 기준이다. 넷플릭스가 아닌 다른 서비스에서 해당 드라마가 제공된다면 넷플릭스는 작가에게 총매출(gross receipts)의 5.6%를 지급해야 한다.

여섯째, 작가실 출근자에 대한 최저 금액의 설정이다. 작가실에 출근하기 위해 다른 업무에 종사하지 않는 작가에게 하루에 300파운드(약 51만 9천 원)를 지급하도록 했다.

<계약의 의미>

넷플릭스 영국과 영국 작가노조 및 매니저 협회의 계약은 여러 면에서 의미가 크다. 첫째, 넷플릭스가 글로벌에서 획기적으로 전환(game-changing)했다는 점이다. 영국 작가들은 헐리우드에서 많은 활동을 하기도 하고 넷플릭스는 영국에서 많은 넷플릭스 오리지널을 제작하기 때문에 영국의 작가들은 미국의 작가 노조가 파업을 통해 쟁취한 내용을 알고 있고, 유사한 내용을 영국 작가에게도 적용할 것을 주장했을 것이다. 이러한 상황에서 선제적으로 영국의 작가와 합의를 이뤄냈다. 리드 헤이스팅스와 『규칙 없음』을 같이 쓴 에린 마이어는 넷플릭스와 해외 넷플릭스 사무소의 문화가 다름을 보여주고 이를 인정해야 한다고 주장했는데, 이러한 면도 넷플릭스가 전향적으로 사고하는 데 기여했을 것이다.

둘째, 영국 작가 노조가 처음으로 OTT 서비스와 계약을 맺고 근로 조건을 보장받았다는 점이다. 권리를 양도하여 추가 수익이 없던 형태에서 지속적인 수익을 받는 구조를 만들어 냈다.

영국 작가노조 사무총장 엘리 피어스(Ellie Peers)는 "글로벌 스트리머[OTT 서비스]를 위해 일하는 작가들이 영국에서 처음으로 단체 노동조합 협약에 명기된 권리를 보장받고, 개선된 약관과 조건을 향유하게 된다. 넷플릭스와 합의에 도달하게 되어 매우 기쁘게 생각한다."고 말했다. 영국 매니지먼트 협회도

"영국 작가들이 영구적(perpetuity)으로 (넷플릭스에게) 권리를 양도하는 형태에서 탈피하여 계속적(ongoing)으로 (저작권료를) 지급받는 구조를 도입하는 선구적인 계약(trailblazing deal) 조건에 마침내 합의하게 되어 매우 기쁘다."고 덧붙였다.[97]

셋째, 넷플릭스가 로컬 작가를 인정했다는 점이다. 넷플릭스는 로컬의 성공에 있어 현지 작가의 역할이 중요하다고 보고 수용하는 모습을 보였다. 넷플릭스 영국 콘텐츠 담당 부사장 앤 멘사(Anne Mensah)는 "영국 작가들(Local writers)은 넷플릭스가 영국에서 성공하는 데 핵심적인 역할을 하고 있으며, 계약을 체결하게 되어 매우 기쁘다."고 말했다.[98]

넷째, 미국 작가노조와 연대의 결과라는 점이다. 미국의 작가 노조 파업 동안 영국의 작가 노조도 WGA와 관련된 프로젝트에서 작가 활동을 중단하라고 지침을 내렸다.[99] 미국의 배우 파업을 이끌었던 던컨 크랩트리 아일랜드 수석 협상가는 SXSW에서 한국의 배우 조합과도 긴밀한 관계를 맺고 있다고 밝힌 것[100]을 보면 작가나 배우나 글로벌 연대를 하고 있다.

다섯째, 현재 영국 작가의 최저 극본료보다 더 높은 금액을 확보했다. 미국에서 WGA(미국 작가 노조, Writers Guild of America)와 AMPTP(미국 영화 및 TV 제작자 연합, Alliance of Motion Picture and Television Producers)가 파업을 끝내고 계약을 체결한 후에 영국 작가노조는 BBC 프로그램의 작가들에게 10%의 작가료 인상을 확보했고, 기존 계약을 갱신하면서 재상영분배금도 인상했다. 60분 프로그램의 최저 작가료는 12,780파운드(16,132달러)에서 14,040파운드로 인상하였고, 시리즈는 60분당 최저 작가료 12,900파운드, 드라마화 9,360파운드, 각색 5,760파운드로 인상되었다. BBC의 스케치 작가는 최저 작가료가 4% 인상되어 분당 123파운드가 되었다.[101] 넷플릭스 작품은 시리즈 60분 프로그램의 최저 극본료는 15,000파운드로 2,100파운드 차이가 난다.

여섯째, 비슷한 수준의 계약이 다른 제작 주체나 OTT로도 이어질 것이다. 영국내에서 작가 이외의 배우나 감독과도 계약이 체결될 것이며, 넷플릭스 이외의 디즈니+나 맥스(MAX) 등과도 비슷한 계약이 계속 체결될 것이다. 2024년 7월부터 WGGB의 배우 파트너인 에쿼티(Equity)와 영국 제작자 단체인 팩트(Pact)가 계약을 갱신하기 위한 협상을 시작했다. 지난 10년 동안 넷플릭스, 디즈니 및 애플은 팩트와의 계약을 따라서 기존 수수료에 약간의 프리미엄을 더하는 '보조 약정(side letter)'의 형태로 에쿼티의 협상을 준용해 왔다.[102]

실제로 지난 3월 15일 BBC와 디즈니 브랜디드 텔레비전은 지난 12월에 방송된 <닥터 후>가 영국을 제외한 글로벌에서 5월 10일 방영된다고 발표했다.[103] 또한, BBC와 디즈니+는 <닥터 후(Doctor Who)> 신규 시즌을 방송하면서 극본료에 대해 계약을 맺었다. 작가들은 전보다 많은 극본료와 재상영분배금(Residuals)을 받도록 계약이 갱신되었다. 이 계약을 통해 <닥터 후>는 글로벌 시청자를 확보하면서 수익도 증가시키는 효과를 얻게 된다. 팬들은 숨 막히는 새로운 비주얼, 독특한 촬영 기법, <닥터 후>와 스핀오프 <토치우드>, <사라 제인 어드벤처> 등에 등장하는 차원을 초월하는 이동 장치 타디스(TARDIS)에서의 더 많은 모험을 기대할 수 있다.[104]

<국내 도입 필요>

넷플릭스는 글로벌 기업이다. 그것도 헐리우드의 제작 표준을 갖고 국내에서 제작하고 있다. 그렇기 때문에 넷플릭스 오리지널 제작에 참여하는 작가나 배우에 대한 대우를 미국에 준해서 해 주어야 할 것이다. 더불어 필요한 사항이 더 있다. 넷플릭스는 영국의 시청률 조사기관인 BARB에 시청 데이터를 제공한다. 3월 11일 주간의 시청자수 순위를 보면 <데스 인 패러다이스(Death in Paradis)>가 726만 명으로 1위이고, 넷플릭스의 <더 젠틀맨>은 시청자수 280만 명으로 45위를 기록하고 있다.[105] 국내에서도 이러한 정보를 제공해야 어느 정도의 성과를 이루고 있는지 파악할 수 있다.

영국 작가 노조와 넷플릭스의 최저 극본료 합의 기준과 시청률 데이터 공개는 국내 콘텐츠 제작 관행에서 주시를 해야하며 향후 한국에도 적용이 시급한 사안이라고 할 수 있다.

07. 유럽연합의 글로벌 OTT 규제

유럽에서는 스트리밍 서비스 규제 논의가 한창이다. 2018년 EU는 AVMSD(Audiovisual and Media Services, 시청각미디어서스법)를 개정해 OTT 서비스에 대한 규제 근거를 마련했다. 주된 내용은 유럽 지역 콘텐츠 쿼터제(OTT 서비스는 제공하는 콘텐츠의 30% 이상을 유럽 지역 콘텐츠로 구성), 그리고 OTT 서비스는 자국 콘텐츠의 제작 및 유통에 재정적으로 기여해야 하는 자국 콘텐츠에 대한 재정적 기여 의무화다. 여기에 맞춰 각 나라들은 자체 규정을 만들고 있다.

프랑스는 2021년 SMAD법(Services de Médias Audiovisuels à la Demande, 온디맨드 시청각미디어 서비스법)을 제정해 OTT 서비스에 대한 투자 의무를 규정했다. 스트리밍 서비스는 프랑스 및 유럽 창작물의 제작 및 유통에 연간 매출액의 20%를 투자해야 한다. 프랑스에서 제공하는 콘텐츠의 25% 이상을 유럽 지역 콘텐츠로 구성해야 한다. 스트리밍 서비스는 프랑스 매출의 20-25%를 유럽 작품에 투자해야 한다. 이 중 85%는 "프랑스어 표현" 프로젝트에 투자해야 한다. 이탈리아도 프랑스와 유사하게 OTT 기업들이 자국 내 벌어들인 수익의 최대 20%를 현지 투자하도록 의무화하고 있다.

2022년 5월, 스위스는 국민투표를 통해 "렉스 넷플릭스" 법안을 통과시켰다. 스트리밍 서비스는 스위스 수익의 4%를 스위스 영화 및 TV 프로그램 제작에 재투자해야 한다. 이 서비스는 58%의 지지율로 통과되었다. 이러한 규제는 유럽 콘텐츠 산업에 긍정적인 영향을 미치고 있다. 예를 들어, 넷플릭스의 투자로 제작된 파올로 소렌티노 감독의 '신의 손'이 2022년 오스카상 후보에 오른 것은 이탈리아 정부의 규제 덕분이라는 평가가 있다.

　2024년에도 이런 흐름이 이어졌다. 이탈리아 정부는 최근 미디어법 개정을 통해 스트리밍 서비스에 대한 투자 의무를 완화했다. 넷플릭스, 디즈니+ 등 스트리밍 서비스는 이탈리아 매출의 16%(기존 20%)를 유럽 작품에 투자해야 한다.
　그러나 이탈리아 콘텐츠에 대한 투자 비율은 오히려 증가했다. 매출의 16% 중 70%를 이탈리아 콘텐츠에 투자해야 한다. 기존 50%에서 상향한다. 결과적으로 이탈리아 콘텐츠에 대한 투자 비율(전체에서)은 11.2%로 증가했다. 영화 제작에 대한 투자 의무도 2%에서 3.024%로 상승했다.

　2023년 12월 EU 의회에서는 오디오비주얼 서비스에 대한 지역 제한(geo-blocking) 해제를 검토했지만 기각됐다. 이러한 유럽의 규제 동향은 글로벌 스트리밍 서비스가 현지 콘텐츠 산업에 미치는 영향과 문화적 다양성 보호의 필요성에 대한 인식을 반영하고 있다. 영화·TV 산업계는 지역 제한이 "유럽 영화·오디오비주얼 산업을 지탱하고 강화하는 초석"이라고 주장하고 있다.

　기타 유럽 국가들의 규제로는 스트리밍 서비스에 부과금을 도입하고 있는데, 2023년 덴마크 5%를 도입하였고, 이후 폴란드 1.5%, 독일 1.8-2.5%, 루마니아 4%이며, 스페인 5%나 투자 의무 중 선택할 수 있다.
　이와 관련 지난 2023년 4월 캐나다 정부는 약 30년 만에 방송법 개정을 통해 온라인 스트리밍 서비스를 기존 규제 대상에 포함시켰다. 넷플릭스, 아마존 프라임 비디오, 디즈니+, 애플뮤직, 스포티파이 등 모든 동영상·오디오 스트리밍 플랫폼을 기존 방송사와 동일한 규제하에 놓으려는 시도다. 캐나다 라디오·텔레비전 및 통신위원회(CRTC)는 지난해 자국의 방송 시스템을 지원하기 위해 온라인 스트리밍 서비스 사업자에 캐나다 수익의 5%를 의무 부과하는 방침을 발표했다. 캐나다에서 연간 방송 수익이 1000만 달러 이상인 사업자

적용했으며, 연 2억달러가 모금될 것으로 추산했다. 하지만 사업자들은 "이용자 요금이 인상되는 부작용을 초래할 것"이라며 반대했고, 결국 법정 싸움에 돌입했다.

유럽에서 2023년 말부터 시행된 디지털콘텐츠법안(Digital Content Act)도 스트리밍 서비스 사업자들에 대한 규제를 담고 있다. 넷플릭스, 아마존프라임비디오, 디즈니+ 등과 같은 온라인 스트리밍 서비스는 DCA에 따라 해당 국가의 방송규제법에 따라 등록해야 하고. 연령 등급, 불편 부당성, 정확성 원칙 등을 적용하여 콘텐츠의 품질을 관리해야 한다.

08. OTT의 AI 수용

스트리밍 플랫폼들의 다양한 영역에서 AI 기술을 활용하고 있다. 개별 OTT가 사용하는 사례도 나오고 있다. 핀란드 Yle의 아리나, 미국 폭스의 래빗 AI, 웨이브 아메리카가 운영하는 코코와+의 키토크가 대표적이다. OTT가 아닌 오디오 스트리밍에도 도입되고 있다. 글로벌 1위 음악 스트리밍 서비스 스포티파이(Spotify)는 생성AI보이스 기술을 이용, 유명 영어 팟캐스트의 목소리를 영어, 프랑스어, 독일어 등으로 번역해 2023년 9월부터 글로벌에서 방송하고 있다. 대표적으로 닥스 셰퍼드(Dax Shepard)의 "eff won with DRS", 모니카 패드맨(Monica Padman)의 "Armchair Expert", 렉스 프리드맨(Lex Fridman), 스티븐 바틀렛(Steven Bartlett)의 "The Diary of a CEO", 빌 사이몬스(Bill Simmons), 트레버 노아의 "What Now" 등이다.

특히, 대부분의 스트리밍 서비스들은 AI를 콘텐츠를 추천하고 고객의 몰입도를 높이는 방식으로 적용하고 있다. 또 AI더빙에 대한 수요도 늘고 있다. 주어진 명령에 따라 답을 하거나 텍스트, 오디오, 비디오, 이미지 등을 만들어내는 생성AI는 테크놀로지와 미디어, 엔터테인먼트 시장을 흔들고 있다. AI의 급속한 확산에 바이든 백악관까지 나서면서 전세계는 AI에 빠져들고 있는 분위기다. 스트리밍 서비스도 마찬가지다.

유료와 무료 스트리밍, FAST, 실시간 채널, VOD도 다르지 않다. 특히, FAST의 업계는 오랫동안 AI가 스트리밍의 진정한 장점을 실현하는 핵심 요소가 될 것이며, 이는 AVOD와 SVOD에도 동일하게 적용될 것이라고 말해왔다.

스트리밍하는 방식은 테크놀로지로 인해 급격하게 변하고 있다. 그러나 대부분의 경우 일반 소비자가 인식하지 못할 것으로 보인다. 광고 및 콘텐츠 추천, 새로운 콘텐츠를 제공하는 방식의 변화는 하부에서 이뤄지기 때문이다. AI 적용도 마찬가지다.

광고에 적용된 AI는 광범위하게 광고와 내용의 연관성을 향상시킬 수도 있다. 개인 신상정보가 필요한 서비스와 그렇지 않은 서비스 간 핵심 차이점은 '세대를 기반한 광고'를 할 수 있냐는 여부다. 로그인이 필요한 구독 스트리밍의 경우 AI가 통합되면 보다 정교한 세대, 지역 기반 광고 서비스가 가능하다.

또한, AI를 스트리밍에 탑재하면 사용자들에게 굳이 개인정보 입력이나 로그인을 요구하지 않아도 좋은 성과를 달성할 수 있다. 사용자 선호도와 행동(user preference and behavior)에 기반한 머신러닝 및 AI기반 알고리즘은 로그인이나 다른 개인 장벽을 설정하지 않아도 광고 시청자를 특정할 수 있고 이들에게 개인화된 레벨의 자료를 제공할 수도 있다.

OTT를 포함한 미디어 시장도 AI 시장도 카오스 상태로 보인다. 구글은 2024년 8월 '검색시장에서 지배적 지위를 남용해 불법적으로 수익을 올렸다' 면서 반독점 소송에서 패소했고, 오픈 AI에서는 공동창업자 존 슐먼(John Schulman)이 경쟁사인 앤스로픽(AI 클로드 서비스)으로 떠나는 등 핵심인력 유출이 이어지고 있고, 일론 머스크가 또다시 오픈 AI 상대로 소송도 제기했다. 그럼에도 AI는 다른 분야를 포함하여 OTT에 많은 영향을 줄 것이다.

09. K-플랫폼의 해외 진출

FAST는 한류 확산의 새로운 중심이 되고 있다. 티빙(Tving), 웨이브(Wavve), 쿠팡플레이(Coupang Play) 등이 국내에서 선전하고 있지만, 2024년 해외에 신규로 진출한 곳은 없다. 웨이브아메리카스가 운영 중인 코코와(Kocowa)가 기존 미주(북미 남미) 지역에서 지난 4월 유럽으로 서비스를 확대한 것이 유일하다. K콘텐츠 플랫폼 '코코와'(KOKOWA·Korea Content Wave)는 영국·아일랜드·스페인·포르투갈 등 유럽과 호주·뉴질랜드 등 오세아니아 지역 39개국에서 서비스를 시작했다. 드라마부터 예능, K팝 무대 등 각 프로그램은 한국 방송 후 8시간 이내에 볼 수 있으며 프리미엄 영어, 스페인어, 포르투갈어, 중국어 자막이 제공된다. 신규 사용자에게 K콘텐츠를 소개하는 새로운 기능도 추가될 예정이다.

출범 7년 차인 코코와는 30개의 콘텐츠 제공자 및 아메리카, 한국의 스튜디오와 계약을 한 직접 고객 스트리밍 서비스로 유럽 진출 전에도 35개국에서 스마트TV, 구글TV, 로쿠TV, 파이어TV, 애플TV 등을 통해 제공됐으며 전 세계 구독자는 수백만 명에 이른다.

박근희 코코와 대표는 최근 연합뉴스와의 인터뷰에서 "2016년 지상파 3사가 50억원씩 출자해 코코와가 만들어졌다. 드라마 3개 만들 정도의 액수였는데, 당시 '6개월 안에 플랫폼을 만들자'는 임무가 떨어져 2017년 7월에 시작했다"고 회상했다. 박 대표는 "초반부터 미국 주류층을 공략한다는 모토로 시작했지만, 문전박대도 많이 당했다"면서 "하지만 모두가 K콘텐츠를 원할 시점이었고, 콘텐츠를 흩어지게 하지 말고 우리가 브랜드를 주입하자고 다짐했다. 그 결과 2019년 컴캐스트와 계약했고 정식으로 미국 메이저 플랫폼에 등장하는 계기가 됐다. 이후에는 팍스컴, 유튜브, 구글, 로쿠채널, 아마존프라임비디오까지 다 계약하게 됐다"고 설명했다.

코코와는 미국과 캐나다를 포함한 북아메리카를 시작으로 남아메리카, 유럽, 오세아니아 지역에서 B2C(기업·소비자간거래)·B2B(기업간거래) 서비스를 동시에 운영하고 있다. 4만 시간 분량의 콘텐츠 라이브러리를 확보하고 있으며, 시리즈로 환산할 경우 1200여편에 달한다. 범용성이 높은 영어, 스페인어, 포르투갈어, 중국어, 베트남어를 자막으로 제공 중이다.

특히 보도에 따르면 출범 초기부터 철저한 현지화를 시도하면서 대다수 가입자가 한국 교민이 아닌 현지인으로 구성돼있다. 미국 시장의 경우 전체 가입자의 90% 이상이 현지인이며, 70% 이상은 비아시아인이다. 박 대표는 EBN과의 인터뷰에서 "코코와는 TV를 비롯해 웹사이트, 스마트폰 등 대부분의 디바이스를 통해 100% 한국 콘텐츠를 끊임없이 제공하고 있다"며 "버라이어티 장르가 생소한 해외에서 해당 콘텐츠를 소개해주는 선두자 역할을 했고, 이후에도 여러 장르물을 소개하며 다양한 시청경험을 제시하는데 집중했다"고 설명했다. 언론 보도에 따르면 코코와는 2024년까지 최근 3년간 흑자를 기록했다. 유료가입자 수는 100만 명을 넘어섰다.

한국 문화체육관광부의 최근 조사에 따르면 2022년 미국 스트리밍 사용자의 43%가 한국산 콘텐츠를 시청할 것으로 예상되며, 이는 국내 제작 콘텐츠에 이어 두 번째로 높은 수치다. 넷플릭스는 향후 4년간 한국에 25억 달러를 투자하기로 약속하는 등 한국 콘텐츠 시장의 호황은 대규모 투자 유치의 원동력이 되고 있다.

<그림23> 미국 스트리밍 서비스 중에서 국가별 콘텐츠 시청 비율

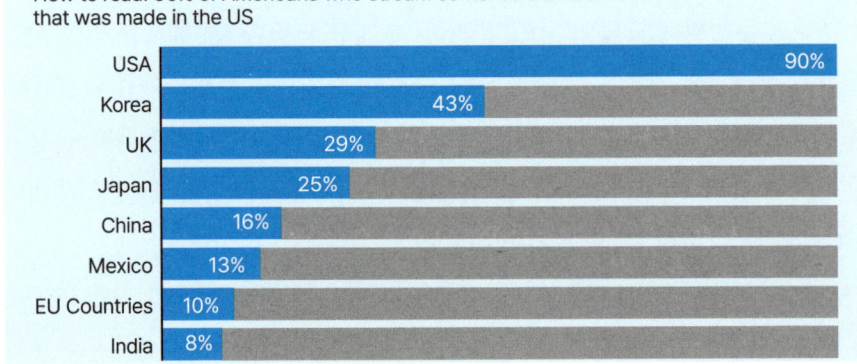

출처: 버라이어티

10. 네이버 웹툰의 나스닥 상장

　네이버웹툰은 2014년 영어 서비스를 시작으로 글로벌 플랫폼으로 자리매김했다. 현재 150개 이상 국가에서 서비스돼 전 세계로 웹툰 산업 저변이 확대되고 있다.

　이런 상황에서 네이버 웹툰은 한국 구독서비스 최초로 미국 나스닥 시장 상장에 성공했다. 네이버웹툰의 미국 법인 웹툰엔터테인먼트는 지난 2024년 6월 27일(현지시간) 나스닥에 기업을 공개했다. 상장 후 종목코드 'WBTN'다. 공모가는 21달러였고 한 때 25달러 선에 머물렀지만, 8월 중순후 10달러 초반에 머물러 있다. 시장 초기 공모가에 비해 낮은 평가를 받기도 했지만 웹툰 플랫폼이 미래는 밝은 편이다. 특히, 한국 K콘텐츠를 기반으로 한 구독 플랫폼의 미래도 네이버웹툰에서 엿볼 수 있다.

　네이버웹툰이 2023년 한 해 일으킨 경제적 파급 효과가 4조 3,522억원에 달한다는 연구 결과가 나왔다. 이중에 해외진출 파급효과가 2조 4,062억 원(55%)에 달한다.[106] 국내 플랫폼과 콘텐츠를 무기로 글로벌 시장에 진출한 결과 웹툰 수출 등으로 인한 경제적 효과가 절반 이상에 달했다. 네이버웹툰은 2024년 9월 3일 이 같은 내용이 담긴 '2023년 한국 창작 생태계 기여 효과' 연구 결과를 홈페이지에 공개했다. 이번 연구는 네이버웹툰의 글로벌 진출 10주년을 기념해 유병준 서울대 경영대학 교수, 이재환 충남대 경상대학 교수 공동 연구팀이 진행했다.[107]

　네이버웹툰이 수출한 웹툰의 해외 유료 콘텐츠 매출 연평균 성장률(CAGR)은 2019년부터 2022년까지 122%를 기록했다. 작품의 경우 전체 조회수의 48.3%가 해외에서 발생했다. 연구팀은 "플랫폼과 콘텐츠의 글로벌 동반 진출이 수출을 더욱 촉진하는 것은 물론 네이버웹툰의 글로벌 플랫폼이 전 세계 독자와 콘텐츠를 활발하게 연결하고 있다"고 밝혔다.

　또한 연구팀은 플랫폼의 글로벌 진출이 한국 창작 생태계 활성화로 이어지는 선순환이 되고 있다고 평가했다. 연구팀은 "글로벌 투자로 해외 플랫폼이 확장될수록 국내에서 더 많은 아마추어 작가가 자사 플랫폼으로 유입되고 이는 정식 연재 작품 증가로 이어지는 선순환 효과가 있다"고 밝혔다. 이어 "여러 언어로 수출된 한국 웹툰일수록 시간이 경과하면서 인기 순위 하락폭이 줄어들어 작품 수명을 늘리는 효과도 나타났다"고 덧붙였다.

특히, 네이버 웹툰의 나스닥 상장은 글로벌 K콘텐츠 스트리밍 시장에 다양한 영향을 미칠 것으로 예상된다.

콘텐츠 경쟁력 강화 및 글로벌 확장: 네이버 웹툰은 이미 전 세계적으로 인기를 끌고 있으며, 상장을 통해 얻은 자금을 바탕으로 글로벌 시장에서 더욱 강력한 입지를 다질 수 있다. 웹툰 IP 기반의 드라마, 애니메이션, 영화와 같은 다양한 포맷의 콘텐츠 제작을 가능하게 하여, 넷플릭스와 같은 글로벌 스트리밍 플랫폼과의 협업 기회를 확대할 것으로 보인다.

네이버 웹툰은 다양한 IP를 보유하고 있으며, 이를 스트리밍 플랫폼에서 활용하여 수익 모델을 다각화할 수 있다. 네이버 웹툰의 상장은 스트리밍 시장에서의 경쟁을 더욱 심화시키고, 글로벌 콘텐츠 시장의 변화를 촉발할 것으로 예상된다.

아울러 드라마, 영화, 음악 등 다양한 콘텐츠 포맷으로 무장한 구독 플랫폼들도 확장이 네이버웹툰의 성장을 예의주시하고 있다.

국내

01. 티빙과 웨이브 통합[108]

　OTT 시장이 포화시장에 접어들면서 그동안 콘텐츠 투자에 집중한 사업자들의 전략도 달라지고 있다.

　글로벌에서 넷플릭스가 2007년 VOD 서비스를 시작한 이후 OTT 시장이 열렸고, 이후 훌루(2008), 아마존 프라임 비디오(2011), CBS 액세스(2014, 현 파라마운트+), HBO 나우(2015), 디즈니+(2019), 애플TV+(2019), 피콕 및 HBO 맥스(2021, 현 맥스) 등이 뒤를 따랐다. 실질적으로는 디즈니+와 애플TV+가 OTT 시장에 직접 뛰어들면서 경쟁이 극심해졌다고 볼 수 있다. 한때 디즈니+가 넷플릭스 가입자를 뛰어넘으면서 경쟁 구도의 변화가 예상되었으나, 여전히 넷플릭스가 압도적인 우위를 차지하고 있다. 국내에서도 왓챠가 적자 구조를 반전시키지 못하고 매각을 추진하고 있고, 쿠팡플레이가 스포츠 콘텐츠 확보를 통해 이용자가 급상승하였으며, 경쟁 관계를 유지해오던 티빙과 웨이브가 전격적으로 합병을 추진하면서 국내 OTT 지형도 요동을 치고 있다. 웨이브와 티빙의 합병이 국내 OTT 시장을 어떻게 변화시킬지 정리했다. 국내의 첫 OTT 서비스는 2010년 티빙이다. 이 당시 KBS만 티빙에 콘텐츠를 제공했다. MBC와 SBS는 각각 자체 서비스인 pooq(푹)과 고릴라를 무료 서비스로 운영하다가 2011년 10월 공동으로 pooq으로 통합하였다. 2012년에는 KBS와 EBS가 콘텐츠를 공급하고, 2014년 12월 KBS가 지분 20%를 투자해 미국의 훌루(Hulu) 같은 실질적인 콘텐츠연합플랫폼이 됐다. 지상파들은 2012년 CJ헬로비전과 수년간의 소송을 끝으로 CJ헬로비전과 재송신 계약을 하면서 티빙에도 콘텐츠를 공급했다. 그 효과로 티빙은 2014년 8월에 가입자가 800만 명까지 증가했다. 그러다 2015년 초에 지상파방송과 갱신계약 협상이 교착상태에 빠졌고, 11월에 티빙이 가처분 소송에서 모두 패소하면서 실시간 방송과 VOD 서비스를 모두 중단했다. 2015년 11월 SKT가 CJ헬로비전을 인수하겠다고 발표(2016년 7월 공정거래위원회가 인수합병 불허)하면서 2016년 1월 티빙은 CJ ENM으로 이관되었다. 2016년 넷플릭스가 국내에 진출하면서 국내외 OTT의 경쟁이 시작되었다. 처음에는 넷플릭스의 존재감이 거의 없었다. 닐슨코리아가 운영하는 코리안클릭 기준으로 넷플릭스, 웨이브, 티빙, 왓챠, 디즈니+, 시즌, 쿠팡플레이 등 주요 OTT의 월 순이용자 전체 중에서 넷플릭스의 점유율은 2016년 1월 2%에서 출발하여 2018년 5월 10%를 넘겼다. <킹덤>이 크게 인기를 끈 2019년부터 넷플릭스는 국내 OTT 시장을 주도하고 있으며, 2021년까지 급성장했다. 넷플릭스의 점유율은 특히 2019년 1월 29%, 2019년 2월 32%, 2020년 3월 40%로 1년 사이에 급속도로 증가했다. 2021년 2월 47%의 점유율까지 달성한 이후 약간 주춤하고 있으나 이후 40% 전후를 유지하다 올해에는 30% 후반으로 하락했다. 넷플릭스가 급성장하는 과정에서 방송3사는 2019년 9월 자체 OTT인 '푹'을 SK브로드밴드의 옥수수(oksusu)와 합병하여 웨이브(wavve)를 출범시켰고, CJ ENM은 2020년 10월 JTBC와 함께 티빙 합작 법인을 만들었다. 쿠팡플레이가 2020년 10월 서비스를 시작하였고, 2021년 11월 디즈니+와 애플TV+가 서비스를 개시했다. 넷플릭스가 급성장하는 시기에 새롭게 전열을 정비한 국내외 OTT 플랫폼은 제2의 경쟁 국면에 접어들었다. 2022년 이후 MAU는 2,500만 명에서 시작하여 2023년 9월 3,300만 명까지 지속 성장하였고, 4월말 현재 3천1백만 명 수준으로 떨어진 상태이다. 티빙과 쿠팡플레이의 적극적인 공세와 <무빙>으로 디즈니+가 존재감을 보이면서 넷플릭스의 점유율이 감소세를 보인 시기이다.

<티빙·웨이브 합병 경과와 추진 이유>

웨이브와 티빙은 매년 1천억 원이 넘는 적자 구조에서 생존을 위한 방법으로 2023년 7월 4일 합병을 추진하겠다고 발표했고, 2023년 12월 MOU를 체결했다. 5월 안으로 지분 협의를 마무리하고 합병을 공식 발표한다는 소문이 돌고 있지만 아직 구체적인 소식은 없는 상태다. 티빙과 웨이브는 합병은 2015년으로 거슬러 올라간다. 방송3사는 2016년 11월 미국에서 KCP(Korean Content Platform, 현재 Wavve America로 회사명 변경)를 설립하고 2017년 7월부터 KOCOWA(코코와) 서비스를 준비하면서 국내에서 OTT를 통합하고 해외에서 단일 플랫폼으로 한국 콘텐츠를 서비스하려고 했다. 그러나 서로 이해관계가 맞지 않아 합의에 도달하지 못하고 각자의 길을 걸었다. 이후 2020년 7월 당시 유영상 SK텔레콤 부사장이 "웨이브가 CJ의 OTT 티빙과 합병하길 바란다"고 말했고, 2022년 5월 방송학회 학술대회에서 박성제 방송협회장도 웨이브와 티빙이 합쳐져야 한다고 주장했다. 2023년 7월에도 최종 담판만 남았다는 기사도 나오고 했으나 합병은 불발로 끝났다. 그동안 웨이브는 2022년 1,217억 원의 영업 적자에 이어 2023년에도 791억 원의 적자를 기록했다. 2023년 말에는 자본 총계가 -267.8억 원으로 완전 잠식상태에 빠졌다. 웨이브는 이 기간에 코코와(KOCOWA) 서비스를 안착시키고, 올해 4월부터 영국, 아일랜드, 호주 등 유럽과 오세아니아 지역 39개국에서 서비스를 시작하여 총 74개국에 서비스한다.[109]

티빙도 영업적자가 2022년 1,192억 원에서 2023년에는 1,420억 원으로 증가했다. 2024년 2분기에 117억 적자로 전년 동기 -475억 대비 손실을 줄였다.[110] 티빙은 2021년에 네이버와 제휴, 2022년 KT의 시즌(Seezn)의 흡수 합병, 2024 국내 프로야구 온라인 중계권을 확보 등 꾸준하게 이용자 확대를 위한 전략을 펼쳤다.

합병을 선택한 웨이브와 티빙은 현재 상태로는 적자 구조를 탈피할 수 없고, 지속적으로 사업을 운영할 수 없다고 판단했을 것이다. 넷플릭스는 '볼 게 없다'는 등의 평가가 나오기는 하지만 여전히 난공불락이고, 쿠팡플레이는 공격적으로 치고 올라와 올해부터는 토종 OTT 중 월간 이용자수에서 1위를 차지하기도 했다. 웨이브는 큰 변화없이 월간 이용자수가 400만 명대를 유지하고 있고, 디즈니+도 <무빙>을 기반으로 경쟁력을 확보했지만 화제성 있는 콘텐츠의 부족으로 지속적으로 하락하고 무빙 이전 수준으로 하락한 상황이다. 티빙과 웨이브는 매우 어렵게 합병을 선택했다. 두 OTT가 합병을 하면 OTT 전쟁은 새로운 국면으로 접어들게 된다. 역사에 가정은 큰 의미가 없지만, 2015년 두 서비스가 합병이 되었으면 현재와 같은 지형이 되지는 않았을 것이다. 그런면에서 늦었지만 국내 OTT 시장을 위해서 바람직한 선택이라고 본다. 티빙과 웨이브가 합병을 한다면 첫째, 기울어진 국내 OTT 시장을 조금이나마 바로 잡을 수 있다. 넷플릭스로 쏠린 이용자를 통합 OTT로 유인할 수 있다. 다만, 넷플릭스에 공급하는 신규 콘텐츠 공급은 자제해야 한다. 2016년 넷플릭스가 고전한 이유가 국내의 신규 콘텐츠가 거의 없었기 때문이다. 이제 국내의 우수한 콘텐츠가 하나의 플랫폼에 모였으니 충분한 경쟁력이 생겼다고 할 수 있다. 둘째, 글로벌 확장의 기반이 된다. 웨이브와 티빙은 서비스 초기부터 글로벌진출 의지가 있었다. 국내에서 재무적인 어려움을 겪으면서 적극적으로진출하지 못한 것이다. 다행히 웨이브 아메리카에서 74개국에 진출하였으므로 더 많은 콘텐츠를 단일 플랫폼에서 서비스한다면 글로벌 이용자가 증가할 것이다. 셋째, 무엇보다 이용자의 편의성이 증대된다. 중복 가입자의 경우 한 번 로그인으로 두 플랫폼을 이용할 수 있다. 다만, 물리적 통합은 시간이 소요될 것이므로 초기에는 국내에서는 번들 형태로 유지될 것이다. 해외에서는 단일 플랫폼으로 서비스해야한다. 넷째, FAST 전략도 적극적으로 추진할 수 있다. 국내 방송사가 보유하고 있는 막대한 라이브러리를 활용하여 다양한 서비스를 제공하면서 이용자를 흡인할 수 있다. 다섯째, 넷플릭스의 변화를 기대할 수 있다. 넷플릭스는 국내에서 우월적인 지위를 누리고 있으면서

비싼 요금 정책을 펼치고 있다. 막대한 수익을 내면서도 세금은 적게 내고 있다는 비판을 받는다. 글로벌 표준인 재상영분배금(Residuals)도 인정하지 않고 있는데, 통합 OTT가 출범하면 어느 정도 정책의 변화가 일어날 것이다. 국내 시장뿐만 아니라 해외 시장도 급변하고 있다. 소니가 파라마운트 인수 제안을 했고, 5월 29일에는 컴캐스트 - 피콕 - 애플TV+ - 넷플릭스 스트리밍 번들인 스트림세이버(StreamSaver)가 15달러에 출시됐으며. 7월26일에는 디즈니+ - 훌루 - 맥스(Max) 번들이 별도 결제 대비 35% 할인된 16.99달러에 출시됐다.[111] ESPN - 폭스 - 워너브라더스디스커버리의 스포츠 번들인 베누 스포츠(Venu Sports)도 출시될 예정이다. 이런 변화를 보면 티빙과 웨이브의 합병은 시대의 흐름에 맞는 선택이다. 무엇보다 중요한 것은 단순한 통합이 아니라 콘텐츠의 경쟁력과 서비스의 만족도이다. 사업자들은 이 부분을 염두에 두고 전략을 짜고 실행해야 한다. 그러나 아직도 티빙과 웨이브의 통합은 갈 길이 먼 듯하다. 지분을 두고 지주사의 줄다리기가 진행되고 있기 때문이다. 자칫 늦어지다가는 골든 타임을 놓칠 수가 있다.

02. 국내 요금제 다양화

앞서 살펴본 바와 같이 국내에서 OTT를 서비스하고 있는 사업자들은 광고 요금제를 도입하면서 요금을 인상하는 요금제 다양화를 시도하고 있는 상황이다. 국내 OTT 사업자 중에서는 티빙이 광고요금제를 도입했다. 해외에서는 번들 OTT가 등장하면서 사업자들이 다양한 요금제를 통해 수익을 창출하기 위해 노력하고 있다. 디즈니는 미국 시장에서 10월 17일 자로 요금을 인상하기로 결정했다. 디즈니+는 미국 시장에서 훌루, ESPN+ 등 세 가지 OTT를 아래의 표와 같이 다양한 패키지로 제공하면서 요금 정책을 다양화하고 있다.

<표17> 디즈니+ 요금제 변경(미국, 2024.10.17부터 적용)

서비스	기존 가격	변경된 요금
Disney+ Basic (광고 포함)	$7.99	$9.99
Disney+ Premium (광고 없음)	$13.99	$15.99
Hulu (광고 포함)	$7.99	$9.99
Hulu (광고 없음)	$17.99	$18.99
ESPN+	$10.99	$11.99
Disney Duo Basic (Disney+, Hulu 광고 포함)	$19.99	$19.99(가격 유지)
Disney Bundle Trio Basic (Disney+ and Hulu 광고 포함, ESPN+)	$14.99	$16.99
Disney Bundle Trio Premium (Disney+ and Hulu 광고 없음, ESPN+)	$24.99	$26.99
Hulu + Live TV (With SVOD 광고 포함)	$76.99	$82.99
Hulu + Live TV (With SVOD 광고 없음)	$89.99	$95.99

출처: Spangler, T. (2024. 8. 6). Disney hiking prices across all Disney+, Hulu and ESPN+ stand-alone plans and most bundles: Cost of Disney+/Hulu/Max packages to remain unchanged. Variety.

글로벌 시장에서 계정공유 금지로 광고요금제 가입자를 늘렸던 넷플릭스는 2023년 11월부터 국내에서도 계정공유 금지 정책을 적용하기 시작했다. 이승희·이용관의 조사 결과에 따르면 국내 이용자 중 35.4%가 다른 이용자의 계정을 공유받아 OTT를 이용하고 있는 것으로 나타났다.[112]

국내는 아직 미국과 같이 다양한 요금제 적용이 이뤄지고 있지 않다. 현재까지 국내 OTT 사업자 중 광고요금제를 도입한 것은 티빙뿐이다. 2023년 개최되었던 국내 OTT 페스티벌에서 웨이브 이태현 대표는 광고요금제 도입을 검토하고 있다고 언급한 바 있다.[113] 하지만 실제로 광고요금제를 도입하지는 않았다.

광고요금제 도입은 이용자의 니즈와 국내 OTT 시장의 상황과 연관시켜 전망해 볼 수 있다. 국내의 경우 넷플릭스, 티빙, 쿠팡플레이, 웨이브, 디즈니+, 왓챠 등이 국내에서 서비스하고 있는 주요한 OTT 사업자들이다. 넷플릭스, 티빙의 경우 이미 광고요금제를 도입했고, 디즈니+는 글로벌 시장에서 광고요금제를 도입했기 때문에 언제든지 국내에서도 광고요금제를 도입할 가능성이 있다. 와우 멤버십을 통해 이용할 수 있는 쿠팡플레이는 서비스 방식도 그렇고 최근에 이뤄졌던 멤버십 요금 인상(4,990원에서 7,890원으로 인상) 등을 고려할 때도 광고요금제를 도입하는 것은 쉽지 않을 것으로 전망된다. 웨이브의 경우 티빙과의 합병 여부 및 시기에 따라 광고요금제 도입 결정 및 시기가 달라질 수 있을 것이라 판단된다.

글로벌 시장에서 다양한 번들 OTT가 출시되고 있는 상황에서 국내에서는 통신사가 OTT 번들 요금제를 출시하고 있다. SKT는 넷플릭스와 웨이브의 요금제를 결합한 서비스를 출시했다. SKT의 5GX 프리미엄(넷플릭스) 무제한 서비스는 월 109,000원을 내면 데이터 100GB, 전화 무제한 등의 통신 서비스와 넷플릭스 광고형 스탠다드 서비스와 웨이브의 콘텐츠 팩을 모두 이용할 수 있다.

<그림24> 5GX 프리미엄(넷플릭스) 무제한 요금제

출처: 티월드 홈페이지(https://www.tworld.co.kr/web/product/callplan/NA00008720)

국내 OTT 시장은 티빙-웨이브 합병 여부에 따라 시장의 상황이 달라지겠지만 OTT 상품 구성이 다양하게 이뤄질 가능성이 있다. 현재는 통신사 중심으로 OTT 패키지를 내놓고 있지만 보다 다양한 형태의 번들 서비스가 등장할 가능성도 있다.

03. 스포츠 콘텐츠의 가치 증가

최근 몇 년간 국내·외에서 가장 주목받는 장르는 스포츠다. 스포츠는 강한 팬덤을 형성하고 있는 장르이고 실시간성 측면에서 가장 강력한 경쟁력을 가진 장르다. 원래 스포츠 중계를 하지 않는 넷플릭스도 스포츠에 뛰어들었고 WWE의 로우(RAW) 중계권을 50억 달러를 주고 구매해서 큰 화제를 모은 바 있다.[114]

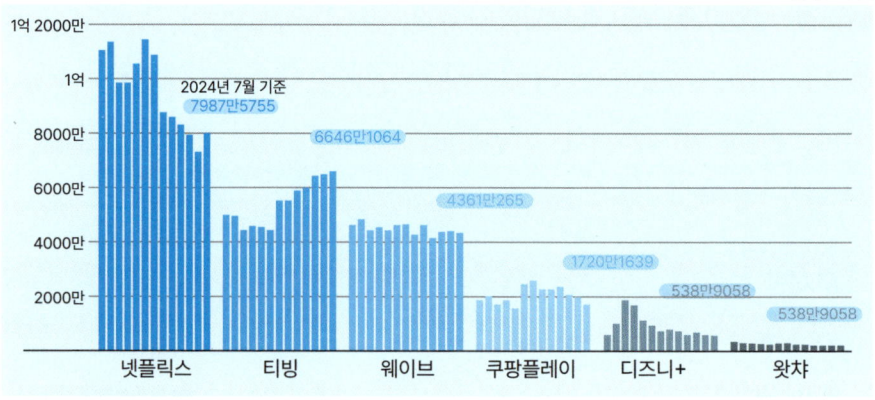

<그림25> 주요 OTT 총사용 시간 변화 추이

출처: 모바일인덱스; 정두용 (2024. 8. 23). 금 가기 시작한 '넷플릭스 천하'…스포츠로 빈틈 파고든 토종 OTT. <이코노미스트>. 재인용

스포츠 콘텐츠의 성과를 본 플랫폼으로 '티빙'과 '쿠팡플레이'를 꼽을 수 있다. 프로야구 개막 직후인 2024년 4월 706만이었던 티빙의 MAU는 모바일인덱스 기준 2024년 7월 기준으로 764만으로 3달 사이에 무려 60만 명 이상 증가했다. 위의 그림을 통해 알 수 있는 것처럼 티빙의 사용시간도 급증했다.

쿠팡플레이의 경우 MAU 측면에서 티빙과 격차가 벌어지고 있으나 여전히 안정적인 3위를 유지하고 있으며, 쿠팡플레이의 축구 중계의 경우 이용자의 충성도가 갈수록 높아지고 있는 상황이다. 쿠팡플레이는 기존 방송사의 중계를 OTT를 통해 보여주는 것을 넘어 다양한 이벤트를 마련하면서 스포츠 중계를 경쟁 자원으로서 적극적으로 활용하는 양상을 보여주고 있다.

스포츠 중계와 OTT는 시너지가 좋은 장르와 매체다. 스포츠는 기본적으로 실시간성이 매우 중요하기 때문에 모빌리티가 중요하다. 즉, 이용자가 항상 원하는 곳에서 시청하기 어려운 장르이기 때문에 모빌리티 측면에서 기존 레거시 방송에 비해 탁월한 경쟁 우위를 확보하고 있는 OTT에서 스포츠 장르가 강점을 갖는다.

아울러, 영화, 예능, 드라마 중심의 장르 이용에서 한계나 피로감을 느낀 이용자들이 스포츠 장르에 새로운 관심을 가지게 되었다는 것도 스포츠 장르의 장점으로 꼽을만하다. 국내 프로야구의 경우 최근 20/30 여성 팬의 유입이 많아졌다는 평가를 받고 있는데, 20/30 여성층이 OTT를 주도적으로 이용하는 집단군이라는 점도 티빙에게 긍정적으로 작용하고 있는 것으로 보인다.

반면, 스포츠 중계는 확실한 경쟁력을 가지고 있는 것만큼 중계권료가 인상되고 있어 사업자에게 부담으로 작용할 수 있다. 티빙은 KBO 유무선 중계권 3년을 확보하기 위해 1,350억 원을 지불했는데 이는 통신·포털 컨소시엄의 종전 계약 1,100억 원보다 훨씬 많은 금액이다. 이와 같이 중계권료에 대한 부담이 높아지고 있는 상황에서 국내 OTT 사업자들이 스포츠에 얼마나 적극적으로 투자할 수 있을지 귀추가 주목된다.

04. 경쟁이 격화된 스트리밍 생태계에서 애니메이션의 재발견

틈새시장을 공략하고 있는 라프텔의 선전이 주목받은 바 있다. 라프텔은 2023년 296억의 매출을 기록하며 국내 OTT 사업자 중 유일하게 흑자를 기록하고 있는 사업자다.[115] 라프텔은 1020세대가 선호하는 애니메이션을 수급하여 이용자를 공략하고 있다. 라프텔의 선전은 애니메이션 장르가 가진 장점을 잘 보여준다. 애니메이션은 강한 마니아층이 형성되어 있는 장르다.

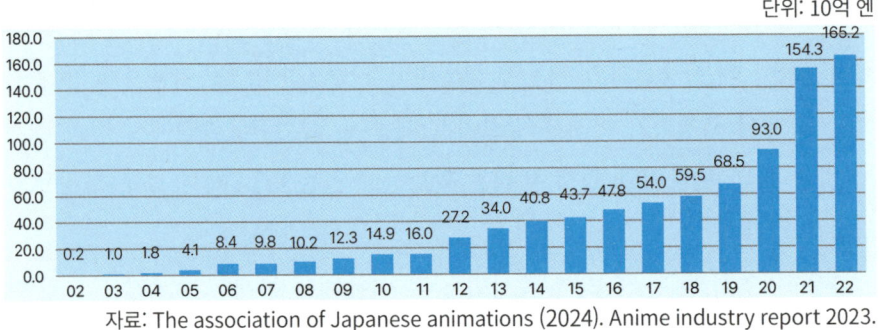

<그림26> 인터넷을 통한 일본 애니메이션 수익

자료: The association of Japanese animations (2024). Anime industry report 2023.

　넷플릭스가 국내 드라마 제작 체계를 변화시켰다면, 일본에서는 애니메이션 생산 체계에 영향을 미쳤다.[116] 일본은 전통적으로 애니메이션 강국이었고, <그림26>에서 확인할 수 있는 것처럼 애니메이션 수익이 여전히 증가하고 있다. 넷플릭스는 일본 애니메니션을 수급하거나 일본에서 넷플릭스 오리지널 애니메이션을 제작하면서 자사 플랫폼의 경쟁력을 강화하기 위해 노력해왔다. 넷플릭스는 2024년에도 <메이크 마이 데이>, <플루토>와 같은 일본 애니메이션을 내놓았다. 일본은 애니메이션의 OTT 유통으로 인해 애니메이션 산업이 다시 도약하는 양상을 보이고 있다. 애니메이션의 경우 넷플릭스가 일본에 주력하고 있어 우리 제작사들이 넷플릭스를 통해 애니메이션에 진출하기는 어렵다는 평가가 나오고 있다.[117]

　애니메이션이 가진 장르적 강점은 앞에서 언급한 것처럼 마니아층이 형성되어 있다는 점에 있지만 다른 장르에 비해 진입장벽이 높지 않다는 것도 애니메이션 장르가 가지고 있는 경쟁력이다. OTT는 기본적으로 글로벌을 지향하는 플랫폼이다. 글로벌을 지향하는 플랫폼은 보편적인 소구력을 가지고 있는 장르의 콘텐츠를 확보하는 것이 유리하다.

　영화 <인사이드 아웃2>는 15.6억 달러의 매출을 올리며 어려웠던 디즈니가 반등하는 계기를 만들어 줄 것으로 기대받고 있다.[118] 이 영화는 국내에서도 876만 명의 관객을 동원하며 좋은 성과를 올렸다. 미디어 산업 전체에서 애니메이션에 대한 수요는 앞으로도 높아질 것으로 보이며, 애니메이션 산업 입장에서도 OTT 유통이 애니메이션 산업의 지속가능한 발전을 위해 필요한 상황이다.

<그림27> 애니메이션 이용 경로

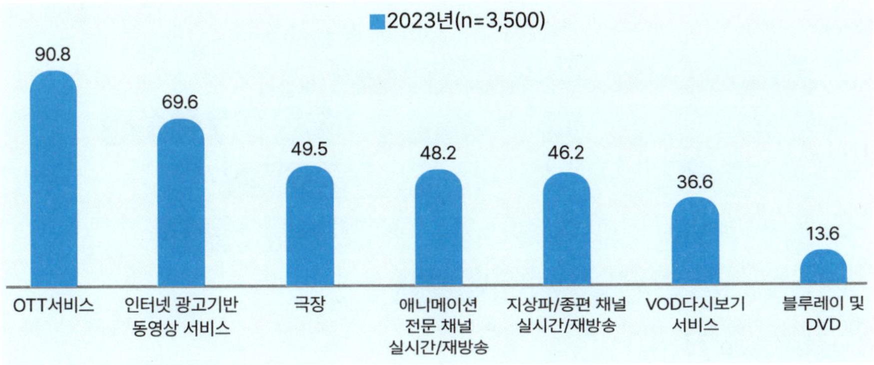

- OTT서비스: 90.8
- 인터넷 광고기반 동영상 서비스: 69.6
- 극장: 49.5
- 애니메이션 전문 채널 실시간/재방송: 48.2
- 지상파/종편 채널 실시간/재방송: 46.2
- VOD다시보기 서비스: 36.6
- 블루레이 및 DVD: 13.6

자료: 한국콘텐츠진흥원 (2023). <애니메이션산업백서>.

우리나라에서는 애니메이션을 이용하는 가장 주요한 경로가 OTT가 된 상황이다. 한국콘텐츠진흥원(2023)의 <애니메이션산업백서>에 따르면 국내에서 애니메이션을 이용하는 이용자 중 90.8%가 OTT를 통해 애니메이션을 시청하고 있는 것으로 나타났다. OTT 입장에서나 애니메이션 입장에서나 서로가 서로의 입장에서 중요해지고 있는 상황이다. 양 산업이 각자의 성장을 어떻게 견인해 줄 수 있을지 예의주시할 필요가 있는 시점이다.

05. 숏폼의 성장

동영상 매체 이용이 숏폼 위주로 재편되고 있다. 우리나라에서 모든 연령대를 막론하고 가장 많이 사용하는 앱은 유튜브다. 많은 이용자들이 숏폼을 이용하는 이유는 짧은 시간 동안 집약적으로 만족감을 느낄 수 있기 때문이다.[119] 아래의 앱 이용 시간에서 확인할 수 있는 것처럼 국내 이용자들은 유튜브와 인스타그램 등 글로벌 플랫폼 사업자가 제공하는 서비스를 통해 장기간 소비하고 있다.

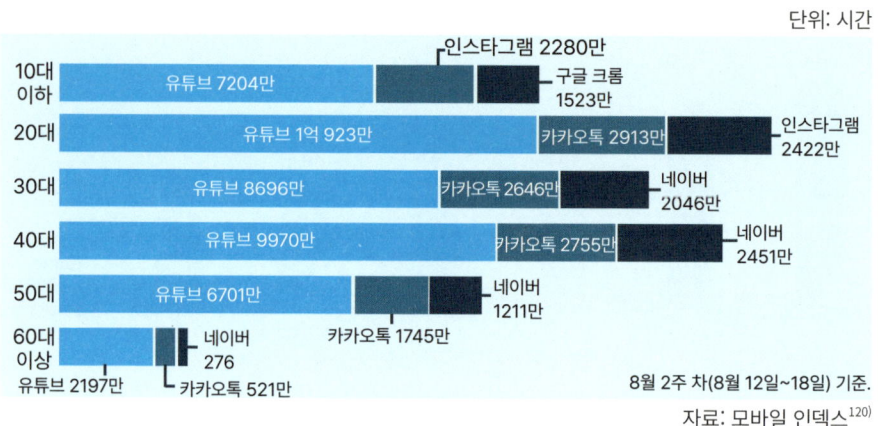

<그림28> 연령대별 상위 3개 앱 주간 사용시간(2024년 8월 12일 – 8월 18일)

단위: 시간

8월 2주 차(8월 12일~18일) 기준.
자료: 모바일 인덱스[120]

　독서량이 줄어들면서 책 한 권을 다 읽지 않은 청소년들이 꽤 많다는 얘기를 심심치 않게 했었는데, 이제는 영화 한 편을 다 본 경험이 없는 청소년들이 꽤 많다는 얘기가 나올 정도로 동영상 소비의 형식이 재편되고 있다. 이는 롱폼 중심의 기존의 OTT도 고민해 봐야 하는 지점이다.

　국내는 영상산업이 본격적으로 산업화되기 시작했던 1990년대와 2000년대에는 지상파 방송이 전체 영상산업을 주도하는 경향성을 보여왔다. 21세기에 접어들면서 유료방송이 방송시장을 주도하고 특히, IPTV가 결합상품 중심으로 가입자 수를 확장해 가면서 국내 방송시장은 유료방송 시장 중심으로 재편되었다.

　여기서 새로운 전환을 만들어 낸 것은 2016년에 국내에 진출한 넷플릭스였다. 국내 방송시장의 ARPU 낮은 상황에서 과연 넷플릭스가 국내에서 자리를 잡을 수 있을 것인가라는 부분에 대해서는 다양한 견해가 엇갈렸으나 넷플릭스는 대한민국을 콘텐츠 공급처로 활용하면서 국내에 안정적인 기반을 마련한 상황이다.

<그림 29> 국내 영상 시장의 시기별 구조 변동

	1990년대	2000년대	2016년 이후	2020년 이후	2024년 이후
지상파 (Broadcast)		·수직 계열화 해체 이후에도 여전히 가장 주도적인 매체	·지상파의 본격적인 위기가 시작됨 ·지상파 중심의 미디어 환경이 디지털 매체 중심으로 전환		·지상파의 존립 기반 마련 필요
유료방송 (Cable)		·도입 초기 어려움을 겪었으나 합리적인 요금으로 시장에 안착 ·IPTV는 결합상품을 중심으로 방송 플랫폼 시장을 주도하는 매체로 자리매김		·본격적인 성장 둔화가 시작되어 가입자 감소 현상이 나타남 ·케이블 TV SO는 지속 생존이 어려운 상황	
OTT			·일부 국내 매체가 제한적으로 사업화를 시도했으나 유의미한 성과를 거두지 못함 ·2016년 넷플릭스의 국내 진출은 대한민국에서도 OTT에 대한 지불의사를 가진 이용자들의 존재를 입증하는 계기로 작용 ·티빙 등 시장에서 유의미한 경쟁력을 가진 국내 사업자 등장		·성장 한계 직면 ·티빙 등 국내 OTT 경쟁력 강화
소셜비디오 (Social video)			·유튜브 시장이 활성화되면서 1인 크리에이터 시장이 활성화 ·대한민국은 유튜브 의존도가 높은 국가인 동시에 유튜브로 인해 1인 크리에이터 시장에서의 경쟁력이 높아짐 ·OTT 시장이 정체된 반면, 숏폼 중심의 소셜 비디오 시장은 꾸준히 성장할 전망		

출처: 버라이어티를 인용한 한정훈(2027. 7. 6)을 참고로 국내 상황에 맞게 재정리: 노창희(2024) 재인용

앞서 살펴본 것처럼 OTT 사업자들은 국내외에서 성장 한계에 직면한 상황이다. 이는 근본적으로 OTT가 가지고 있는 비즈니스 모델의 한계에서 기인한 것이지만 숏폼의 영향 때문일 수도 있다. 디지털 환경에서 광고가 차지하는 중요성은 갈수록 높아지고 있는데, 숏폼 영역에서 광고를 많이 가져가게 된다면 광고의 비중이 높아지고 있는 OTT 사업자 입장에서는 위협이 될 수 있기 때문이다. 또한, 숏폼의 이용시간이 늘어나게 되면 OTT 이용시간이 잠식당할 수 있다는 점도 OTT 사업자 입장에서는 주의깊게 살펴봐야 할 지점이다. 소셜 비디오(Social Video) 중심으로 영상 시장이 재편되고 있는 상황 속에서 숏폼 중심의 SNS 플랫폼은 OTT 사업자들도 콘텐츠 형식과 비즈니스 모델 측면에서 중요하게 고려해야 할 흐름이 되어가고 있다.

06. OTT 콘텐츠의 화제성과 경향성

그동안 화제성에 대해서는 코바코의 라코이(Racoi), CJ ENM의 CPI(Content Power Index), 굿데이터코퍼레이션의 펀덱스(FUNdex)가 있었다. 올해부터는 방송통신위원회의 예산 삭감이 이유로 코바코의 라코이가 중단되었고, CJ ENM의 CPI 지수도 중단되었다. 이런 지표는 공공기관이 주도하는 것이 바람직한데 오히려 민간 기업이 주도하고 있다. 지난해와 같이 화제성 지수인 펀덱스로 더욱 독보적인 지수를 발간하는 굿데이터코퍼레이션의 협조를 얻어 이를 정리하였다. 펀덱스는 2021년부터 OTT까지 포함하여 화제성을 조사하여 경향성은 2021년부터 정리하였다. 2023년과 2024년의 상세 내역은 제6장 화제성 지수에서 소개하였으니 참조하기 바란다.

드라마의 경우 화제성의 특징은 첫째, 펀덱스 10위 안에 OTT는 큰 차이가 없다. 2021년부터 2024년까지 2023년 4개를 제외하고 모두 3개이다. 둘째, 넷플릭스는 2021년부터 2023년까지 3개에서 2024년 2개로 감소하였다. 셋째, 넷플릭스는 톱3안에 하나도 진입을 못했다. 구체적으로 2021년 1위 <오징어 게임>, 2022년 2위 <지금 우리 학교는>과 <더 글로리>, 2023년 1위 <더 글로리 파트2>였다. 넷째, 2024년의 경우 tvN의 드라마의 전성기였다고 할 수 있다. 1위 <선재 업고 튀어>, 2위 <눈물의 여왕>, 3위 <내 남편과 결혼해줘>, 6위 <세작, 매혹된 자들>이 올라있다. 다섯째, 화제성 지수가 점차 감소하고 있다. 1위의 경우 2021년 <오징어 게임> 142,997, 2022년 <이상 변호사 우영우> 121,777, 2023년 <더 글로리 파트2> 96,194, 2024년 <선재 업고 튀어> 79,732이다. 여섯째, 2024년에 처음으로 토종 OTT 드라마가 톱10에 올랐다. 티빙의 <피라미드 게임>이 9위에 올랐다.

비드라마의 경우 화제성의 특징은 첫째, 점차 OTT 콘텐츠의 인기가 늘어나고 있다. 2022년 1개, 2023년 2개, 2024년 4개이다. 2022년은 티빙 <환승연애

2>가 1위였고, 2023년은 넷플릭스의 <피지컬: 100>이 5위, <솔로지옥 3>이 10위였으며, 202년에는 티빙 <크라임씬 리턴즈>가 5위, <환승연애 3>이 7위, 넷플릭스 <솔로지옥 3>이 8위, 쿠팡플레이 <SNL 코리아>가 9위였다. 둘째, 드라마와 마찬가지로 1위 화제성 점수가 점차 감소한다. 2021년 Mnet <스트릿 우먼 파이터>가 52,134, 2022년 티빙 <환승연애 2>가 33,296, 2023년 Mnet <보이즈 플래닛>이 22,676, 2024년 JTBC의 <싱어게인 3>가 10,837이다.

07. 방송사의 스튜디오화

그동안 CJ ENM, JTBC 등 유료방송 시장의 방송콘텐츠뿐 아니라 지상파들도 본격적으로 스튜디오화에 나서고 있다. SBS는 2023년 12월에 스튜디오 프리즘을 출범시켰다. SBS는 예능 콘텐츠 경쟁력 강화와 글로벌 OTT향 콘텐츠 제작을 위해 스튜디오 프리즘을 출범시켰다.[121]

MBC도 2024년 6월에 콘텐츠 기획 및 제작을 전문으로 하는 스튜디오 '모스트267'을 출범시켰다. '모스트267'은 다양한 외부 파트너들을 활용하여 IP 기반 비즈니스도 할 예정이다. MBC는 <피지컬100>, <나는 신이다> 등을 통해 이미 성공한 OTT 콘텐츠를 제작한 경험이 있기 때문에 이를 기반으로 스튜디오를 통해 채널 중심으로 콘텐츠 유통의 한계를 넘어서고자 스튜디오 모델을 본격적으로 도입한 것으로 알려졌다.[122]

본격적인 스튜디오화를 시도하는 기업은 CJ ENM과 JTBC다. 김상임·이영주는 두 기업의 스튜디오화를 '제작 비용 유치', '역량 있는 제작사 M&A', '공동제작을 통한 글로벌 지향 콘텐츠 제작', '유통채널의 다각화' 등과 관련되어 있다고 분석하고 있다.[123] 방송사의 스튜디오화 전략은 기본적으로 채널 중심의 방송 환경이 다변화되면서 어느 정도 이상의 규모를 갖춘 방송사들에게 필수적인 것으로 자리잡고 있다. 유료방송 플랫폼 시장에서 가장 큰 영향력을 확보하고 있는 KT의 경우 KT스튜디오지니를 통해 스튜디오화를 통한 확장전략을 펼치고 있다.

이성민[124]은 지상파 방송사도 스튜디오화에 뛰어들게 된 원인으로 '광고 중심으로 프로그램 판매 중심으로의 환경 변화', 'OTT로 인한 콘텐츠 수출 환경의 변화'를 요인으로 분석하고 있다. 대한민국 방송사에게 OTT로 인한 '콘텐츠 유통', '콘텐츠 소비 환경의 변화'는 기본적으로 레거시 미디어의 쇠락에 영향을 미친다는 점에서 긍정적으로 보기 어려운 측면이 강하나 이에 대응하지 않을 수 없는 상황이다.

광고는 방송광고 중심에서 디지털 광고 중심으로 구도가 바뀐 지 오래다. 방송광고가 줄어드는 상황에서 방송콘텐츠 사업자들은 프로그램 판매, 콘텐츠 대가 등 저작권 기반 수익 확보에 집중하고 있다. 이를 위해 콘텐츠의 가치를 높이고 유통 다각화를 위해 스튜디오 모델을 도입하고 있다.

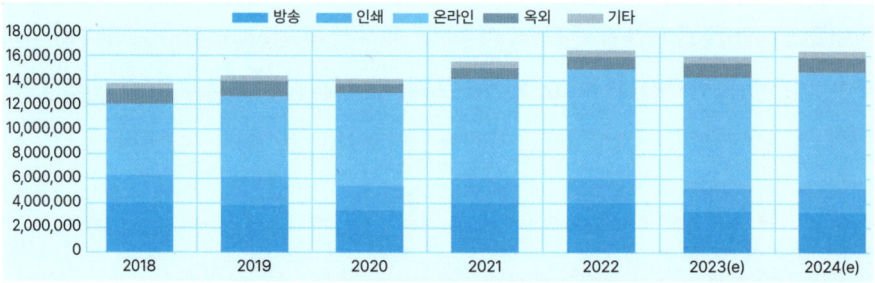

<그림30> 매체 유형별 광고비

단위: 백만 원

자료: https://www.kobaco.co.kr/site/adstat/content/broadcastprice_stat

정리하면 방송 환경의 변화로 인해 새로운 유통전략의 모색 차원에서 스튜디오 모델이 필요하며, 여기서 OTT로의 유통은 매우 중요한 요소로 부각되고 있다. 넷플릭스와 디즈니+는 국내 제작사의 콘텐츠에 많은 투자를 해왔고, 특히, 넷플릭스는 콘텐츠 공급처로서 대한민국을 중요한 거점으로 활용하고 있다.

방송사의 스튜디오화는 OTT에 유통시킬 수 있는 콘텐츠를 늘려 보겠다는 포석이 깔려 있다고 할 수 있다. 특히, 지상파의 경우 드라마 중심의 콘텐츠 전략에서 예능 중심으로 콘텐츠 전략을 변경한 상황에서 드라마를 제작하여 유통시키기 위해서는 글로벌 OTT의 투자를 받을 수밖에 없는 상황이다.

국내에서 레거시 방송과 OTT 관계는 미묘하다. 레거시 방송은 OTT의 성장으로 인해 영향력이 약화되고 있지만 글로벌 OTT의 투자를 받지 않을 수 없는 상황이다. 국내 OTT던 글로벌 OTT던 레거시 방송을 통해 콘텐츠를 공급받지 않으면 자국 콘텐츠를 그 어느 국가보다 선호하는 국내 이용자를 확보할 수 없다. 방송사의 스튜디오화가 어떤 변화를 가져올지에 주목되는 이유는 방송사와 OTT 간 긴장과 협력 관계를 동시에 맺고 있기 때문이다.

08. 디즈니+의 고전

디즈니+는 글로벌 시장에서 전반적으로 고전하고 있지만, 대한민국 시장에서의 고전은 좀 더 두드러지게 나타나고 있다. 디즈니+가 국내에서 유의미한 성장을 보였던 것은 <무빙>이 공개되었던 2023년 8월 전후 정도에 불과하다. 디즈니+는 국내에 들어오면서부터 고전을 면치 못했고, 국내 오리지널 콘텐츠에 상당히 많은 투자를 하고 있음에도 불구하고 상황이 개선되지 못하고 있다.

디즈니+의 가장 큰 강점은 마블, 스타워즈 등 디즈니가 가지고 있는 IP 기반의 콘텐츠들이다. 글로벌 시장 전체에서 공통적으로 나타난 디즈니의 문제는 디즈니+의 오리지널 제작 비용이 너무 많이 들어가서 적자 구조가 계속되고 있다는 것이다. 국내 시장에서의 문제는 디즈니 원천 IP 기반 콘텐츠에 대한 국내 이용자들의 선호가 그리 높지 않다. 앞서 살펴본 한국콘텐츠진흥원(2023)의 조사 결과에 따르면, 국내 OTT 이용자들은 1.8개의 OTT 서비스를 복수로 이용한다. 이용자 당 평균 2개 정도의 OTT를 구독하고 있다.

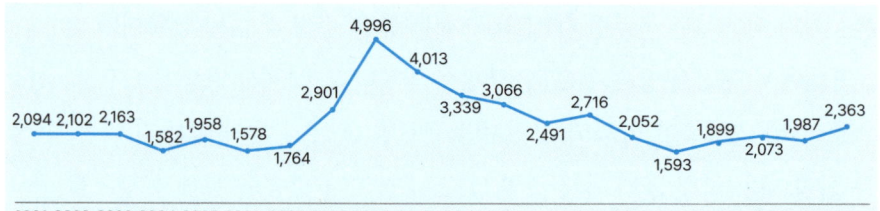

<그림31> 디즈니+ MAU 추이(천 명)

출처: 코리안클릭

디즈니+의 국내에서의 주된 경쟁자는 넷플릭스, 티빙, 웨이브 등이다. 이용자 입장에서는 디즈니+보다 다양한 국내 콘텐츠를 갖추고 있는 넷플릭스, 티빙, 웨이브가 디즈니+보다 매력적으로 느껴질 가능성이 크다. 쿠팡플레이는 쿠팡 와우 멤버십을 이용하면 실질적으로 무료로 이용할 수 있다. 국내 경쟁자들에 비해 디즈니+의 국내에서의 경쟁력이 높지 않다는 것이다.

현재 국내 OTT 시장에서 가장 중요한 킬러 콘텐츠 중 하나는 스포츠 중계다. 티빙, 쿠팡플레이, 웨이브 등은 스포츠 중계를 적극적으로 활용하고 있다. 하지만 디즈니+는 스포츠 중계를 하지 않고 있다. 스포츠 중계를 하지 않고 있다는 부분도 디즈니+가 가진 약점이다. OTT 런칭 초기부터 꾸준히 스포츠에 투자해 온 쿠팡플레이와 모회사인 방송사가 오랜 스포츠 중계 경험을 가지고 있는 티빙, 웨이브와 비교할 때 디즈니+는 국내에서의 경쟁력을 확보하기 위해 스포츠 중계에 투자하는 것도 쉽게 결정하기 어려워 보인다.

디즈니+는 넷플릭스처럼 국내에서 투자한 오리지널 콘텐츠를 글로벌 시장에서 적극적으로 활용하고 있지 못한 실정이다. 하지만 디즈니+가 국내에서 OTT 서비스를 지속적으로 운영하기 위해서는 국내 오리지널 콘텐츠에 투자할 수밖에 없는 상황이기 때문에 디즈니의 고민은 깊어질 것으로 보인다. 2024년의 경우 야심차게 투자한 <삼식이 삼촌>이 생각보다 큰 호응을 이끌어내지 못했다. 박훈정 감독이 연출한 <폭군>이 어느 정도 선전할 수 있을지 지켜볼 필요가 있다.

09. OTT 지원 정책

앞서도 언급한 것처럼 국내에서는 아직까지 OTT에 대해서는 진흥 기조를 보이고 있다. 하지만 OTT 사업자들이 체감할 만큼 적극적인 지원이 이뤄지고 있다고 보기는 어려운 상황이다. 과학기술정보통신부, 문화체육관광부, 방송통신위원회 등 관련 부처의 OTT에 대한 지원 의지는 강한 편이다. 다만, 기획재정부로부터 관련 지원 예산을 확보하기가 어렵다는 것이 문제다.

<표18> OTT 글로벌화를 위한 정책과제

지원 유형	지원 목적	지원 아이템
재원 지원	글로벌 진출을 위한 투자비 확보 및 재정적인 부담 경감	· OTT 정책 금융 지원 · OTT 활성화를 위한 특화 펀드 조성
기술/기반 지원	산업 혁신 기반 조성	· 자동더빙·자막 지원 등 재제작 지원 · AI를 이용한 제작 혁신
마케팅 지원	국내 OTT 사업 인지도 제고 및 글로벌 진출을 위한 교두보 마련	· 미디어·콘텐츠 분야 사업자 간 연계 진출 지원 · 글로벌 OTT 어워즈 확대 · OTT 광고사업 지원 · OTT 해외거점 연계 지원
인력양성 지원	미디어 분야 인력 경쟁력 강화	· OTT 글로벌화 전문 인력 양성 · 해외 빅테크 기업과의 교류 연수 지원

출처: 디지털산업정책연구소 (2024). <OTT 2.0시대, K-OTT 글로벌 진출 활성화 방안 연구>. 나주: 한국방송통신전파진흥원.

필자 중 한 명인 노창희가 책임연구원을 맡은 디지털산업정책연구소(2024)의 연구 결과에 따르면 OTT를 위한 지원 유형은 '재원 지원', '기술/기반 지원', '마케팅 지원', '인력양성 지원' 등으로 나누어 살펴볼 수 있다. 재원 지원은 OTT를 지원하기 위한 정책 금융 지원이나 OTT 활성화를 위한 특화 펀드를 조성하는 방안 등을 고려해 볼 수 있다. OTT 사업자들에게 다양한 지원 필요하지만 많은 비용이 소요되는 OTT 서비스의 특성상 직접적인 재원 지원이 가장 절실하게 필요한 부분이다. 이러한 측면에서 디지털산업정책연구소(2024)는 아래의 <표>와 같이 'OTT 글로벌화 지원 펀드 조성(안)'을 제안한 바 있다.

<표19> 'OTT 글로벌화 지원 펀드' 조성(안)

구분	주요 내용
총 결성액	■ 3,000억 원 (정부출자 2,000억 원 + 민간출자 1,000억 원)
지원 자격	■ 콘텐츠 투자, IP 확보 여부 등을 바탕으로 판단 산업 혁신 기반 조성
지원 분야	■ OTT 콘텐츠 제작 ■ 자막, 더빙 등을 포함한 재제작 ■ 글로벌 유통에 필요한 마케팅 등 제반 비용

출처: 디지털산업정책연구소 (2024). <OTT 2.0시대, K-OTT 글로벌 진출 활성화 방안 연구>. 나주: 한국방송통신전파진흥원.

앞서 2024 전망리뷰 국내편에서 개략적으로 살펴본 융발위(안)에는 OTT와 관련된 지원 방안이 몇 가지 제시되어 있다. 먼저 'OTT+스마트TV+콘텐츠 동반 진출'이다. 삼성, 엘지 등 국내 가전사가 FAST 시장을 주도하고 있어 이를 활용하여 국내 OTT 콘텐츠를 제공하자는 아이디어이다.[125] 국내 OTT사들의 콘텐츠 경쟁력과 국내 가전사들의 플랫폼 경쟁력을 결합하여 시너지를 창출하자는 취지에서 나온 지원안이라고 평가할 수 있다.

다음으로는 'OTT+제작사 컨소시엄' 연계 제작 지원이다. 국내 OTT 플랫폼이 글로벌 시장에서 경쟁력을 갖춘 제작사와 협업할 수 있도록 지원해 주자는 취지다.[126] 이 방식은 넷플릭스가 현지 제작사와 협력하여 성공을 거둔 방식이기도 하다.

기존에 확보되어 있는 해외 ICT 거점을 연계하고 활용하여 국내 OTT 플랫폼의 해외시장 진출을 지원하겠다는 방안도 제시되었다. 글로벌 시장의 OTT 및 유료방송과 계약을 지원하고 스마트TV+OTT 진출 지원, 글로벌 시장의 정책 동향 제시 등 다각적 지원하는 방안도 제시되었다.[127]

국내 시장에서 여전히 넷플릭스의 영향력이 가장 강하고 국내 사업자가 본격적인 글로벌 진출을 하지 못하고 있는 상황이기 때문에 앞으로도 국내 OTT 사업자에 대한 지원 필요성은 지속적으로 제기될 가능성이 높다. 현재까지 논의되어온 지원 방안이 어떻게 이행될지 어떠한 새로운 지원에 대한 아이디어가 필요한지에 대해 검토가 필요한 시점이다.

10. 22대 국회와 OTT 정책

국내에서 OTT 정책과 관련된 접근 방식은 OTT 산업은 진흥을 위한 '규제 혁신론'과 OTT 산업을 방송에 포섭해야 한다는 'OTT 산업 규제 관점'으로 나누어 접근해 볼 수 있다.[128] 국내에서는 그동안 OTT는 진흥의 대상으로 두어야 한다는 관점이 우세한 상황이다. 국내에서는 미디어·콘텐츠 분야에 대해 오랫동안 진흥 기조를 유지해 왔으며, OTT의 글로벌화는 미디어 진흥을 위해 반드시 필요하다는 인식이 공유되고 있기 때문이다.

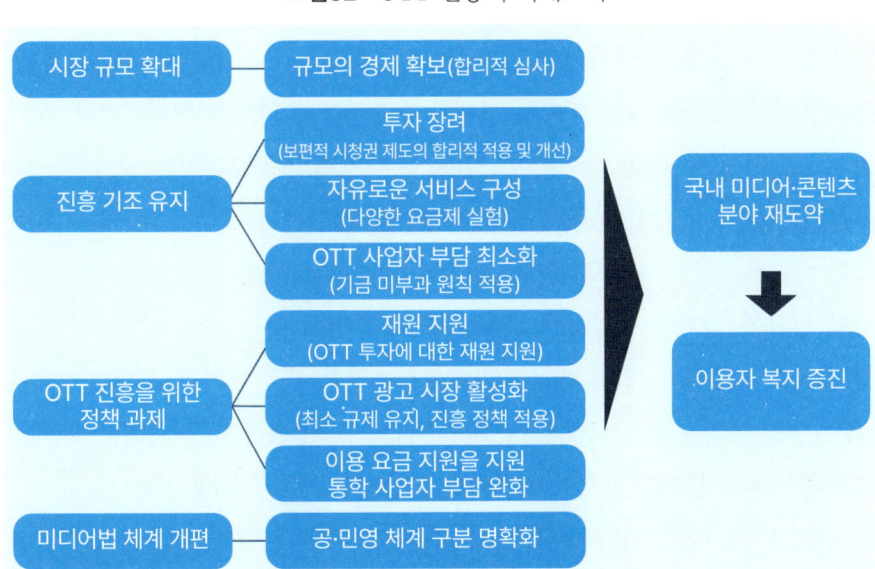

<그림32> OTT 진흥의 기대효과

출처: 노창희 (2024). 22대 국회에 바라는 OTT 산업 진흥을 위한 정책 방향. <한국방송학회-미디어정책학회-한국OTT포럼-디지털산업정책연구소 공동주최 '22대 국회에 바라는 OTT 산업 진흥을 위한 정책 과제' 발제문>.

아직 22대 국회는 초기 단계여서 지금까지 OTT와 관련하여 정책적 시도 했다고 보기는 어려운 상황이다. 이러한 상황 속에서 미디어 학계에서는 '한국방송학회-한국미디어정책학회-한국OTT포럼-디지털산업정책연구소' 공동으로 2024년 7월 16일 '22대 국회에 바라는 OTT 산업 진흥을 위한 정책 방향' 세미나를 개최했다. 이 세미나에서는 OTT 진흥을 위한 정책과제 중심으로 OTT 정책 방향에 대해 논의했다.

노창희(2024)는 시장 규모 확대를 위해 티빙-웨이브 합병에 대해 합리적 심사가 이뤄질 필요가 있다고 주장했다. 또한, 반드시 사업자 간 인수합병이 아니더라도 제휴 등을 통해 규모의 경제를 확보하는 것이 중요하다고 지적했다. 투자 장려의 필요성도 제기하였다. 티빙의 KBO 중계 등 OTT에서 스포츠 중계가 활발하게 이뤄지고 이로 인한 가시적인 성과가 나오는 상황 속에서 국내 보편적 시청권 제도에 대한 정확한 이해가 필요하다는 주장도 제기되었다. OTT의 스포츠 중계는 현행 보편적 시청권 제도에 포함되지 않는다는 것이다.

OTT 요금제 등 OTT 사업자의 시장행위에 대해서는 정부가 개입하지 않는 것이 바람직하다는 주장도 제기하였다. 이용자 피해 등이 있을 경우 정부가 개입할 필요가 있지만 사업자의 자유로운 요금 정책 실험 등이 이뤄져야 산업의 활력이 제고될 수 있기 때문이다. OTT 사업자 기금 부과에 대해서는 국내 OTT 사업자의 적자, 글로벌 OTT 사업자의 규제 집행력 등을 고려할 때 기금 미부과 원칙이 유지되는 것이 바람직하다는 의견도 주장했다.

<그림33> 공·민영 체계 도입 방안(안)

범주	기존의 방송+디지털 미디어		
플랫폼 계층	공영미디어	민영미디어	
	공영방송	케이블 TV SO	OTT
	준 공영방송 포함 여부 검토 필요	위성방송	
		IPTV	
	• 공영방송에 준하는 책무를 가지고 있는 콘텐츠 사업자 공영미디어 포함 여부 검토 필요 • 공영미디어 계층은 플랫폼 계층과 콘텐츠 계층에 대한 구체적인 분리 방안 마련 필요	• 허가제 폐지 • 최소한의 책무 제외하고 규제 완화	• 최소 규제 유지 • 진흥 기조 유지 • 이용자의 권리 확대를 위한 지원 정책 마련
		콘텐츠 계층	

출처: 노창희 (2024). 22대 국회에 바라는 OTT 산업 진흥을 위한 정책 방향. <한국방송학회-미디어정책학회-한국OTT포럼-디지털산업정책연구소 공동주최 '22대 국회에 바라는 OTT 산업 진흥을 위한 정책과제' 발제문>.

 단기적으로는 어렵지만 중·장기적으로 통합 미디어 법제를 만들어야 한다. 현재의 미디어 환경에 부합하는 법제를 만들어야 하기 때문에 통합 미디어 법제 도입시 고려해야 할 사항은 공·민영 체계를 명확히 구분하고 OTT 사업자를 포함한 민영 영역의 사업자에게는 미디어·콘텐츠 산업 진흥을 위해 자율성을 최대한 보장해 주는 것이다.

76) https://www.axios.com/2024/08/06/hulu-price-increase-disney-plus-espn-streaming-inflation
77) https://www.adweek.com/convergent-tv/the-tv-streaming-war-enters-its-messy-era/
78) https://viewer.joomag.com/sep-oct-joomag/0881776001725508425?short&
79) Euromedia(2024). Bundles of Joy. Euromedia, 9/10. pp. 10-13.
80) 한국방송통신전파진흥원(2023). OTT 스트리밍 시장의 또 다른 혁신 기회로 주목받는 리번들링(Rebundling) 트렌드. 미디어 이슈 & 트렌드, Vol. 154.
81) 한국콘텐츠진흥원(2023). 번들링 시대가 온다. 글로벌 OTT 동향분석. Vol.4, 70쪽.
82) 유건식(2024.3). OTT 시장에서 리번들링이 부각되는 이유와 전망. AD & Media Trend Report. kobaco.
83) Tyler Aquilina(2023.8.1.). Streaming Service Bundles: A Special Report. Variety.
84) 한국콘텐츠진흥원(2023). 번들링 시대가 온다. 글로벌 OTT 동향분석. Vol.4, 70쪽.
85) Brandon Katz(2024.1.31.). Price Hikes, Bundles and Syndication: Streaming Reacts To Its New Reality. TVREV.
86) https://deadline.com/2024/09/disney-eyes-bundle-deals-max-partnership-working-well-1236091397/
87) https://advanced-television.com/2024/09/23/sweden-tele2-bundles-disney/
88) Jared Newman(2022.10.13.). TV's "Great Rebundling" is not what you think. Techhive.
89) https://mybundle.tv/
90) Disney, Fox and Warner Bros. Join Forces for Sports Streaming Service - The New York Times (nytimes.com)
91) Fubo TV sues to stop ESPN, Warner and Fox Sports sports streamer (axios.com)
92) 신문과 방송(2024년 5월호)에 기고했던 내용을 수정하여 정리하였다.
93) The Writers' Union. WGGB/Netflix/PMA agreement – summary. https://writersguild.org.uk/rates-agreements/?download_secure=1&datauri=aHR0cHM6Ly93cml0ZXJzZ3VpbGQub3JnLnVrL3dwLWNvbnRlbnQvdXBsb2Fkcy8yMDI0LzAzL3N1bW1hcnktb2Ytd2dnYi1wbWEtbmV0ZmxpeC1hZ3JlZW1lbnQtMDMtMjQtMi5wZGY=&filename=V0dHQi9OZXRmbGl4L1BNQSBhZ3JlZW1lbnQgLSBzdW1tYXJ5L3JhdGVzLWFncmVlbWVudHMv&checksum=1711667274

94) Writers Guild of America(2023). Schedule Of Minimums. p. 42. https://www.wga.org/uploadedFiles/contracts/2023_Schedule_of_Minimums.pdf. p. 42.
95) op.cit. p. 49
96) op.cit.
97) Advanced Television(2024.3.12.) Netflix UK, WGGB, PMA sign writers deal. https://advanced-television.com/2024/03/12/netflix-uk-wggb-pmb-sign-writers-deal/
98) op.cit.
99) Manori Ravindran(2023.5.2.). Writers' Guild of Great Britain Instructs U.K. Members to Halt Work on Projects Within WGA Jurisdiction. Variety. https://variety.com/2023/biz/global/wga-strike-uk-wggb-1235599364/
100) 다이렉트미디어랩(2024.3.12.). [여기는 SXSW] 이미 시작된 AI-할리우드 전쟁.. 미국 제일 핫한 미래학자가 꼽은 '3대 AI 피해산업'. https://www.youtube.com/watch?v=toCpPyMVA2k
101) The Writers' Union. BBC TV rate card. https://writersguild.org.uk/rates-agreements/?download_secure=1&datauri=aHR0cHM6Ly93cml0ZXJzZ3VpbGQub3JnLnVrL3dwLWNvbnRlbnQvdXBsb2Fkcy8yMDI0LzAzL2JiYy10di1yYXRlLWNhcmQtMDItMjQucGRm&filename=QkJDIFRWIHJhdGUgY2FyZA==&theurl=L3JhdGVzLWFncmVlbWVudHMvVudHMv&checksum=1711666681
102) Max Goldbart(2024.3.12.). Netflix & UK Writers Guild Strike First Ever Agreement For Scripted Series. Deadline. https://deadline.com/2024/03/netflix-writers-guild-great-britain-pma-scripted-series-1235855758/
103) Disney(2024.3.15.). 'Doctor Who' Debuts May 10 with Multiple Episodes. https://press.disneyplus.com/news/disney-plus-doctor-who-premiere-date-announcement-streaming-may-10
104) Robin Reynolds(2023.11.24.). Why the BBC and Disney+ Partnership Is a Good Thing. Movieweb. https://movieweb.com/doctor-who-bbc-disney-plus-partnership-not-sell-out/
105) Barb. Weekly top 50 shows. https://www.barb.co.uk/viewing-data/most-viewed-programmes/
106) https://webtoonscorp.com/ko/mediaDetail?seq=32022107
108) https://www.edaily.co.kr/News/Read?newsId=01666246639016512&mediaCodeNo=257&OutLnkChk=Y

109) PD저널에서 웨이브와 티빙의 통합이 성사될 것을 대비하여 기획한 "[특집 기획] '파고 넘는 OTT 생존 전략'② OTT 경쟁 구도 재편"(2024.6.4.) 글을 수정하였음.
110) https://www.khan.co.kr/economy/economy-general/article/202404031125001
111) https://zdnet.co.kr/view/?no=20240808155815
112) https://zdnet.co.kr/view/?no=20240726083145
113) 이승희·이용관 (2024b). <OTT 서비스 변화에 대한 이용자 반응Ⅱ: 계정 공유 제한>. 서울: 한국문화관광연구원.
114) 이지은 (2023. 1. 7). "내년도 OTT시장 어렵다"…티빙·웨이브 광고요금제 도입 초읽기. <뉴스토마토>.
115) Grimes, C.(2024. 1. 24). Netflix strikes $5bn deal to livestream WWE's Raw show. Financial Times.
116) 애니플러스 (2024. 3. 21). <사업보고서>.
117) Noh, S. (2024). Global media streams: Netflix and the changing ecosystem of anime production. Television & New Media 25(3), 234-250.
118) 한국콘텐츠진흥원 (2023). <애니메이션산업백서>.
119) The Walt Disney Company (2024). Q3 FY 2024 Earnings: Executive commentary.
120) 노창희 (2024. 3. 1). 가성비 시대에 진지한 영상 소비는 왜 필요한가? <한국대학신문>.
121) 황순민 (2024. 8. 22). 유튜브·인스타·구글에 사로잡힌 10대. <매일경제>. 재인용
122) 이다겸 (2023. 11. 28). SBS, 국내 방송사 최초 예능 전문 스튜디오 '스튜디오 프리즘' 출범. <스타투데이>.
123) 정빛 (2024. 6. 10). MBC, 외부 콘텐츠 제작 스튜디오 '모스트267' 설립. <스포츠조선>.
124) 김상임·이영주 (2021). OTT 플랫폼 환경에서의 국내 콘텐츠 기업의 경영전략: 동적 역량 접근을 중심으로. <사이버커뮤니케이션학보>, 38권 3호, 5-45.
125) 이성민 (2024. 8. 1). '후발주자' 지상파 스튜디오 성패, 예능 경쟁력에 달렸다. <PD저널>.
126) 미디어·콘텐츠산업융합발전위원회 (2024. 3. 13.). <미디어·콘텐츠 산업융합 발전방안(안)>.
127) 미디어·콘텐츠산업융합발전위원회 (2024. 3. 13.). <미디어·콘텐츠 산업융합 발전방안(안)>.

04

2025 OTT 전망

2025 OTT 전망

해외

01. FAST의 성장 가속화

FAST시장은 성장 속도가 느려졌지만, 여전히 시장 규모는 커지고 있다. FAST전문 조사 기관 패스트마스터(FASTMASTER)에 따르면 미국 FAST시장은 18개 플랫폼에 5,000개가 넘는(2024년 5월 현재 5,264개) 채널(중복 포함)이 유통되고 있다. 1년 전에 비해 1,129개가 증가했다.

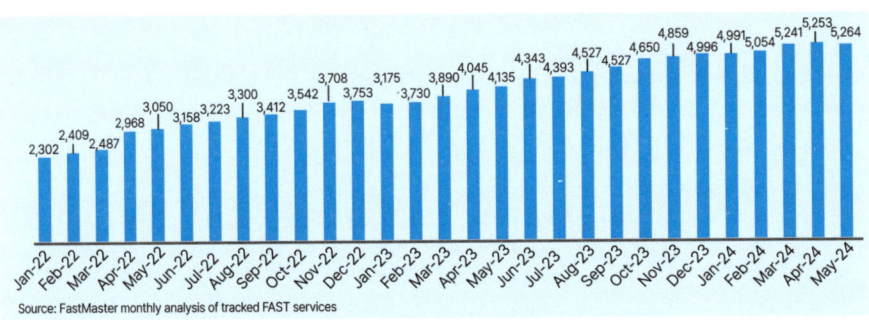

<그림34> 월간 채널 증가 현황

전망도 밝은 편이다. 특히, FAST는 유료 방송과도 상생할 수 있다. FAST의 확산이 유료 방송의 희생을 담보로 하는 것이 아니기 때문이다. 차터와 컴캐스트 스트리밍 벤처 수모(Xumo)가 시행한 조사에 따르면 FAST 시청자의 72%가 케이블 TV나 지상파 TV를 구독하고 있었다. 또 구독자의 86%가 최소 하나 이상의 유료 스트리밍 서비스를 가입하고 있었다. 그러나 사용자의 3

분의 1은 프라임 타임에 FAST 채널을 정기적으로 시청한다고 답했다. FAST 와 유료 방송의 본격적인 경쟁 구도가 형성되고 있다는 것이다.

우려스러운 시선도 있다. 특히, 유료 스트리밍 서비스들이 광고 모델을 내놓은 이후 FAST의 광고 시장이 침체될 것이라는 전망도 있다. 실제, 지난해 디즈니와 넷플릭스가 광고 기반 상품을 런칭한 이후, 광고 구매자들 사이에서 FAST 수요가 다소 감소했다.

FAST의 시청률은 계속 상승하고 있다. 때문에 FAST의 광고 노출도는 장기적으로 계속 높아질 것으로 예상된다. 지상파와 커넥티드TV를 위한 클라우드 기반 사스(Saas)의 아마기(Amagi)가 조사한 바에 따르면 1년 사이 광고 노출도(ad impressions)가 35% 증가했다.

게빈 브릿지 CRG 부대표는 할리우드 리포터와 인터뷰에서 전반적으로 FAST시장은 일부 조정이 있겠지만 성장할 것이라고 밝혔다. 메이저 콘텐츠 기업들도 계속해서 FAST시장에 들어오고 있다. 워너브러더스디스커버리도 FAST를 강화하기 시작했고 BBC 역시 FAST채널을 증가시켰다. 브릿지는 "3~4년 전보다 더 높은 품질의 콘텐츠를 제공하는 지금 서비스는 TV의 시장을 복제하고 있다"고 덧붙였다.

FAST시장은 향후 삼성, LG전자 등 스마트TV 제조사와 투비(Tubi), 로쿠채널 등 특성화된 FAST플랫폼의 싸움이 될 것으로 보인다. 2023년 11월 현재 FAST채널에 유통되고 있는 FAST채널 장르 중 가장 많은 것은 TV프로그램(57%)이다. 현재 유통되고 있는 FAST채널 이전에 TV에서 유통됐던 콘텐츠인 셈이다. 이외 뉴스와 오피니언 콘텐츠도 18%로 높은 비중을 차지하고 있다. 이어 영화 13%, 음악도 6%로 비중이 크다. 경기 하일라이트 등 스포츠 역시 전체 공급량의 6%를 차지하고 있다.

음악의 인기와 관련 K팝을 테마로 한 FAST 채널도 주목할 만하다. 뉴아이디의 빈지코리아(Binge Korea), 투비의 K콘텐츠 섹션 등 글로벌 시장 내 한국 콘텐츠 수요가 높아지면서 FAST에서도 K음악 콘텐츠 채널들이 늘고 있다. K

드라마, 음악, 푸드 역시 '팬덤'을 이용, 찾아오는 FAST 채널로 만들 수 있다는 이야기다. 팬덤을 기반으로 한 FAST채널은 늘어나고 있다.

글로벌 시장에 통하는 FAST장르는 삼성 TV플러스 기준(2023년 11월) 리얼리티, 드라마, 다큐멘터리, 어린이 등이다. 이외 어린이(Kids), 코미디(comedy)콘텐츠도 인기가 높다.

글로벌 FAST시장에서 한국 콘텐츠는 삼성 TV플러스 등과 같은 스마트TV와 함께 뉴아이디의 빈지 코리아(Binge Korea)를 통해 다수 송출되고 있다. 뉴아이디는 아시아에서 가장 큰 FAST 사업자이며, 버라이어티 분석에 따르면 12개의 채널을 시작으로 향후 100개까지 유통 채널을 늘릴 계획이다. LG채널스, 삼성 TV플러스, 로쿠 등 주요 FAST플레이어에 채널 공급하고 있다. 채널 장르는 K팝, 영화, 드라마, 푸드, 애니메이션 등 글로벌 시장에서 인기가 높은 K콘텐츠 채널이 다수다. 빈지코리아에는 "NEW KFOOD"와 같은 큐레이션 채널뿐만 아니라 "로보카폴리" 같은 키즈 프로그램 등 단일 프로그램을 중심으로한 싱글 IP채널도 다수 서비스하고 있다.

02. 새로운 한류의 중심지 FAST

FAST 채널과 서비스 이용자가 성장하면서 K콘텐츠의 유통 채널로도 FAST의 역할이 확대되고 있다. 2025년은 'K-FAST'의 원년이 될 가능성이 높다. 폭스(FOX)의 FAST 투비(Tubi)는 K콘텐츠관을 열었고 CJ ENM 영화나 드라마를 볼 수 있는 채널도 오픈했다. 해외에서 FAST를 통해 한국 영화를 보는 관객들도 늘고 있다. 국내 FAST의 시작이 드라마나 K팝 콘텐츠였지만 2025년에는 K영화가 본격적으로 FAST에 유통될 가능성이 높다.

FAST 채널에서의 한국 콘텐츠 유통을 긍정적으로 보는 이유는 FAST의 가장 큰 시장인 미국에서 '아시아인'들의 FAST 이용이 증가하고 있다는 점 때문이다. LG 애드 솔루션스가 최근 내놓은 자료(The Inclusive Screen: Asian

American)에 따르면 아시아계 미국인들은 다른 인종(흑인, 히스패닉)에 비해 무료 광고 기반 채널 이용을 선호한다. 10명 중 8명(75%)가 FAST 채널을 좋아했는데 이는 다른 인종에 비해 8% 정도 높은 비중이다. 56%는 일주일에 2시간 이상 FAST 채널을 이용한다. 이들 아시아인들은 K-콘텐츠의 주된 핵심 팬층이기도 하다.[129]

03. 가격 인상과 이탈과 복귀

2024년 수익성 향상을 위해 스트리밍 서비스 가격을 지속적으로 높인 사업자들은 2024년 말과 2025년에도 월 이용 가격 인상에 나설 것으로 보인다. 광고 기반 상품의 가격과 광고 없는 상품 가격을 동시에 올릴 가능성이 크다. 지난해 흑자 전환을 계획했던 디즈니+와 파라마운트+ 등도 한 차례 가격을 올렸고 디즈니는 지난 10월에도 월 이용료를 인상했다. 2025년에도 '스트림플레이션'이 계속될 가능성이 크다.

특히, 새로운 콘텐츠나 올림픽, NFL 등 특정 이벤트가 예정된 전후로 가격이 오른다. 맥스(Max)는 <하우스 오브 드래곤(House of the Dragon)> 시즌 2가 방영되기 며칠 전에 가격을 인상했고, 피콕은 2024년 하계 올림픽에 맞춰 7월에 가격을 올렸다.

각종 설문 조사에 따르면 잇단 구독 가격 인상으로 사용자들은 스트리밍에 대한 지출이 한계에 다달았다. 허브 엔터테인먼트가 지난 2024년 6월 미국 성인 1,600명을 대상으로 조사한 바에 따르면 2024년 스트리밍 서비스 구독에 쓸 수 있는 돈(87달러)과 실제 쓰는 돈(82달러) 사이에는 5달러 밖에 여유가 없었다. 2023년에는 같은 질문에 차이가 3달러(88달러 여력에 85달러 직접 집행)였다. 스트리밍 서비스 월 이용 가격은 계속 올라 넷플릭스의 가장 비싼 요금제(프리미엄)는 월 22.99달러까지 높아졌다.

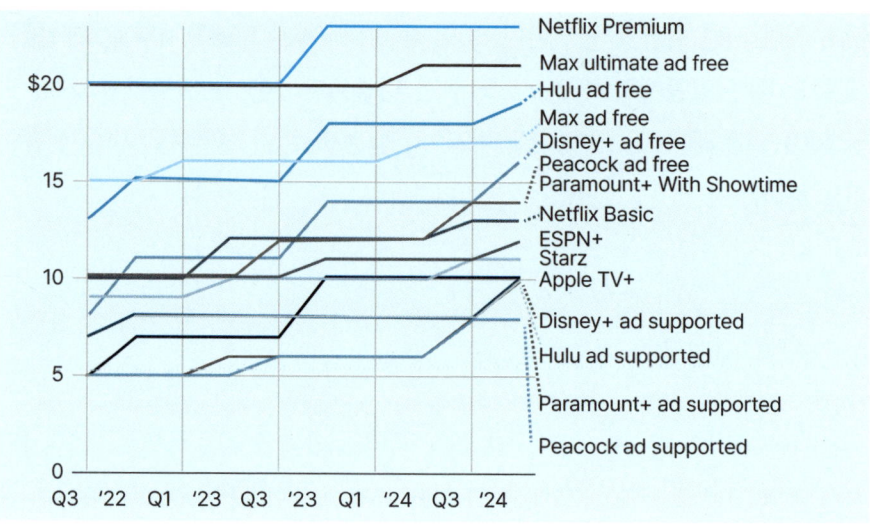

<그림35> 미국 OTT 서비스 가격 인상 현황

출처: 버라이어티

이에 많은 소비자들이 이탈과 복귀(churn and return) 전략을 계속 사용할 것으로 보인다. 자신들이 좋아하는 콘텐츠가 나올 때 일시적으로 구독했다가 해지하는 작업을 반복적으로 진행하는 것이다. 이런 관행은 스트리밍 서비스들의 월 이용 가격 인상을 유도할 것으로 보인다.

04. AVOD의 증가

스트리밍 서비스 구독 가격이 높아지자 광고 기반 스트리밍 서비스(AVOD)에 대한 인기가 높아지고 있다. 저렴한 비용에 더 많은 콘텐츠를 보고 싶어하는 소비자들은 점점 더 싼 서비스를 찾고 있다. AVOD의 인기 증가는 스트리밍 서비스에게도 유리하다. 광고 없는 요금제 구독자보다 AVOD 요금제 구독자로부터 더 많은 수익을 거둘 수 있는 경우가 많다. 옴디아는 2027년 글로벌 스트리밍 광고 매출이 500억 달러를 돌파할 것으로 보고 있다.

2024년 아마존 프라임 비디오가 스트리밍 서비스 광고 시장에 들어온 이후,

애플 TV+를 제외한 대부분 메이저 스트리밍 서비스들이 광고를 수익 모델로 채택하고 있다. 이용자들도 늘고 있다. 안테나에 따르면 2024년 5월 기준 넷플릭스 구독자의 39%가 광고 기반 상품 구독자로 조사됐다.

아마존 프라임의 성공을 본 애플TV+도 조만간 광고 시장에 뛰어들 수도 있다. 물론 시청자 참여는 AVOD 성공의 가장 큰 열쇠다. 광고 시장에서도 시청자들이 플랫폼에서 보내는 시간이 매우 중요하다.

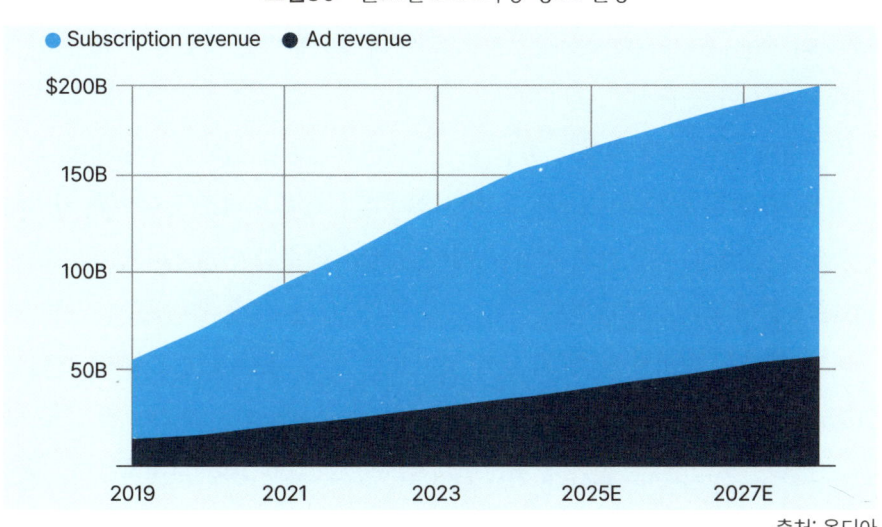

<그림36> 글로벌 스트리밍 광고 전망

출처: 옴디아

05. 미디어 업계의 협력 확대: 번들링(Bundling)과 합종연횡

2025에는 글로벌 사업자들의 생존을 위한 합종연횡이 더욱 가속화될 것으로 보인다. 특히, 경쟁 서비스들이 서비스를 묶어 제공하는 번들링(Bundling)은 더 고도화되고 늘어날 것으로 전망된다.

미국 스트리밍 서비스에서는 케이블TV와 유사한 채널 패키징이 계속 나오고 있다. 디즈니의 번들 구성이 가장 활발하다. 디즈니+, 훌루(Hulu) 등 자신들이 가진 스트리밍 서비스를 묶어 제공하는가 하면, 경쟁사인 맥스(Max)와도 손을 잡았다. 컴스트(Comcast)는 넷플릭스, 피콕(Peacock), 애플TV+를 묶어서 제공하는 묶음 서비스를 런칭했다.

스트리밍 서비스 사업자들이 번들링을 하는 이유는 이탈(Churn)을 막기 위한 성격이 강하다. 아울러 다양한 구독자를 늘려 수익을 높이고 싶은 의지도 있다.

안테나에 따르면 미국 기반 스트리밍 서비스는 2024년 2분기 4,530만 명이 구독했고, 4,330만명이 이탈했다. 순증가는 190만 명이었다. 경험상으로 볼 때 하나만을 구독하는 사람들 보다 피콕, 파라마운트+, 맥스를 함께 가입한 고객은 해지할 가능성이 낮다.

번들링이 이탈을 몇 포인트 줄일 수는 있지만, 생존을 위해선 번들링이 충분하지 않다. 일부 회사들은 신규 고객을 유치하기 위해 서비스를 할인된 가격에 판매하고 있다. 하지만 현재 번들은 케이블TV와 비슷하지 않으며 고객은 여전히 여러 앱에 액세스해야 한다.

이런 점에서 케이블TV와 유사한 스트리밍 번들 플랫폼이 확산되고 있고 2025년에는 보다 커질 것으로 예상된다. 애플, 아마존, 차터와 컴캐스트 등 다른 스트리밍 서비스를 묶어 유통하면서 플랫폼으로의 진화를 시작했다. 모든 기업은 넷플릭스와의 번들을 원하지만 넷플릭스는 단독 서비스만으로도 고객 유입력이 크다.

번들링보다 강력한 협업 방법은 조인트 벤처를 만들거나 서비스를 아예 통합하는 것이다. 스트리밍 서비스를 통합해 유통하는 콘텐츠를 늘리거나 플랫폼 오리지널을 만드는 방식이다.

컴캐스트와 파라마운트가 유럽에서 협업한 방식이 대표적이다. 두 회사는 2024년 2월 유럽 20여 개국에 '스카이쇼타임(Skyshowtime)'이라는 해외향 스트리밍 서비스를 내놨다. 유니버설 픽쳐스, 파라마운트 픽쳐스, 니켈로데온,

드림웍스 애니메이션, 파라마운트+, 쇼타임, 스카이 스튜디오, 피콕 등의 작품이 유통되며 향후 오리지널과 특정 국가에 특화된 콘텐츠도 만들 계획이다. 맥스 역시 해외 진출에는 현지 파트너와 손을 잡는 경우가 많다.

워너미디어디스커버리는 맥스의 일본 진출을 선언하고 일본의 유넥스(U-Next)와 손을 잡는다고 밝혔다. 맥스의 아시아 진출은 처음이다. '맥스 온 유넥스트(Max on U-Next)'는 기본적으로 유넥스트 플랫폼 위에 맥스 브랜드가 포함되는 시스템이다. WBD의 2,500여개 콘텐츠와 1만 6,000여개 에피소드가 제공될 예정이다.

HBO, 해리포터(Harry Potter)의 DC유니버스(DC universe), 워너브러더스(Warner Bros). 카툰 네트워크(Cartoon Network), 디스커버리 채널(Discovery Channel), 애니멀 플래닛(Animal Planet) 등의 채널 콘텐츠가 서비스된다.

이런 통합에 대해 블룸버그(Bloomberg)는 '고위험, 고보상 선택(This is the high-risk, high-reward choice)'이라고 설명했다. 위험하지만 보상은 확실할 수 있다는 이야기다.

피콕과 파라마운트+가 통합 서비스될 경우 일요일 하루 종일 미식축구 경기가 방송될 수 있으며 풍부해진 어린이 프로그램도 디즈니와 대적할 만하다. 맥스 HBO와 CBS 드라마, 리얼리티 프로그램이 합칠 경우 파괴력이 있어 보인다. 패널애널리틱스에 따르면 Max를 피콕(Peacock) 또는 파라마운트+(Paramount+)와 결합하면 다른 어떤 서비스보다 사람들이 보고 싶어 하는 영화와 TV 프로그램의 점유율이 높다.

이런 통합은 시간이 많이 걸리고 경쟁사와 규제 기관의 도전을 받기도 한다. 실제 워너와 디즈니, 폭스의 스포츠 부문 스트리밍 서비스 베누(Venu)는 독과점 우려에 법원이 출범을 막았다. 그러나 대외 시장 환경으로 2025년에는 이런 통합이 계속될 수 있다.

2025 OTT 전망

국내

01. 티빙과 웨이브의 합병은 성사될까?

티빙-웨이브 합병 여부는 국내 OTT 시장의 지형을 바꿀 가장 결정적인 전환점이 될 수도 있을 것으로 보인다. 국내 OTT 시장의 경쟁 구도는 어느 정도 판도가 굳어진 모양새다. 2023년 OTT 전망에서 국내 OTT 시장의 구도가 4강(넷플릭스, 티빙, 웨이브, 쿠팡플레이) 혹은 1강(넷플릭스) 3중(티빙, 웨이브, 쿠팡플레이)의 구도가 형성될 것이라고 예측한 바 있는데, 현재는 1강(넷플릭스), 3중(티빙, 쿠팡플레이, 웨이브)의 구도에 가까운 것으로 보인다. 하지만 웨이브는 MAU 측면에서 티빙과 쿠팡플레이에 계속해서 뒤처지고 있다.

디즈니+가 고전을 면치 못하고 있는 가운데 왓챠는 경영효율화 기조를 이어 나가면서 틈새 시장을 지속적으로 공략할 것으로 보인다. 결국 경쟁의 구도는 넷플릭스, 티빙, 쿠팡플레이, 웨이브 중심으로 형성될 것이고, 이와 같은 구도 속에서 티빙과 웨이브가 합병하여 시너지를 창출한다면 국내에서 넷플릭스와 대등한 경쟁을 펼칠 수 있는 사업자가 등장할 수 있다.

국내에서의 경쟁 구도 못지않게 중요한 것은 글로벌로 진출이 가능한 플랫폼의 등장이다. 이를 위해 티빙-웨이브 합병이 아니라도 규모의 경제를 구현할 수 있는 국내 플랫폼의 등장이 필요하다.

02. 국내 OTT 시장은 새로운 성장 동력을 확보할 수 있을 것인가?

여러 차례 언급했던 것처럼 국내·외 OTT 시장은 성장 한계에 직면한 상황이다. 성장 동력을 확보하기 위해서는 큰 틀에서 내수시장에서 국내 OTT 사업자들이 경쟁력을 제고하는 방안, 글로벌 진출을 통해 내수시장의 한계를 극복하는 방안으로 나누어 고민해 볼 수 있다.

내수시장에서 국내 OTT 사업자들이 경쟁력을 제고하기 위해서는 가입자를 늘리거나 디지털 시장에서 광고 경쟁력을 제고하거나 CJ ENM의 <선재 업고 튀어>의 사례와 같은 IP 기반 비즈니스를 하는 방안 등을 고려해 볼 수 있다. 사업자들의 전체 MAU가 대체로 박스권에 갇혀 있는 상황에서 가입자 시장이 늘어나기를 기대하기는 쉽지 않아 보인다.

한 가지 변수는 위에 언급한 티빙과 웨이브의 M&A다. 티빙이 웨이브를 인수한다면 단기간 내에 가입자를 큰 폭으로 확대할 수 있다. 하지만 국내 가입자 시장 규모 확대는 국내 OTT 사업자 입장에서 한계가 존재하는 비즈니스 모델이다.

다소 주춤한 상황이기는 하나 여전히 국내에서 가장 영향력 있는 OTT 사업자는 넷플릭스다. 대한민국 오리지널 콘텐츠의 가치가 넷플릭스 입장에서 과거만 못하다는 분석도 나오지만 넷플릭스는 앞으로도 대한민국 오리지널 콘텐츠를 글로벌 시장에서 주요한 경쟁 자원으로 활용해 나갈 것이다. 인구통계학적 구도의 변화에 따라 점진적으로 OTT를 이용하는 인구가 늘어나겠지만 현재의 상황에서 가입자 순증을 통해 성장을 도모하기는 어려워 보인다. 즉, 개별 사업자 입장에서 가입자 이탈 방지와 신규 가입자 유치를 위해 노력해야 하는 것은 당연하지만 유의미한 성장을 거두기 어려운 것이 국내 OTT 시장의 현실이다.

결국 국내 OTT 사업자는 사업자별 특성에 맞는 전략을 세우는 것이 중요해졌고, 2024년은 어느 해보다 그러한 전략이 두드러지게 나타났던 한해였고, 이와 같은 흐름은 2025년에도 이어질 가능성이 높다. 티빙은 2025년에도 적극적인 투자를 이어 나갈 것이다. 티빙은 CJ ENM과 티빙이 각각 오리지널에 과감한 투자를 지속하고, 스포츠 중계권을 확보해 나가면서 경쟁력 강화에 박차를 가할 것이다. 웨이브는 티빙과의 합병 여부에 따라 포지셔닝을 결정해야 할 상황에 처해 있다.

쿠팡플레이는 요금을 인상했기 때문에 쿠팡플레이를 통해 구독자의 만족도를 높여 가입자 이탈을 방지하는 것이 더욱 중요하고도 어려운 과제가 되었다. 쿠팡플레이는 스포츠 중계를 중심으로 쿠팡플레이의 경쟁력을 높이기 위한 적극적인 투자를 지속할 것이라 전망된다. 디즈니+는 어려운 상황 속에서도 국내 투자를 줄이는 어려워 보인다. 왓챠는 효율화 기조를 이어나갈 전망이다.

국내 OTT 사업자 입장에서 협소한 내수시장의 한계를 극복하기 위해서는 결국 글로벌화 등을 통해 시장의 파이를 확대하는 수밖에는 없다. 2025년에는 협소한 국내 시장의 한계를 극복할 수 있는 전기를 마련할 수 있기를 기대해 본다.

03. OTT는 디지털 광고시장에서 유의미한 플레이어가 될 수 있을 것인가?

OTT 시장에서 광고가 차지하는 중요성 높아지고 있지만, 국내에서 OTT 사업자는 아직 디지털 광고 매체 중 주요 매체로 자리잡기에는 상당한 시간이 소요될 것으로 전망된다. 국내에서는 디지털 동영상 광고 시장에서 유튜브가 압도적인 점유율을 차지하고 있는 가운데 인스타그램과 페이스북 등 메타 계열 회사들이 그 뒤를 따르고 있다. 국내 사업자 중 존재감을 두드러지게 보이고 있는 사업자는 네이버 정도이지만 글로벌 사업자들과의 격차는 상당하다.

국내 방송광고 시장이 크게 위축되어 있는 가운데 기존에 방송 사업을 하다가 OTT로 진출한 사업자들 입장에서는 OTT를 통해 방송에서 줄어든 광고를 상쇄하고자 하는 니즈가 존재할 수 있다. 또한, 디지털 광고 시장에서 글로벌 사업자가 차지하는 비중이 높아지는 점을 고려한다면 국내 전체 미디어·콘텐츠 산업 입장에서 국내 OTT 사업자가 광고 시장에서 성장한다면 산업 전반의 지속가능한 성장에 긍정적으로 작용할 수 있다. 이런 측면에서 2025년 국내 OTT 사업자가 광고시장에서 성장하는 것은 의미 있는 일이 될 것이다.

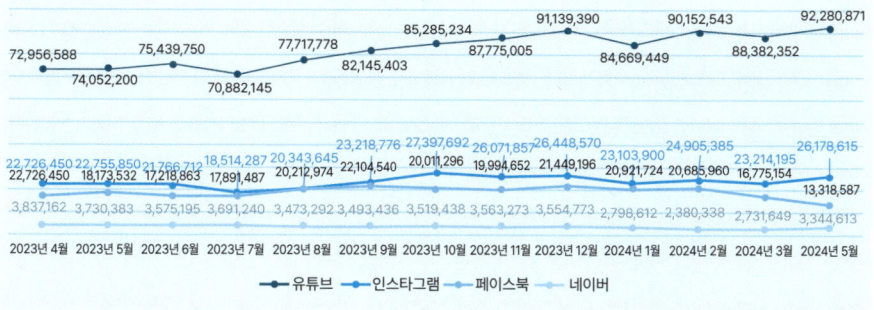

<그림37> 국내 동영상 광고 Top 매체 광고비 현황

출처: Research AD 동영상 광고 리포트 기반으로 작성[130]

국내 OTT가 디지털 광고시장에서 광고로 성장하기 위해서는 콘텐츠 경쟁력이 가장 중요하지만 유연한 요금 적용과 기반 기술의 확보 등도 중요하다. 또한, SNS 기반 동영상 시장이 상대적으로 떨어지는 신뢰도를 제고할 수 있는 다양한 노력도 필요하며, 정부에서 신뢰성 있는 광고 관련 지표를 만들어 OTT 광고시장의 공신력을 높이는 것도 하나의 방안이 될 수 있을 것으로 보인다.

과기부, 방통위 등 관련 부처에서도 OTT 광고 시장의 경쟁력 강화를 통한 국내 OTT 산업의 경쟁력 제고를 위해 노력할 필요가 있다. 앞서 언급한 공신력 있는 지표 마련, 생성형 AI 등 관련 기술에 대한 지원 등을 검토해 볼 필요가 있다.

04. 드라마 제작 감소, 예능 제작 확대 경향이 OTT 시장에서도 나타날 것인가?

　국내 영상산업 시장 전반이 위축되면서 많은 제작비가 소요되는 드라마 제작은 감소하고 상대적으로 제작비 부담이 적은 예능 콘텐츠 제작이 확대되어 가고 있다. OTT 서비스에서 드라마는 신규 가입자 유인에 도움을 줄 뿐 아니라 기존 가입자의 체류 시간을 늘려줘 가입자 이탈 방지에도 도움에도 유용하다. 하지만 드라마가 가진 최대의 단점은 많은 제작비가 소요된다는 것이다.

　예능의 경우 단순히 가성비 측면이 아니라 숏폼 중심 영상 소비 환경 등 가벼운 형식의 콘텐츠에 대한 선호도가 높아지고 있다는 점도 예능이 어필할 수 있는 장점이라고 할 수 있다. 넷플릭스는 2024년에도 지금까지와 마찬가지로 적극적으로 국내 드라마를 제작했지만 국내 진출 후 가장 많은 예능을 제작했다. 웨이브는 드라마 제작을 하지 않으면서 예능 위주로 오리지널을 제작했고, 쿠팡플레이는 <SNL> 시즌6를 선보인다.

　OTT에서도 기존의 방송과 같이 예능의 비중은 늘어날 전망이다. 하지만 방송과 같이 드라마의 비중이 급격히 줄어들지는 않을 것으로 보인다. OTT의 경우 드라마 출시되었을 때의 마케팅 효과가 매우 크기 때문이다. 2025년 국내 OTT 시장에서 예능이 어떠한 역할을 할 것인지 예의주시해야 할 필요가 있다.

5) 스포츠와 애니메이션 장르의 가치는 앞으로도 높아질 것인가?

　국내 OTT에서 스포츠가 갖는 가치는 2025년 더욱 높아질 전망이다. 스포츠 중계에 대한 투자는 티빙과 쿠팡플레이가 주도하고 있다. 티빙의 경우 CJ ENM이 어려운 상황 속에서도 과감한 투자를 이어 나가고 있는 가운데 KBO의 성공을 발판으로 더욱 다양한 스포츠 중계권을 확보해 나가고 있는 모양새다. 쿠팡플레이는 스포츠 중계가 시그니처로 자리 잡은 플랫폼인 만큼 스포츠 투자에 더욱 적극적으로 나설 가능성이 높다.

OTT에서 광고가 중요한 BM으로 부각될수록 스포츠 장르는 중요해질 수밖에 없다. 스포츠는 실시간성 측면에서 가장 가치 있는 콘텐츠이기 때문이다. 특히, 티빙과 쿠팡플레이가 명확한 성과를 거두었기 때문에 이 두 사업자는 앞으로도 투자할 유인이 높으며, 여력이 있는 다른 사업자들도 스포츠 중계에 뛰어들 가능성을 배제하기 어렵다.

영상산업의 본질적인 특성은 이용자에게 익숙하면서도 낯선 것을 제공해야 성공의 가능성이 높아진다. 그런 측면에서 OTT 사업자들도 장르의 다양화를 꾀하는 것이 중요한데 새로운 장르에 대한 투자를 높이기 위해 필요한 것은 성공가능성이다. 그런 측면에서 애니메이션은 장점이 많은 장르다. 앞서도 언급한 것처럼 마니아에게 소구할 수 있는 장점이 많은 장르면서도 보편성을 획득한 장르라는 강점을 가지고 있다고 할 수 있다.

이러한 장점을 활용해 넷플릭스는 애니메이션을 통해 글로벌 경쟁력을 높이고 있고, 라프텔은 마니아층을 공략해 시장에 안착하는 데 성공하고 있다. 2025년에도 OTT 시장의 경쟁은 치열하게 전개될 것이고, 기존 장르에 대한 피로감은 높아질 가능성이 있기 때문에 각각 특장점을 가지고 있는 스포츠와 애니메이션에 대한 수요는 더욱 높아질 전망이다.

128) 노창희 (2023). 국내 OTT 산업의 지속 가능한 발전을 위한 정책과제. <국내 OTT플랫폼 역차별 폐지 및 지원 정책 세미나' 발제문>
129) https://www.nexttv.com/news/lg-study-asian-american-viewers-prefer-streaming-ads
130) 노창희 (2024). 22대 국회에 바라는 OTT 산업 진흥을 위한 정책 방향. <한국방송학회-미디어정책학회-한국OTT포럼-디지털산업정책연구소 공동주최 '22대 국회에 바라는 OTT 산업 진흥을 위한 정책과제' 발제문>. 재인용

05
OTT 현황

OTT 현황

해외

01. 넷플릭스

2019년 디즈니+와 애플 TV+의 시장 진입으로 촉발된 스트리밍 1차 대전은 넷플릭스의 승리로 귀결되는 모양새다. 넷플릭스는 2024년 2분기 약 880만 명과 3분기 507만 명의 신규 가입자를 추가하여 전 세계 총 가입자 수가 약 2억 8,272만 명에 도달했다. 이는 강력한 콘텐츠 라인업과 광고 지원 요금제의 성장이 주요 원인으로 작용했다. 넷플릭스는 글로벌 확장 및 라이브 스포츠와 같은 새로운 콘텐츠 형식 도입을 통해 지속적인 성장을 이루고 있다.

이제 시장은 넷플릭스와 이외 사업자 간 경쟁으로 양분되고 있다. 이른바 '넷플릭스 바운스'는 2024년 휩쓴 스트리밍 업계 트렌드다. 넷플릭스의 성공은 오리지널과 함께 시장에서 사들인 라이브러리 IP들이 큰 성과를 냈기 때문이다. 넷플릭스는 의심할 여지없이 다른 어떤 플랫폼보다 더 많은 시청자에게 가장 많은 콘텐츠를 제공하고 있다. HBO의 '섹스앤더 시티(Sex and the City)와 같은 콘텐츠도 다시 확보하면서 명실공히 '오리지널과 라이브러리'를 모두 골고루 보유한 플랫폼이 됐다.

<그림38> 넷플릭스에 가장 많이 시청한 글로벌 콘텐츠

출처: 버라이어티

하지만 넷플릭스 역시 모든 콘텐츠를 성공시킬 수 없다. 넷플릭스에서 공개된 라이브러리 콘텐츠 중 시장 초반의 기세를 이어가지 못한 사례도 많다. NBC의 <Girls5eva>는 공개 초기 큰 인기를 끌었지만, 주가 거듭될 수록 관심이 떨어졌다. 이에 반해 법률 드라마 <Your Honor>는 넷플릭스에 강세를 보였다. 넷플릭스도 30년이 넘는 역사를 지난 만큼, 장점과 단점에 생겨났다. 넷플릭스가 모든 장르에 강한 것은 아니다.

한편, 넷플릭스의 비밀번호 공유 제한 정책은 2022년 라틴 아메리카에서 적용된 이후 큰 성공을 거뒀다. 넷플릭스는 시장 1위 사업자 지위를 앞세워 글로벌 스트리밍 가격 인상을 주도하고 있다. 비밀번호 공유 제한 혹은 유료 비밀번호 공유 상품 출시가 가능한 이유도 여기 있다. 비밀번호 공유 제한 역시, 넷플릭스가 앞장서고 디즈니와 맥스가 따라왔다.

02. 디즈니+

디즈니+는 2024년 9월부터 미국, 캐나다, 유럽, 아시아-태평양 지역에서 계정 공유 제한 정책을 본격적으로 시행했다. 엑스트라 멤버(Extra Member) 옵션을 도입하여 가구 외 1명에게 계정 공유를 허용하되, 추가 요금을 부과한다. 미국의 경우 베이직(Basic) 요금제는 월 $6.99, 프리미엄 요금제는 월 $9.99의 추가 비용이 발생한다.

2024년 10월부터 구독료 인상도 단행했다. 미국의 경우 광고 지원 베이직 요금제는 $8에서 $10로, 광고 없는 프리미엄 요금제는 $14에서 $16로 인상됐다.

2024년 10월 17일부터 핀란드, 네덜란드, 포르투갈에서 광고 지원 요금제를 도입하여 유럽 내 서비스를 확대했다.

콘텐츠 제작 방향도 바뀌었다. 마블 스튜디오 콘텐츠 제작을 축소하고 품질에 집중하는 전략을 채택했다. TV 시리즈는 연간 4편에서 2편으로, 영화는 4편에서 2-3편으로 줄였다.

한국 오리지널 콘텐츠에 대한 투자를 확대하고 있으며, <삼식이 삼촌>, <조명가게> 등의 작품을 주요 기대작으로 내세우고 있다. 2024년 2분기 미국과 캐나다 지역에서 800만 명의 구독자가 증가했다. 이는 주로 차터 커뮤니케이션(Charter Communications)과의 제휴 계약 덕분이다.

03. 훌루

디즈니(Disney)는 자사 스트리밍 전략을 재편하려는 움직임으로 훌루 완전 인수를 고려하고 있다. 2024년 10월 현재 아직 완료되지 않았다.

이번 협상은 디즈니와 컴캐스트 간의 오랜 지분 정리 과정의 연장선에 있다. 디즈니는 현재 훌루의 67% 지분을 보유하고 있으며, 나머지 33%는 컴캐스트(Comcast)가 소유하고 있다. 양사는 2024년 이전에 훌루의 가치평가에 기반하여 최종적으로 지분 문제를 해결할 계획을 세우고 있다.

2024년 현재 디즈니와 컴캐스트 간의 훌루(Hulu) 매각 협상은 더욱 구체화되고 있다. 디즈니는 자사의 스트리밍 전략을 강화하기 위해 지분 재구성을 본격적으로 논의 중이다. 디즈니는 최근 몇 년 동안 자사의 디즈니+와 ESPN+와 함께 훌루를 새로운 포트폴리오에 넣어 번들링을 강화하는 방향으로 사업을 진행하고 있다. 2024년 상반기, 디즈니와 컴캐스트(Comcast)는 훌루의 가치를 약 270억 달러로 평가했으며, 이 가치를 기준으로 지분 재구매 또는 매각 협상이 진행되고 있다.

그러나 디즈니의 지분 인수는 난항을 겪고 있다. 스트리밍 서비스 통합과 번들링이 일상화되면서 훌루의 가치와 중요성이 증대됐기 때문이다. 훌루는 미국에서 두 번째로 큰 스트리밍 서비스로, 양사 모두에게 전략적으로 중요한 자산이다. 디즈니는 204년 8월 NBC유니버설의 스트리밍 업체 지분 33% 인수를 완료하려면 최대 50억 달러를 더 지불해야 될 수도 있다고 밝히기도 했다. 컴캐스트는 지분 매각을 통해 얻은 수익을 주주들에게 환원할 계획이다.

이번 협상의 결과는 스트리밍 시장의 판도를 바꿀 수 있는 중요한 사건으로, 양사의 향후 전략과 시장 구도에 큰 영향을 미칠 것으로 예상된다.

04. Max

맥스(MAX)는 HBO, CNN 등의 프리미엄 채널, 워너스튜디오 등을 보유하고 있는 워너브라더스.디스커버리(WBD)가 운영하고 있다. 2023년 5월 23일에 HBO 맥스를 대체하여 출시됐다.

WBD CEO 데이비드 자슬라브(David Zaslav)는 2024년 5월 9일 실적 발표 자리에서 스트리밍 투자 전략 변화를 예고했다. 맥스는 이제 맹목적인 오리지널 투자보다 시장에 적합한 패키지와 마케팅을 강화하다는 것이 골자다. 그리고 그들이 잘하는 데 집중한다. 자슬라브는 "스트리밍 패키지와 마케팅이 스트리밍 서비스와 스튜디오의 미래"라며 "사람들이 콘텐츠를 보는 방식이 재편될 가능성이 높다. 앞으로는 스트리밍 서비스는 얼마나 많다는 것보다 얼마나 좋은가가 중요해질 것"이라고 강조했다. 그는 또 " 2~3년 후에는 스트리밍 비즈니스 지형이 매우 달라질 것"이라고 설명했다.

맥스는 2024년 다양한 협업을 발표했다. 생존과 서비스 확대를 위해서다. WBD는 디즈니(Disney)와 함께, 디즈니+, 훌루(Hulu)와 맥스(MAX)의 번들 상품을 내놓겠다고 밝혔다. 이에 앞서 자슬라브는 디즈니, 폭스 등과 함께 스포츠 통합 스트리밍 '베누(Venu)'를 내놓기도 했다.

2024년 1분기 실적 발표 후 자슬라브 WBD 대표는 폭스와 디즈니와 함께 만드는 스포츠 스트리밍 번들, 디즈니+와 훌루(Hulu)와 함께 만드는 일반 스트리밍 번들을 언급하며 '넷플릭스와 아마존 프라임'과 경쟁하고 수익성을 높이기 위한 전략'이라고 설명했다. 그는 "경쟁 스튜디오와 협력해 시장 선두주자인 넷플릭스 및 아마존 프라임 비디오와의 경쟁에 맞서 수익성을 높이기 위한 전략"이라고 설명했다.

2024년 1분기 실적 발표에서 데이비드 자슬라브는 "스트리밍 부문(DTC, 유료 방송, 프리미엄 유료 방송)에서 8,600만 달러 수익을 올렸다. 1년 전 5,000만 달러에 비해 크게 늘었다"고 말했다. 2023년 흑자 전환 이후 2년 연속 긍정적인 결과다. 맥스 스트리밍 서비스 구독자는 9,960만 명으로 2023년 말 기준 9,770만 명에 비해 소폭 늘었다. 스트리밍 사업 매출은 24억 6,000만 달러로 큰 변동이 없었다.

맥스는 미국에 이어 유럽과 라틴 아메리카, 아시아로 서비스를 확대했다. 2024년 3분기에도 이런 확장으로 600만 명 이상의 신규 구독자가 증가했다. 2023년 말 기준 9,580만 명이었던 전 세계 구독자 숫자는 2024년 1억 명을 돌파했다.

05. 파라마운트+

파라마운트(Paramount)는 스트리밍 서비스 파라마운트+ 수익성 확대에 올인하고 있다. 파라마운트+ 이용 가격(월)을 2024년 8월 20일부터 인상한 데 이어 CBS, BET, 코미디 센트럴, MTV, 니켈로디언, 파라마운트 픽처스 등의 프로그램에 대한 스트리밍 액세스(광고 포함)를 제공하는 파라마운트+에션셜(Paramount+ Essential)을 출시했다. 파라마운트+는 미국에서 월 2달러 인상된 7.99달러에 제공되고, 파라마운트+/쇼타임은 1달러 인상한 월 12.99달러이다.

미국 케이블TV 1위 사업자 차터 커뮤니케이션스(Charter Communications)는 2024년 8월 22일 전미 케이블TV패키지 가입자(Spectrum TV Select 및 Mi Plan Latino)들에게 추가 요금 없이 파라마운트+에센셜 스트리밍을 제공한다고 밝혔다.

이 결합 상품은 지난 5월 파라마운트와 차터 간 프로그램 사용료 재협상 과정에서 도출됐다. 파라마운트는 사용료 인상을 요구했고 차터는 거부했다. 여러 차례 회의 끝에 프로그램 사용료를 인상하는 대신, 파라마운트는 자사의 스트리밍을 케이블TV 구독자들에게 무료로 제공하는 옵션을 제시했다. 이전 디즈니가 차터와 맺은 계약과 유사하다.

파라마운트+는 한국 철수 등의 영향으로 2024년 2분기 280만 명의 구독자가 줄어든 6,800만 명의 가입자를 기록했다. 파라마운트 글로벌은 스트리밍 구독자 수의 경우 파라마운트+ 에센셜을 활성화한 차터 고객만 포함할 것이라고 밝혔다.

파라마운트 글로벌은 파라마운트+가 출시 이후 처음으로 2024년 2분기 흑자를 기록했다고 밝혔다. 파라마운트 글로벌은 다른 레거시 미디어와 마찬가지로 TV매출 하락과 스트리밍 매출 확대에 안간힘을 쓰고 있다. 이런 가운데 2,000명이 넘는 정리해고를 실시하고 비용 절감(5억 달러)도 단행했다. 파라마운트의 MTV 등 케이블TV 사업은 산업 트렌드 변화로 60억 달러가 넘는 감가상각을 장부에 반영했다.

이 외에도 파라마운트 글로벌은 2024년 큰 변화를 겪었다. 오라클 창업주의 아들인 데이비드 엘리슨(David Ellison)에게 모회사 내셔널 어뮤즈먼트가 80억 달러에 매각됐기 때문이다.

06. 애플TV+

애플TV+는 2019년 11월에 출시됐다. 주로 오리지널 콘텐츠를 중심으로 운영된다. 애플TV+는 다른 스트리밍 서비스와 달리 대부분 자체 제작한 오리지널 프로그램을 제공한다. 대표적 작품으로는 <더 모닝 쇼>, <테드 라쏘>, <포올 맨카인드>, <세버란스(Severance)> 등이다. 특히, 주요 서비스 중 유일하게 완전히 광고 없이 운영된다.

하지만, 애플TV+는 다른 스트리밍 서비스와는 달리 독자적인 지위를 확보하고 있다. 애플 TV+는 2024년 초반 빠른 성장세를 보인다. 칸타(Kantar)의[131] 데이터에 따르면 2024년 1분기에 주요 시장에서 가장 빠르게 성장한 주요 SVOD 서비스였다.

안테나 자료에 따르면 2024년 2분기 미국 SVOD 신규 가입자 중 애플 TV+의 점유율은 8%를 기록했다. 이는 다른 유료 스트리밍 Discovery+(3%)와 Starz(7%)를 앞서는 수치다.[132] 2024년 7월 발표된 제76회 에미상 후보에서 애플 TV+는 역대 최다인 72개 부문에 지명되기도 했다. 2024년 애플 TV+는 <파친코 2>도 공개해 큰 주목을 받았다.

애플 TV+는 출시 5년 차에 접어들면서 안정기에 접어들고 있다. 특히, 중국 시장 진출 가능성 등으로 인해 향후 성장이 기대된다.

07. FAST의 TV화를 주도하는 아마존, 구글

최근 FAST 시장에서 아마존과 구글은 주요한 역할을 하며 'TV화'를 이끌고 있다. 2024년 이런 트렌드는 더욱 가속화됐다. 이 두 글로벌 빅테크 기업은 이미 온라인 광고와 스트리밍 서비스에서의 강력한 입지를 바탕으로, 전통적인 TV 시청 경험을 새로운 디지털 환경으로 전환하는 데 주력하고 있다.

아마존은 자사의 커넥티드TV 파이어(Fire TV) 플랫폼을 통해 수많은 FAST 채널과 다양한 콘텐츠를 제공하고 있다. 더불어 아마존 프라임 비디오와 프리비(Freevee)를 적극 활용하여 더 많은 무료 콘텐츠를 시청자들에게 끌어들이고 있다. 아마존은 소비자들에게 무료로 접근할 수 있는 다양한 엔터테인먼트를 제공하는 동시에, 광고 수익을 극대화하는 데 전략을 펴고 있다.

<그림39> 주요 FAST 서비스의 채널 현황

Provider	Freevee	Google TV	US channel	Peacock	Plex	Pluto TV	Roku Channel	Samsung TV plus
Gray Television	●	●	●			●	●	●
Hallmark Media	●	●			●	●	●	●
Hearst Media Production Group	●					●	●	●
Hubbard Broadcasting	●				●	●		
Lionsgate	●	●	●	●		●	●	●
MTV Entertinment			●					
NBCUniversal								
PBS	●	●	●			●	●	●
Sony Pictures								
Tastemade	●	●	●		●		●	●
TelevisaUnivision	●	●	●				●	
Trusted Media Brands	●	●	●			●	●	●
Vevo	●	●	●			●	●	
Warner Bros. Discovery	●		●			●	●	

구글 역시 구글TV와 유튜브를 통해 FAST 시장에서 강력한 영향력을 행

사하고 있다. 광고를 기반으로 콘텐츠를 무료 시청하는 유튜브는 또 다른 FAST로 볼 수 있다. 또한, 스마트TV와 안드로이드 TV 플랫폼(구글TV)을 통해 FAST 채널을 대거 유통하고 있다. 2024년 10월 현재 테이스트메이드 텔레비사유니비전, 베보(Vevo), 라이언스게이트(Lionsgate)와 같은 주요 콘텐츠 스튜디오들은 구글TV를 통해 FAST채널을 선보이고 있다. 특히, 구글은 방대한 데이터 분석 능력과 광고 네트워크를 활용해, 사용자 맞춤형 광고를 제공하고 광고주와의 협력을 강화하며 시장을 확대하고 있다.

이와 같은 움직임은 FAST 플랫폼이 단순한 디지털 스트리밍 서비스를 넘어, 전통적인 TV 시청 방식과 결합하여 새로운 형태의 TV 경험을 만들어 가고 있음을 보여준다.

08. 아마존 프라임 비디오

아마존 프라임 비디오(Amazon Prime Video)는 단순한 스트리밍 서비스가 아니라 전 세계에서 가장 큰 스트리밍 플랫폼으로 진화하고 있다.

프라임(Prime) 고객에게 아마존 오리지널과 라이선스 프로그램 및 영화를 제공하는 것 외에도 100개 이상의 스트리밍 서비스(맥스, 크런치롤 등)과 FAST 채널을 공급하고 있다.

2024년 글로벌 아마존 프라임 구독자는 2억 명 이상인 것으로 알려졌다. 2018년 1억 명에서 2022년 2억 명으로 4년 만에 구독자 수가 두 배로 증가했다. 프라임 구독자는 프라임 비디오도 무료로 시청할 수 있다. 2024년 미국 내 아마존 프라임 구독자 수는 약 1억 8,010만 명으로 추정된다. 2023년 6월 기준으로 미국 내 아마존 고객 중 71%가 프라임 회원이다. 2024년 미국 내 구독자 수는 전년 대비 약 460만 명 증가할 것으로 예상된다.[133]

<표20> 아마존 프라임 가입자 증가 현황

2017	2018	2019	2020	2021	2022	2023(e)	2024(e)
99.7	112.1	126.0	146.1	161.7	168.3	174.9	180.1

출처: Statista

아울러 스포츠 중계에도 진심이다. NFL과 NBA 권리도 확보했다. 다양한 플랫폼에서 모든 타이틀을 검색하면 구독에 포함되어 있거나 구매가 가능한지 여부에 관계없이 아마존 프라임(Amazon)에서 찾을 가능성이 높다.

프라임 비디오(Prime Video)는 광고 시장에서도 점유율을 높이고 있다. 2024년 1월 광고모델을 출시했다. 모든 구독 상품에 광고를 포함한 것이다. 디인포메이션에 따르면 아마존은 최근 마무리된 2025년 광고 선판매(업프런트) 시장에서 18억 원 이상의 광고를 유지한 것으로 알려졌다. NFL 등 라이브 스포츠 중계 영향이 컸다.

미래도 밝은 편이다. 스태티스타에 따르면 18-34세 연령대의 인터넷 사용자 중 81%가 아마존 프라임 유료 회원이다. 밀레니얼 세대(76.9%)와 브릿지 밀레니얼 세대(79.7%)의 구독 비율이 가장 높다.

09. 프리비(Freevee)

아마존(Amazon)이 운영하는 무료 광고 지원 스트리밍 서비스(FAST)다. 이전에는 IMDb TV로 서비스했다가 2022년 4월 프리비로 리브랜딩 됐다. 영화, TV 프로그램, 오리지널 콘텐츠 등 다양한 콘텐츠를 무료로 제공한다. 아마존 프라임 비디오와 통합되어 있지만 별도의 서비스로 운영된다.

2024년 프리비는 오리지널 콘텐츠와 라이선스 콘텐츠를 지속적으로 확대했다. <보쉬: 레거시(Bosch: Legacy)>의 두 번째 시즌과 <톱 클래스(Top Class: The Life and Times of the Sierra Canyon Trailblazers)>의 추가 시즌이 제작 중이다.

아마존 프라임 비디오 오리지널 콘텐츠 중 일부가 프리비에서도 제공되고 있다. 2023년에 100개 이상의 프라임 오리지널이 프리비에 추가됐다. <주리 듀티(Jury Duty)>와 같은 혁신적인 포맷의 오리지널 콘텐츠가 프리비의 주요 콘텐츠 중 하나다. 아마존은 2024년 1월 말부터 프라임 비디오의 모든 콘텐츠에 광고를 도입했다. 프리비의 콘텐츠 전략에 변화가 생기고 있다.

<그림40> 미국의 주요 FAST 서비스

Service	Owner	%18-34s Watching at Least Weekly	% 35-49s Watching at Least Weekly	% 50-64s Watching at Least Weekly	General Entertainment Channels	Movie Channels	Music Channels	News& Opinion Channels	Sports Channels
ABC	Disney	0.1%	0.1%	0.1%	12	0	0	9	1
CW Channels	Nexstar	0.6%	0.6%	0.6%	47	7	0	0	0
Freevee	Amazon	17.7%	25.2%	25.2%	340	33	24	61	31
Goolge	Google	1.4%	1.4%	1.4%	73	11	8	21	12
LG Channels	LG	0.2%	0.5%	0.5%	197	40	19	49	21
Peacock	NBCUniversal	1.0%	2.0%	2.0%	16	1	0	10	0
Plex	Plex	0.1%	1.1%	1.1%	342	74	42	37	52
Pluto TV	Paramount	4.2%	10.7%	10.7%	270	42	24	37	26
Rock Channel	Roku	5.0%	10.0%	10.0%	294	53	35	95	37
Samsung TV Plus	Samsung	1.3%	1.6%	1.6%	244	29	42	115	24
Tubi	Fox	9.9%	13.1%	13.1%	105	14	0	118	23
Vizio Freestream	Walmart	0.4%	0.8%	0.8%	210	40	16	74	21
Xumo Play	Comcast & Charter	0.1%	0.8%	0.8%	219	34	19	59	28

출처: 버라이어티

10. 로쿠 채널

로쿠 채널은 미국 1위 스트리밍 플랫폼 로쿠(Roku)가 운영하는 FAST 채널이다. FAST 내 점유율을 확대하고 있다. 특히, 스포츠 장르를 FAST에 적극 포함하고 있다. 로쿠는 2024년 MLB와 파트너십을 체결하여 매주 일요일마다 로쿠 채널에서 라이브 경기를 방영하고 NBA와 비라이브 콘텐츠 방송 계약을 체결했다. 2024년 5월 현재 508개의 채널을 방송하고 있다. 독점 채널도 59개나 되는 등 FAST플랫폼 내에서 차별성도 분명하다.

로쿠 미디어 최고 콘텐츠 책임자 데이비드 에일렌버그(David Eilenberg)는 미국 언론 인터뷰에서 "음식 및 홈 장르와 더불어 스포츠는 광고 친화적이고 물아보기도 가능한 콘텐츠 중 하나"라고 언급했다. 로쿠채널은 다양한 플랫폼에 진출해 있으며 미국 내 소비자 도달률이 1억 2,000만 명 가량된다. FAST의 경우 높은 가격 때문에 스포츠 권리 확보에 큰 관심을 보이지 않고 있다. 하지만, 로쿠는 막대한 자금력을 이용해, 적극적으로 스포츠 판권 확보에 나서고 있다. 또 플랫폼 내에 스포츠 존을 만들어 자사가 보유하고 있는 콘텐츠 외 외부 스포츠 콘텐츠도 볼 수 있게 했다. 로쿠는 2024년 1분기 스트리밍 시간이 1년 전에 비해 66% 늘었다고 밝혔다. 매출 역시 증가했다. 로쿠에 따르면 로쿠 채널의 1분기 매출은 전년 대비 19% 증가했다.

로쿠 채널은 2024년 5월 기준 미국에서 508개의 FAST채널을 운영하고 있다. 이중 가장 많은 장르 채널은 일반 예능(General Entertainment)다. 영화 채널(52개), 음악 채널(35개), 뉴스와 오피니언 채널도 많은 수를 보유하고 있다. 특히 로쿠 채널은 단독(Exclusive single IP Channels)을 60여 개 보유하고 있다. 새로운 경쟁력인 셈이다.

로쿠는 넷플릭스, 디즈니+ 등 다양한 스트리밍 서비스를 하나의 플랫폼에서 볼 수 있는 '일종의 스트림이 플랫폼'이다. 자체 채널은 로쿠 채널을 FAST 방식으로 운영하고 있다. 로쿠 채널에는 8만 편 이상의 영화 및 프로그램, 400개 이상의 실시간 방송 채널, 그리고 프리미엄 구독 서비스(유료)를 제공한다. 로쿠 채널은 미국, 캐나다, 멕시코 및 영국에서 이용할 수 있으며, 250개 이상의 파트너로부터 콘텐츠를 라이선스 및 배급하고 있다. 로쿠채널은 오리지널 콘텐츠 라인업을 확장하고 있다.

11. 투비(Tubi)

FAST 중에서도 폭스(Fox)가 보유한 투비(Tubi)는 폭발적인 성장세를 보이고 있다. 시청률 조사 기관 닐슨(Nielsen)이 매달 발표하는 스마트TV 시청 점유율 게이지(Gauge) 7월 결과에 따르면 투비는 2.1%의 시청 점유율을 기록했다. 이는 피콕(Peacock) 1.5%나 맥스(Max) 1.4% 등 유료 스트리밍 보다 더 높은 상황이다. 지난 6월 이후 FAST의 시청률은 폭발했다. 주목도가 높아지다 보니 투비의 영화는 스트리밍 시청률 차트에도 올랐다. 투비의 영화 'Bloodline Killer'가 6월 28일 주에 70만 시간의 조회수를 기록하며 루미네이트(Luminate)가 조사하는 스트리밍 시청률 차트에 등장한 것이다.[134]

폭스(Fox)가 운영하는 투비는 FAST시장 초기에는 주목 받지 못했다. 하지만 지금은 상황이 다르다. 할리우드 전문 미디어 앵클러(The Ankler)에 따르면 최근 4년 사이 투비(Tubi)는 사용자가 3배 이상 성장했다. 2020년 25억 시간, 2022년 5억 시간, 2023년 85억 시간이다.

최근 투비는 미국 넘어 영국 등 유럽에도 진출했다. 투비 CEO 안잘리 수드(Anjali Sud)는 뉴욕타임스와의 인터뷰에서 "우리는 작은 엔진이며 점점 더 좋아지고 있다"고 강조했다. 투비의 갑작스러운 상승세는 경쟁업체에게는 충격이었다. NFL이나 NBA 등과 같은 프리미엄 스포츠 중계권도 없이 오래된 영화나 TV콘텐츠 위주의 라이브러리로 이 같은 성적을 냈기 때문이다.

투비는 오래된 콘텐츠에 새로운 생명을 불어넣었다. 1970년대 인기 프로그램인 콜롬보와 2000년대 초반 UPN 시트콤인 <에브리바디 헤이츠 크리스(Everybody Hates Chris)>가 인기를 끌기도 했다. 공포와 트루 크라임 프로그램 역시, 주목을 받았다. 투비는 <엠파이어(Empire)>와 <스캔달(Scandal)>과 같은 오랜 미국 지상파 방송 프로그램도 재방송하고 있다.

투비(Tubi)는 오리지널 TV와 영화도 제작한다. 하지만, 저예산 콘텐츠가 대부분이다. 올해 개봉한 바이커 바와 드랙퀸과 뱀파이어의 전투를 다룬 투비 오리지널 영화 <슬레이(Slay)>가 대표적 수드 CEO는 ""우리는 예산 규모나 비평가들의 호평에서 품질이 나온다는 생각을 거부한다"고 말했다.

뉴욕타임스는 투비 시청자들은 "HBO에서 가장 인기 있는 프로그램 대신 <벨로시파스터(VelociPastor)>를 시청한다고 말하는 것을 부끄러워하지 않는다"고 말한다고 보도하기도 했다. <벨로시파스터>는 2017년 3만 5,000달러의 예산으로 제작된 공포 코미디 영화로, 2020년부터 투비에서 스트리밍되고 있다.

투비는 스트리밍 전쟁에서 중요 플레이어가 아니었다. 폭스(Fox)는 2020년 4억 4,000만 달러를 투입해 투비를 인수했다. 폭스는 2019년 21세기 폭스 스튜디오를 디즈니에 매각한 뒤 FAST전략에 올인했다. 유료 스트리밍 플랫폼이 없는 폭스는 투비를 통해 '스트리밍 시대' 승리를 바라고 있다.

라이트쉐드 파트너스(LightShed Partners) 리치 그린필드(Rich Greenfield)는 언론 인터뷰에서 "스트리밍 서비스 잇단 가격인상으로 소비자들은 광고에 대한 참을성이 높아졌다"며 "투비의 인기는 사람들은 공짜를 좋아한다는 한마디로 요약된다"고 말했다.(Tubi's popularity boils down to one thing: People love free)

또 다른 애널리스트 톰 놀렌(Tim Nollen)은 인터뷰에서 "(투비는) 사람들이 평소에는 볼 생각도 하지 않았던 오래된 것들을 무작위로 찾을 수 있는 장소가 된 것 같다"라며 "많은 가정에서 사람들이 항상 켜두었던 TV를 교체했다. 이제 그들은 투비를 켜고 그냥 놔둔다(Now they put on Tubi and leave it on)"고 설명했다.

투비는 특히, 흑인 시청자 사이 큰 인기를 끌고 있다. 6월 닐슨에 따르면 투비 시청자 중 흑인 비중은 절반에 가까운 46%다. 미국 메이저 서비스 중 흑인 시청자 비중이 백인보다 더 높은 플랫폼은 투비가 유일하다. 미국 내 전체 스트리밍 서비스의 평균 흑인 시청자 점유율은 20% 정도다. 흑인 시청자가 많은 건 그들이 좋아하는 콘텐츠가 훨씬 많기 때문이다. 수드 대표는 "우리는 흑인 배우가 출연하는 콘텐츠와 흑인 만든 드라마, 영화가 수천 편 이상 있다"고 강조했다.

흑인은 투비의 충성도 높은 고객이 됐다.

투비는 고령층에게도 인기다. 닐슨에 따르면 시청자의 절반 이상이 50세 이상이다. 유료 스트리밍 서비스의 시청자층은 일반적으로 그보다 더 젊은 것으로 알려졌다. 50대를 잡은 투비는 이제 전세대로 대상을 넓히고 있다. 투비는 50세 미만 성인 시청자도 가장 빠르게 성장하고 있다고 말했다.

아울러 투비는 K콘텐츠도 차별성과 강점으로 내세우고 있다. 주요 FAST플랫폼 중 유일하게 'K콘텐츠 관'을 만들어 K팝, 드라마, 예능 마니아를 끌어모으고 있다.

<그림41> 투비의 K-드라마+ 섹션

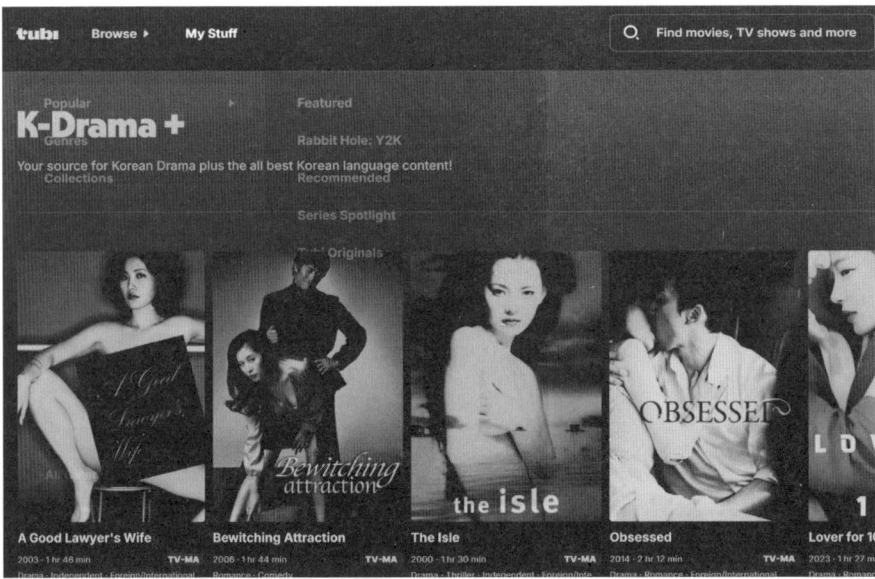

12. 플루토(Pluto)

할리우드 스튜디오 파라마운트 글로벌(Paramount Global)에서 운영하는 FAST서비스 플루토TV(Pluto TV)는 점점 더 중요한 지위를 차지하고 있다. 플루토TV는 유료 스트리밍 파라마운트+ 콘텐츠를 홍보하고 유료 구독으로 유도하는 보완(Complement) 플랫폼이다.

특히, 플루토TV는 2024년까지 4년째 흑자를 기록하고 있다. 매년 수십억 달러의 적자를 기록하고 있는 파라마운트+와 다른 흐름이다. 최근 FAST시장 경쟁이 치열해지면서 시청 점유율은 하락하고 있다. 2024년 6월 기준 플루토TV(Pluto TV)의 시청 점유율은 0.8% 정도다. 플루토TV는 모회사인 파라마운트 글로벌과 CBS콘텐츠를 적극 편성하고 있다. 2024년 5월 현재 397개의 채널을 보유하고 있다.

플루토 TV는 2023년 5월 사용자 지표를 공개했다. 당시 플루토는 월간 활성 이용자(monthly active users)가 글로벌 시장에서 8,000만 명에 달한다고 밝혔다. 플루토TV는 B2B 시장도 공략하고 있다. 힐튼(Hilton)과 메리어트(Marriot) 호텔과 제휴, FAST채널을 공급하고 있다. 이에 앞서 플루토TV는 월마트의 구독 서비스 월마트+와도 협업해 FAST를 확산시키고 있다.

파라마운트에 따르면 플루토TV 시청의 90%는 실시간 채널이다. 대부분 시청은 오리지널에 아닌 라이선스 콘텐츠에서 발생한다. 오리지널 콘텐츠 한 편으로는 오디언스 몰입도가 높지 않다. 때문에 대부분 FAST 서비스는 어설픈 자체 오리지널 보다 똘똘한 라이선스 콘텐츠를 원하고 있다. 플루토는 CSI와 같은 파라마운트의 유명 에피소드 콘텐츠를 라이선스해 방송한다. 시청 시간도 늘어나고 있다.

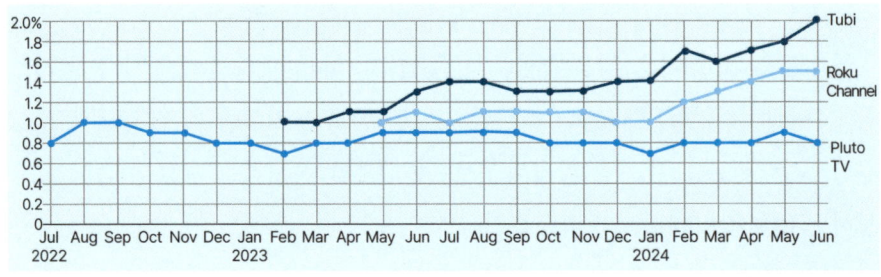

<그림42> 주요 FAST 서비스의 TV 시청 점유율

출처: 버라이어티

플루토TV는 미국 외 해외 진출에도 적극적이다. 2024년 9월 플루토TV는 프랑스 TV 그룹 M6의 새로운 AVOD플랫폼 'M6+'와 전략적 파트너십을 체결했다. 프랑스에서 무료 스트리밍 서비스와 디지털 비즈니스를 확대하기 위해서다. 두 회사는 파트너십 발표에 관련 "전례 없는 파트너십은 두 스트리밍 플랫폼을 풍부하게 확장할 것"이라고 말했다.

이어 "M6+ 사용자는 <저스트 타투 오브 어스(Just Tattoo of Us)>, <알레트아 말리부(Alerte à Malibu)>, <유기오!(Yu-Gi-Oh!)>, <블루 블러드(Blue Bloods)>, <올리브 앤 톰(Olive et Tom)>, <MTV 클래식> 등 대표 프랜차이즈 콘텐츠와 영화, 시리즈 및 애니메이션 전용 채널 등 약 3,000시간 분량의 12개 플루토TV 콘텐츠 채널을 만나볼 수 있다"고 강조했다.

13. 플렉스(Plex)

미디어 스타트업이었던 FAST플랫폼 플렉스는 2024년 지속적인 성장을 보였다. FAST는 수익성 달성을 목표로 하고 있으며, 새로운 자금 조달을 통해 사업 확장을 계획하고 있다.

2024년 9월 현재 플렉스는 1,112개의 FAST 채널을 제공하며, 이는 180개국에서 이용 가능하다. 미국에서만 800개 이상의 무료 FAST 채널을 스트리밍하고 있다.

플렉스는 해외 확장을 위해 2024년 1월에 5,000만 달러의 새로운 자금을 조달했다. 이 자금 조달은 기존 투자자들이 참여한 내부 라운드로 이루어졌다. 이전 첫 번째 라운드에서 모금한 금액은 5,000만 달러였다. 플렉스는 2025년 초까지 수익성을 달성할 것으로 예상하고 있다. 회사에 따르면 2023년에 광고 수익이 약 45% 증가했고, 전체 사업은 30% 성장했다.

조만간 TVOD(Transactional Video-On-Demand) 마켓플레이스 출시를 계획하고 있다. 플렉스는 사용자 데이터를 활용한 새로운 비즈니스 기회를 모색하고 있으며, 이는 향후 2-3년 내에 현재의 성장을 능가할 수 있는 잠재력을 가지고 있다고 평가되고 있다.

14. VUit(Zeam)

VUit은 미국 전역의 260개 이상의 지역 TV 뉴스 방송국에서 제작한 콘텐츠를 VOD로 제공하는 무료 비디오 스트리밍 서비스였다. 당시 릴리 브로드캐스팅(Lilly Broadcasting). 헤리티지 브로드캐스팅(Heritage Broadcasting), 그레이 텔레비전(Gray Television) 등 지역 방송사들이 참여했다. 미국에서 가장 큰 지역 방송 스트리밍이었던 셈이다. 미국 방송권역의 DMA(Designated Market Area)의 78%를 커버했다. 이런 방송 커버리지로 지역 뉴스, 토크쇼, 다큐멘터리 시리즈 등 다양한 콘텐츠를 제공했다.

2024년 VUit은 중요한 변화를 겪었다. VUit은 서비스를 종료하고, 모든 콘텐츠를 새로운 무료 스트리밍 서비스 짐(Zeam)으로 이전한 것이다. 짐은 싱크박(Syncbak)과 그레이 텔레비전이 주도했다. VUit은 2024년 서비스가 종료됐지만 Zeam이 더 큰 규모와 다양한 기능으로 지역 방송 스트리밍 시장을 이끌어가고 있다.

짐(Zeam)은 2024년 10월 300개 지역 TV 방송국의 라이브 및 온디맨드 뉴스, 스포츠, 문화 프로그램을 제공한다. 미국 80% 이상을 커버한다. 무료 서비스인만큼 광고를 주된 재원으로 하고 있다. 이를 통해 지역 방송국들에게 새로운 수익 창출 기회를 제공한다.

15. LG 채널스

2016년부터 LG전자 스마트TV에 기본 탑재된 FAST 서비스다. 2023년 기준 한국에서 100개 이상의 채널을 공급하고 있다. FAST에 로그인할 경우 개인 맞춤형 콘텐츠를 받아볼 수 있다. LG채널스 역시 추천에 많은 공을 들이고 있다. 홈화면 상단에 '전문가 추천 채널'을 배치해 소비자들의 채널 검색 시간을 줄여주고 있다.

LG채널스는 모바일이나 PC에서 시청할 수 없고 스마트기기를 통해서만 볼 수 있다. 장르는 교육 뉴스/재테크, 다큐/정보, 드라마, 스포츠/취미, 어린이/만화, 영화, 음악/오락, 지상파 등의 카테고리를 보유하고 있다. 또 많은 싱글 IP 채널을 서비스하고 있다. 2024년 3월 현재 제공하는 채널은 100개가 넘는다.

LG전자의 FAST사업 호조로 웹 OS 광고·콘텐츠 사업도 2025년 유니콘 사업 반열에 오를 것으로 기대된다. LG전자의 웹 OS 광고·콘텐츠 사업은 지난해 매출 7,400억원을 달성했고, 2024년에는 1조 원 이상으로 급성장할 것으로 기대된다.

웹 OS 사업의 핵심은 광고 기반 무료 방송(FAST) 서비스 'LG 채널'이다. LG채널의 최대 광고주로는 글로벌 이커머스 업체 아마존 등이 꼽힌다. B2B 사업에서도 고속 성장을 이어가고 있다.

LG채널스는 채널 라인업을 다양화하고 있다. LG채널스는 LG전자와 제휴를 맺고 'LG채널'에 'essential;'(에센셜) 플레이 리스트를 감상할 수 있는 FAST 채널을 해외 주요국에서 서비스를 개시했다. 구체적으로 NHN벅스는 LG전자의 글로벌 콘텐츠 스트리밍 플랫폼인 LG채널에 자사의 음악 큐레이션

브랜드 essential; 채널을 열었다. 이 서비스는 한국을 비롯해 일본, 인도, 호주, 멕시코, 브라질, 아르헨티나, 칠레, 콜롬비아, 페루 등 글로벌 10개국에서 송출된다. 국내가 아닌 해외에서 'essential;채널'이 서비스되는 것은 이번이 처음이다.

LG전자는 글로벌 유력 콘텐츠 공급업체들과 협업하여 채널 수를 늘리고 있다. 뉴스, 시사보도, 예능, 드라마 등 현지 소비자의 선호도가 높은 인기 콘텐츠를 중심으로 제공하고 있다.

국내에서는 MBC, SBS 등 지상파 방송사와 협업하여 약 80여 개의 콘텐츠를 무료로 제공하고 있다. LG 1이라는 자체 운영 채널을 영국과 독일에 이어 프랑스, 스페인, 이탈리아로 확대할 예정이다. 미국에서는 LG Channels Showcase라는 프리미엄 자체 채널을 운영하고 있다.

사용자 경험 개선에도 집중하고 있다. 유럽 일부 국가에서는 어린이와 가족을 위한 전용 탭을 도입했다. 사용자 관심사에 맞는 직관적이고 개인화된 경험을 제공하기 위해 파트너십 확대와 UI 개선에 투자하고 있다. 고객 취향을 고려한 무료 콘텐츠 확대와 편리한 사용자 경험(UX)으로 인해 이용자 수와 시청 시간이 크게 증가하고 있다.

2024년 7월 기준 29개국에 진출해 있다. 서비스 채널은 2,900개 정도 된다. 미국에서 서비스되는 채널은 300개 정도다.

16. 삼성 TV플러스

FAST의 성장 중심에는 스마트TV가 있다. 시청자들의 미디어 소비 트렌드가 스마트TV로 몰리고 있기 때문이다. 스마트TV의 글로벌 최대 강자는 삼성이다. 삼성은 FAST시장에도 확신한 존재감을 보이고 있다. 삼성은 2023년 스마트TV 830만 대를 판매해 17년 연속 글로벌 1위자리를 지켰다.

삼성TV플러스의 시장 점유율은 1위가 아니다. 그러나 스마트TV판매 속도에 힘입어 빠르게 성장하고 있다. 2024년 5월 현재 TV지역에서 400개가 넘는 채널을 공급하고 있다. 월간 활성 이용자도 6,000만 명에 달한다.

삼성은 2016년 TV플러스를 런칭했다. 삼성 TV플러스가 처음부터 성공한 것은 아니다. 원래 TV플러스는 VOD유통 플랫폼이었다. 스마트TV 스토어에서 TV콘텐츠와 영화 유통에 나섰지만 실패했다. 대부분 시청자들이 영화나 TV를 VOD로 구매해 보는데 익숙하지 않았기 때문이다.

2019년 삼성 TV플러스는 변곡점을 맞는다. TV플러스를 무료 광고 기반 스트리밍 TV로 전환하고 실시간 스트리밍 채널을 추가한 것이다. 유료 VOD를 제공하는 대신, 시청자가 화면 앞에 앉아 다양한 무료 채널 옵션을 탐색하도록 유도했다. 이는 일반 TV 소유자에게 훨씬 더 매력적인 제안으로 판명됐다. 사람들은 TV에서 유료 상품을 구매하는 것보다 무료 채널을 보는데 더 익숙했다.

삼성의 광고 판매 조직인 삼성 애드(Samsung Ads) 마이클 스콧(Michael Scott) 영업 담당 부사장은 버라이어티와 인터뷰에서 삼성의 초기 노력에 대해 "VOD유통 시장은 매우 포화된 곳이었다"며 "이후 우리의 강점은 거래(transactions)보다 무료 콘텐츠를 제공하는 것이라는 사실을 깨달았다"고 말했다.

삼성 TV플러스는 이후 급속히 확대된다. 광고 기반 무료 콘텐츠 채널을 계속 확충했다. 또 지역에 관계없이 삼성 스마트TV가 판매되는 곳이라면 TV플러스도 런칭했다. TV스테이션의 지리적 한계가 없어진 것이다. 2024년 5월 현재 삼성 TV플러스는 24개 국에 2,600개가 넘는 채널을 보유하고 있다. 또 모바일 앱을 통해 삼성 스마트TV, 스마트폰, 태블릿을 가지고 있는 있는 6억 3,000만 명을 잠재적인 이용자로 확보했다.

삼성 TV플러스의 무료 채널들은 처음 오래된 영화나 라이프 스타일, 유튜브 크리에이터들의 숏 폼 콘텐츠들이 다수였다. 그러나 지금은 보다 TV에 가까워졌다. 채널 규모는 3개 이상 커졌고 미국 메이저 채널들도 거의 모두 삼성

TV플러스에 들어왔다. 삼성 TV플러스는 미국과 멕시코에서 워너브러더스디스커버리, NBC유니버설, 파라마운트 글로벌, A+E 네트웍스, AMC네트웍스 등 대부분 할리우드 메이저 스튜디오 콘텐츠를 공급하고 있다.

여기에 삼성은 영화와 스포츠 뉴스 등 장르나 테마 중심 오리지널 '싱글 IP'를 대거 확충했다. 코난 오브라이언 프로덕션(Conan O'Brien's production)은 삼성 TV플러스에 2010년에서 2021년까지 TBS에서 방송된 심야 시리즈 '코난(Conan)'의 하이라이트 버전을 독점 공급한다. 독점 채널은 삼성 TV플러스로 사람들을 대거 불러모았다. 삼성TV플러스는 특히, 팬데믹 당시 시청률이 급증했다. 2024년 5월 현재 삼성 TV플러스는 FAST채널 최대 유통 플랫폼으로 부상했다.

FAST는 스튜디오 등이 오래된 타이틀을 통해 새로운 수익을 창출할 수 있는 신디케이션으로 자리 잡고 있다. 삼성 TV플러스는 콘텐츠 사업자와 각 채널에서 발생한 광고 수익을 공유하고 있다. 그러나 수익성은 아직이다.

콘텐츠 사업자들은 FAST의 부상을 반기는 분위기다. 스트리밍 확산 이후 콘텐츠 판매 매출(syndication sales)은 크게 줄었다. 넷플릭스나 아마존 프라임 비디오 등 빅테크 스트리밍은 제작비를 지원하는 대신 콘텐츠의 모든 유통 권리를 사는 '올 라이츠(all rights to their original content commissions)' 계약을 선호했기 때문이다. 그러나 이런 분위기는 바뀌고 있다. FAST채널들은 이용자들이 늘어남에 따라 스튜디오들도 무시할 수 없는 수익 플랫폼으로 성장했다. 스콧 부사장은 버라이어티와 인터뷰에서 "우리는 시청자와 소비자에게서 힌트를 얻었다"며 "우리는 시청자들이 무료 채널에 상당한 욕구가 있다는 것을 확인한 후 파트너십과 콘텐츠에 투자를 시작 했다"고 말했다. 2019년 당시 10개 채널로 시작한 삼성TV플러스는 이제 440개가 넘는 실시간 FAST 채널을 보유하고 있다.

삼성 TV플러스는 특히, 스포츠와 K콘텐츠에 집중적인 투자를 하고 있다. 2024년 4월 삼성은 미국 하키 리그와 계약을 맺고 '삼성TV플러스'에 라이브 경기를 중계를 시작했다. 또 메이저리그 야구와 계약을 통해 메이저와 마이너 리그 경기 재방송을 내보내고 있다. 포뮬러원(Formula One channel) 채널도 런칭해 F1, F2, F3, F1아카데미 등의 경기를 방송하고 있다. 삼성TV플러스는 PGA 전용 골프채널과 종합격투기(MMA)에 집중하는 '원 챔피언십(One Championship)' 채널도 제공한다.

한국 콘텐츠는 TV 플러스의 새로운 무기로 부상하고 있다. 한국 콘텐츠가 특별한 차별화 포인트는 아니었다. 그러나 삼성은 K콘텐츠, 음악의 글로벌 인기에 맞춰 'K콘텐츠'를 강화하고 있다. K콘텐츠를 한국이 아닌 팬덤의 포인트 측면에서 채택했다. 타카시 나카노(Takashi Nakano) 삼성TV플러스 콘텐츠 담당 수석 이사는 최근 NAB에서 진행한 질의응답에서 "한국 콘텐츠에 대한 팬덤이 전통적인 TV가 아닌 디지털 환경에 힘입어 폭발하고 있다"며 "한국 기업으로 K콘텐츠의 인기를 실감하고 있다"고 전했다.

삼성도 메이저 스튜디오들을 FAST의 채널을 유통하는 작업은 쉽지 않았다. 이에 파라마운트 FAST 플랫폼 '플루토TV(Pluto TV)'을 통해 여러 채널을 재임대(sublicensed)하기도 했다. 하지만 지금 TV플러스에서는 대부분의 메이저 스튜디오(Warner Bros., NBCUniversal, Disney)가 채널을 공급하고 있고 유튜브 크리에이터도 TV플러스의 콘텐츠 프로바이더다. 나카노 이사는 "우리가 제공하는 채널의 폭은 매우 다양하다"며 "저는 FAST가 콘텐츠 크리에이터들에게 새로운 길을 열어줄 수 있다고 본다. 유튜브에 올리는 것 외에는 불가능했을 콘텐츠를 수백만 명에게 제공할 수 있는 기회라고 생각한다"고 전했다. 삼성은 미디어와 엔터테인먼트 사업을 강화하고 있다. 삼성 갤럭시, TV 등 하드웨어 판매를 넘어 '삼성 디지털 디바이스'의 생태계를 만들기 위해서는 콘텐츠가 핵심이기 때문이다. 지난 4월 30일 삼성은 뉴욕에서 이뤄진 광고 주 설명회 업프런트에서 TV플러스의 중요성을 보다 강조했다.

버라이어티는 삼성 TV플러스의 경우 삼성의 전체 광고 매출에서 차지하는 비중은 작지만 계속 성장하고 있다"며 "콘텐츠를 효과적으로 관리하기 위해 생성AI도구를 적극적으로 사용하고 있고 투자도 많이했다"고 보도했다.

광고 수익 외 FAST에서 삼성이 얻을 수 있는 소득은 더 있다. 삼성 TV플러스를 더 가치있게 만드는 것은 TV콘텐츠나 영화, 게임을 하면서 확보하는 '개인 콘텐츠 소비' 데이터다. 데이터가 모이면 새로운 기회가 생긴다. 나카노 이사는 "아직은 이 데이터를 어떻게 활용할지 정리되지 않았다."며 "하지만 이것이 바로 이 일을 매우 흥미롭게 만드는 이유"라고 설명했다.

OTT 현황

국내

01. 전반적 현황

앞서 살펴봤던 것처럼 국내 OTT 시장은 전반적으로 한계에 직면한 상황이라고 볼 수 있다. 하지만 이는 국내에 국한되어 있는 상황은 아니고 OTT 산업 전체가 맞이한 상황이라고 할 수 있다. 전반적인 현황에 대해서는 앞서 어느 정도 살펴봤으니 여기서는 쟁점 중심으로 몇 가지만 언급하고 넘어가려고 한다.

우선, 과거보다 점유율이 다소 줄긴 했지만 국내에서 여전히 넷플릭스가 차지하는 영향력은 압도적이라고 할 수 있다. 여전히 국내에서 1,000만 MAU를 넘기는 사업자는 넷플릭스가 유일하며, 콘텐츠 제작 시장에서의 투자나 영향력도 넷플릭스와 비교할 만한 사업자를 찾기는 어렵다.

2024년에 가장 주목해서 볼 만한 변화는 티빙의 약진이다. CJ ENM의 콘텐츠에 대한 꾸준한 투자는 <눈물의 여왕>과 <선재 업고 튀어>라는 성공적인 결과물을 만들어 냈고, CJ ENM의 콘텐츠를 유통시키는 티빙에게도 긍정적으로 작용했다. 올해 티빙에게 결정적인 변곡점으로 작용한 것은 KBO 중계권 확보였다.

2024년 가장 많은 관심을 받은 이슈는 티빙과 웨이브의 합병이었다. 아직 두 회사의 합병이 어떠한 방향으로 진행될지 예측하기는 어려운 상황이다. 앞서 언급했던 것처럼 양사와 얽혀있는 주주들이 많기 때문이다. 2024년에 양 사간 합병이 완료되지 않는다면 2025년에도 티빙, 웨이브 합병 이슈가 국내 OTT 시장에서 가장 주목받는 이슈가 될 가능성이 높다.

OTT는 기존 방송과 같이 드라마, 예능 중심의 플랫폼이었으며, 여기에 영화가 굉장히 중요한 역할을 수행해 왔다. 반복적으로 언급하지만 OTT의 흐름을 바꾼 장르는 스포츠 중계였다. 앞서 티빙 언급도 했지만 글로벌 OTT들도 스포츠 중계가 가입자 이탈을 막고 신규 가입자를 유치하는데 결정적인 역할을 했다. 2025 OTT 전망 국내 이슈에서도 언급했지만 애니메이션도 새로운 흐름을 만들어 내고 있다.

정리하면 국내 OTT 시장의 전반적인 상황은 OTT 산업이 총체적으로 맞이하고 있는 한계에 직면하고 있지만 티빙의 선전으로 인해 국내 사업자의 영향력은 좀 더 커지고 있는 상황이라고 할 수 있다. 2025년에 새로운 변곡점을 마련하여 국내 OTT 시장의 경쟁력이 한층 높아지기를 기대해 본다.

02. 넷플릭스

넷플릭스는 여전히 국내에서 가장 많은 MAU를 차지하는 사업자다. MAU를 보면 1,400만을 넘겼던 2023년 1월이 국내에서 넷플릭스가 정점을 찍었던 시기라고 할 수 있다. <더 글로리>가 시즌1이 공개된 것이 2022년 12월이었으니 <더 글로리>의 영향이라고 볼 수 있다.

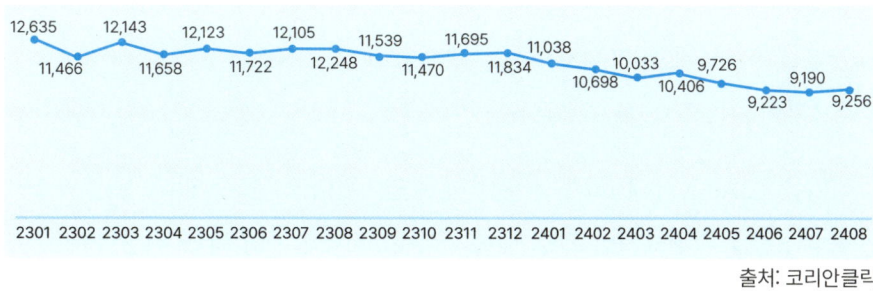

<그림43> 넷플릭스 MAU 추이(천 명)

출처: 코리안클릭

2024년에도 넷플릭스는 <살인자ㅇ난감>, <돌풍>과 같은 화제성 있는 오리지널을 선 보였지만 <더 글로리>만큼 임팩트 있는 오리지널을 선보이지는 못하고 있다고 볼 수도 있다. <아무도 없는 숲속에서>가 좋은 반응을 이끌어내고 있고, <경성크리처> 시즌2는 별 기대를 모으지 못했다. 대신 <흑백요리사: 요리 계급 전쟁>이 엄청난 인기를 끌었고, 2025년 시즌2가 선보일 예정이다.

넷플릭스가 국내에서 여전히 1,000만 MAU를 안정적으로 넘어서고 있으면서도 주춤한 가능한 큰 이유는 넷플릭스가 경쟁력 있는 오리지널을 확보하고 있지 않아서라기보다는 티빙, 쿠팡플레이 등 국내 OTT 사업자의 경쟁력이 높아졌기 때문이라고 보아야 할 것이다.

티빙은 CJ ENM의 콘텐츠 경쟁력, 오리지널에 대한 지속적인 투자와 더불어 스포츠 중계에 대한 투자까지 적극적으로 하고 있어 넷플릭스의 가장 강력한 경쟁자로 떠오르고 있다. 웨이브와 합병이 성사된다면 넷플릭스와 대등한 경쟁이 가능할 것이라고 판단된다. 스포츠 중계에 전폭적으로 투자해 온 쿠팡플레이도 OTT 시장의 경쟁에 큰 영향을 미치고 있다. 물론, 쿠팡플레이는 와우 멤버십 이용에 따른 부가서비스라고 할 수 있지만 MAU를 보면 다른 OTT 해지에 영향을 줄 만한 행보를 보여주고 있다고 할 수 있다.

넷플릭스는 여전히 가장 많은 MAU를 확보한 사업자고 국내 콘텐츠 투자액, 통신사와 결합상품 출시 국내 미디어 생태계 전반에 큰 영향을 미치고 있는 사업자다. 넷플릭스의 행보는 여전히 국내에서 가장 주목해 보아야 할 주체의 한걸음이 될 것이다.

03. 티빙

티빙은 2024년 국내 OTT 시장에서 주연이었다고 볼 수 있다. 넷플릭스가 부동의 1위를 지켜왔지만 가장 많은 성장을 기록한 사업자는 티빙이었다. 아래의 그림에 제시되어 있는 티빙의 MAU는 2022년 1월부터 전반적으로 우상향하는 양상을 보여주고 있다. 2024년 티빙의 성장세에 가장 큰 영향을 준 것이 KBO 중계만이라고 얘기하는 것도 쉽지 않은 것이 2024년 1월에 티빙의 MAU는 이미 656만이었다. 물론, 반년 사이에 100만 MAU를 증가시킨 동력은 KBO 중계였지만 KBO 중계 이전에 이미 티빙은 다른 사업자들과 경쟁할 수 있는 펀더멘탈을 갖춘 사업자였다고 볼 수 있다.

2024년은 티빙을 포함하여 CJ ENM이 반등할 수 있는 계기가 된 한해였다고도 볼 수 있다. 최고 시청률 24.9%를 기록했던 <눈물의 여왕>과 넷플릭스에 유통시키지 않고도 글로벌한 영향력을 보여준 <선재 업고 튀어>는 CJ ENM과 티빙의 상반기를 책임져 준 든든한 버팀목이 되어 주었다. 2023년 2분기에 76.7억을 기록했던 티빙의 2024년 2분기 매출은 107.9억으로 상승해서 41%의 매출이 신장되는 성장세를 보여주었다.[135]

티빙 오리지널 중에서는 예능인 <여고추리반3>가 좋은 반응을 얻어냈다. <여고추리반3>는 예능 중 티빙 신규 가입 기여 부문에서 7주 연속 1위를 차지하기도 했다.[136] <이재, 곧 죽습니다>, <LTNS>(Long Time No Sex) 등 티빙 오리지널도 방송 채널에서 접하기 어려운 독특한 소재를 소화해 냈다는 평가를 받으며 이용자들의 호평을 받았다.

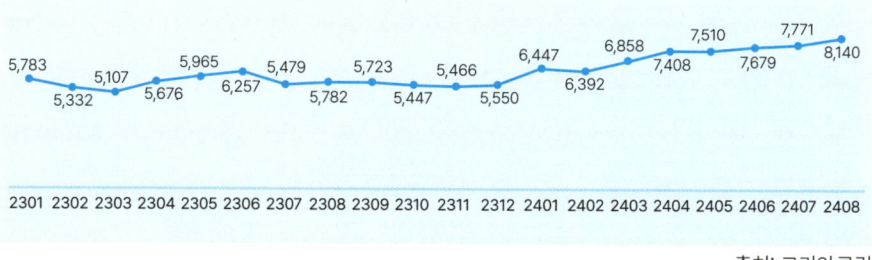

<그림44> 티빙 MAU 추이(천 명)

출처: 코리안클릭

티빙의 KBO 유무선 중계권 구매는 티빙의 상승세에 화룡점정을 찍는 결정이었다고 볼 수 있다. 대한민국 프로야구는 다른 어느 국가와는 다른 의미를 갖는 스포츠다. 국내보다 야구에 대한 팬덤이 높은 국가는 일본 정도를 제외하고 찾기 어려울 것이다. 미국에서는 MLB의 인기가 4대 스포츠 중 점점 낮아지고 있는 추세다.

이와 달리 국내에서는 코로나 이후 프로야구의 인기가 폭발적으로 늘어나고 있다. 2024년에는 8월 25일 기준으로 886만 명 이상의 관중을 동원해 시즌 중에 이미 역대 최고 관중을 동원했다. 이와 같은 프로야구에 대한 인기는 티빙의 가입자 확보에 긍정적으로 작용하고 있다.

2025년에도 티빙의 상승세는 이어질 가능성이 높다. 국내 미디어 산업의 어려움에도 불구하고 CJ ENM은 여전히 과감한 투자를 이어 나가고 있고, 웨이브와 합병이 성사된다면 티빙의 경쟁력은 더욱 높아질 가능성이 높기 때문이다. 2025년은 티빙이 본격적으로 글로벌 진출을 시도하는 원년이 될 가능성도 있다.

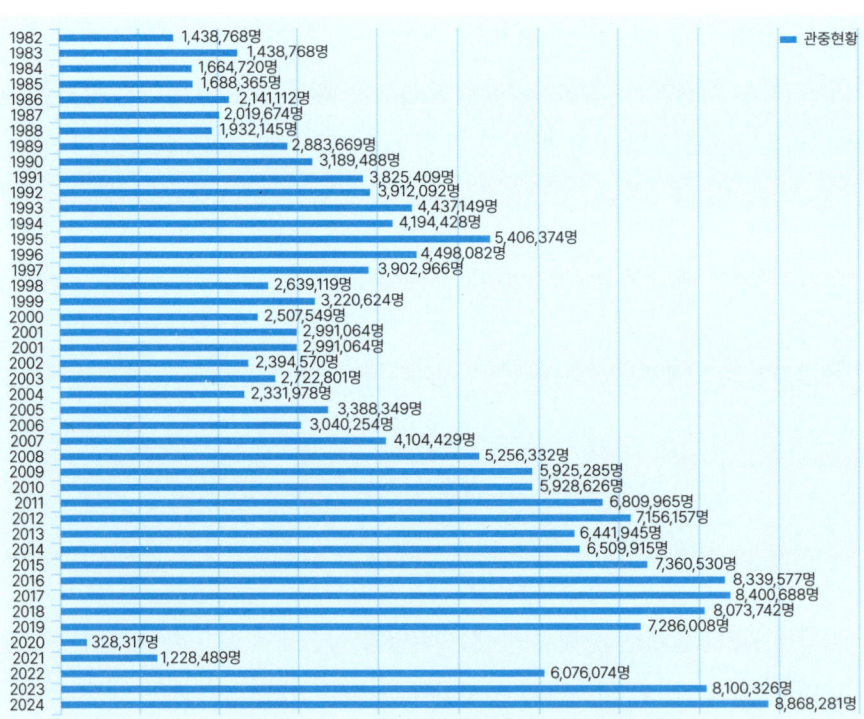

<그림45> 연도별 프로야구 관중 현황

자료: https://www.koreabaseball.com/Record/Crowd/GraphYear.aspx

04. 웨이브

웨이브라는 OTT 플랫폼이 가진 상징성은 각별하다. 국내 사업자 중 본격적으로 OTT에 투자하기 시작한 사업자이기도 글로벌화를 시도하기도 했다. 과거에 비해 존재감이 미약하다고는 해도 지상파 방송3사와 이동통신 시장에서 1위를 놓친 적이 없는 SKT가 함께 만든 플랫폼이다. 2019년 출범 때부터 웨이브에 대한 안팎에서 기대가 매우 높았던 이유다.

티빙과 웨이브의 통합이 본격적으로 보도되기 시작한 것이 2023년 10월이다. 이때부터 웨이브에 대한 시장 내외부에서의 시선은 달라질 수밖에 없었다. 티빙, 웨이브 통합 얘기는 이전부터 나왔었고, 2022년 1월 이후에는 웨이브의 MAU가 500만을 넘어선 적도 없었다. 다시 이용률을 높일 수 있는 동력을 찾기는 쉽지 않아 보이고 매물로 나와 있는 플랫폼이라는 측면에서 합병이 무산된다면 브랜드 이미지를 제고하기 어려울 수 있다. 또한, 지상파 생중계가 빠지면서 웨이브의 경쟁력이 더욱 떨어질 것이라는 분석도 나오고 있다.

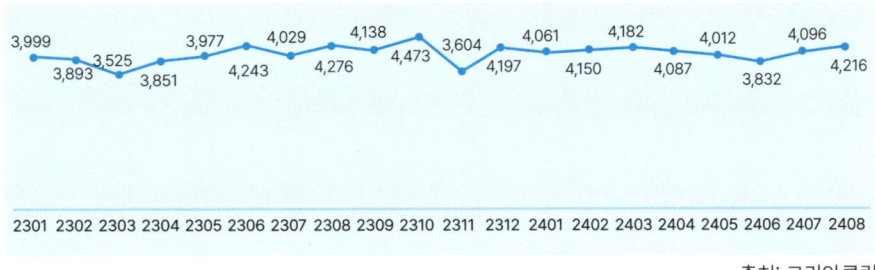

<그림46> 웨이브 MAU 추이(천 명)

출처: 코리안클릭

하지만 디즈니+의 MAU와 비교하면 웨이브는 안정적으로 400만 명 이상의 MAU를 유지하고 있는 플랫폼이다. 국내 시장 규모를 고려하면 결코 쉬운 일이 아니다. 웨이브는 여전히 저력이 있는 플랫폼 사업자라는 것이다. 지상파3사가 가지고 있는 콘텐츠를 볼 수 있는 아카이브의 성격을 가지고 있다는 것도 웨이브가 가지고 있는 장점이라고 할 수 있다. 웨이브의 미래와 관련해서는 합병 여부, 지상파의 콘텐츠 수급 방식 등 다양한 변수가 영향을 미칠 것으로 보인다.

5) 쿠팡플레이

쿠팡플레이는 국내에서 서비스되고 있는 주요 OTT 사업자 중 가장 독특한 성격을 가지고 있는 사업자라고 할 수 있다. 쿠팡플레이 이용자는 와우멤버십에 가입하면 패키지 서비스로 쿠팡플레이를 볼 수 있다. OTT로서 쿠팡플레이가 가진 최대의 장점은 스포츠 중계다. 많은 작품을 만들지는 않지만 그동안 오리지널에도 임팩트 있는 투자를 지속해 왔다. 쿠팡플레이의 대표적인 오리지널 콘텐츠라고 할 수 있는 <SNL 코리아> 시즌6이 8월 31일 공개됐다.

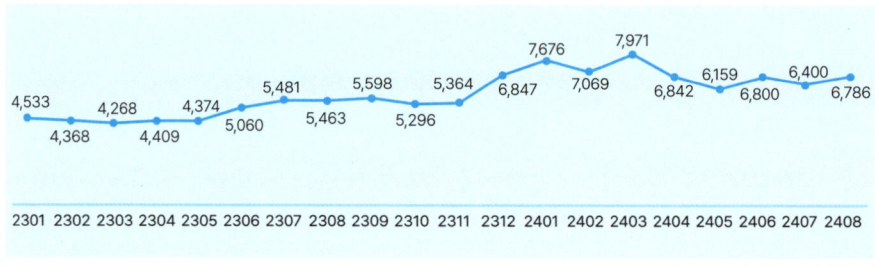

<그림47> 쿠팡플레이 MAU 추이(천 명)

출처: 코리안클릭

쿠팡플레이의 MAU는 4월 주춤하는 양상을 보이고 있는데, 이는 쿠팡플레이의 킬러 콘텐츠인 축구 시즌 종료와 관련되어 있다고 분석해 볼 수 있다. 티빙과의 MAU 격차가 늘어나고 있는 것에 대해 쿠팡플레이가 경쟁에서 밀리고 있는 것 아니냐는 분석도 나오고 있다. 하지만 쿠팡플레이 EPL 중계권도 확보했고, EPL 8월부터 시작된다는 점을 고려할 때 티빙과의 MAU 경쟁은 아직 섣불리 판단하기 어려워 보인다. 쿠팡플레이는 2024년 상반기에 오리지널은 <

하이드> 한 편만을 공개한 상황이다. 8월에는 <새벽 2시의 신데렐라>를 공개했고, 9월에는 <사랑 후에 오는 것들>을 공개했다.[137]

쿠팡은 멤버십을 58% 인상 이후에도 오히려 MAU는 늘고 있는 양상을 보이고 있다. 쿠팡은 4,990원이었던 멤버십 요금을 8월 7일부터 7,890원으로 인상했다. 쿠팡은 2021년 요금 인상 이후에도 회원이 증가했기 때문에 이번에도 이탈이 적을 것이라는 전망이 존재했었다.[138] 쿠팡플레이가 쿠팡 가입자 이탈 방지에 도움을 주고 있다는 분석도 나오고 있는 만큼 쿠팡은 앞으로도 쿠팡플레이에 적극적인 투자를 이어나갈 것으로 전망된다.

06. 왓챠

왓챠는 국내 OTT 사업자 중 혁신적인 스타트업으로 각인되었다. 또한, 영화를 좋아하는 씨네필들에게는 볼만한 구작이 모여 있는 플랫폼으로 독보적인 입지를 가지고 있기도 했다. 하지만 안타깝게도 2022년부터 본격화된 국내 OTT 경쟁에서 왓챠는 뒤처지기 시작했고, 100만을 상회하던 MAU는 50만대로 내려와 있는 상황이다.

왓챠는 매물로 나와 있다는 것이 지배적인 인식이었고, LGU+로의 매각설도 있었다. 하지만 최종적으로는 매각으로 이어지지 못했다. 왓챠는 최근까지 자신보다 규모가 큰 사업자들과의 경쟁하느라 어려움을 겪었지만 경영효율화를 통해 위기를 극복해가고 있다.

왓챠는 매각 실패 이후 IP를 매각하고, 음원 관련 사업을 하는 자회사 블렌딩의 지분을 판매하고 2023년 8월에는 260여 명이었던 직원을 80여 명으로 줄이는 구조조정을 단행하기도 했다. 사무실 규모도 다섯 개 층에서 한 개 층으로 줄였다.[139] 매각 대신 운영을 효율화하고 수익성을 강화하는 전략으로 전환한 것이다.

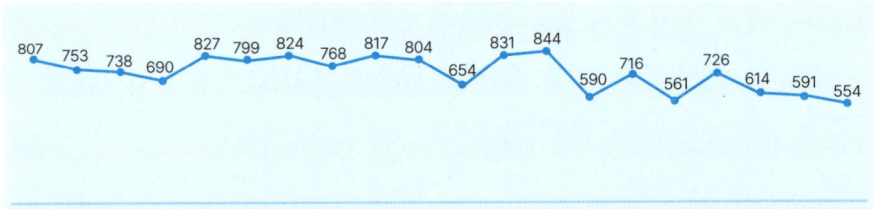

<그림48> 왓챠 MAU 추이(천 명)

출처: 코리안클릭

왓챠는 위와 같이 매각이 무산된 이후 수익성 개선을 목표로 예산 집행을 최소화하면서 2024년 5월에는 처음으로 흑자를 기록했다. 왓챠는 적자 폭을 줄이고 수익성을 개선하기 위해 오리지널 콘텐츠 제작을 최소화하고 마케팅을 효율화했다.[140] 매각 가능성이 높지 않은 상황에서 왓챠는 현재와 같은 운영 기조를 유지할 것이라 전망된다. 왓챠는 경영을 효율화하면서도 다양성 영화를 제공하는 플랫폼이라는 브랜드 이미지를 통해 생존 기반을 마련한 것으로 보인다. 향후 왓챠의 행보가 주목된다.

131) https://www.digitaltveurope.com/2024/05/02/kantar-apple-tv-was-fastest-growing-svod-in-q1/
132) https://www.antenna.live/post/quarterly-snapshot-premium-svod-in-q224
133) https://www.contimod.com/amazon-prime-statistics/
134) 'The Bear' and 'Axel F' Drive Holiday Week Streaming Viewing (variety.com)
135) CJ ENM (2024). <CJ ENM 2024SUS 2분기 경영실적발표 컨퍼런스콜>.
136) CJ ENM (2024). <CJ ENM 2024SUS 2분기 경영실적발표 컨퍼런스콜>.
137) 연찬모 (2024. 8. 14). 티빙과 격차 벌어지는 쿠팡플레이…콘텐츠 승부수는? <산업경제>.
138) 장지영 (2024. 8. 19). 쿠팡, 멤버십 월회비 58% 인상…회원 '이것'으로 붙잡았다. <아시아투데이>.
139) 김주완 (2024. 7. 12). 폐업 위기 왓챠의 부활, 비결은 '올드 무비'. <한국경제>.
140) 류지윤 (2024. 7. 22). "오리지널 대신 다양성 영화로 승부"…왓챠, 새 전략으로 숨통. <데일리안>.

06 국내 OTT 이용행태

OTT에서 유통되는 콘텐츠의 이용행태를 주기적으로 파악할 수 있는 곳은 해외에서는 플릭스 패트롤(flixpatrol.com)과 패럿 어낼리틱스(parrotanalytics.com), 국내에서는 굿데이터코퍼레이션의 펀덱스(FUNdex), 한국리서치의 KOI(Korean OTT Index) 등이 있다.

국내에서 미디어 이용행태는 과기정보통신부와 방송통신위원회가 공동으로 전년도 조사 자료를 연초에 공표한다. 하루가 멀다하고 환경이 바뀌고 있는 상황에서 1년 전 자료를 활용할 수 없어 국내 서베이 회사 중에서 OTT 인덱스 KOI(Korean OTT Index)를 발표하고 있는 한국리서치의 자료를 토대로 2022년과 2023년에 이어 국내 OTT 이용행태를 정리하였다.

국내 OTT 이용행태

OTT 플랫폼 이용 현황

01. 플릭스 패트롤[141]

넷플릭스가 K-콘텐츠를 전 세계 190개 국가에 동시에 유통하면서 가장 회자가 되는 곳이 플릭스 패트롤이다. 이 업체는 영화와 TV쇼를 구분하여 OTT 플랫폼별로 인기 순위를 매일 공개한다. 또한 주별, 월간, 연간으로 인기 순위도 파악할 수 있다. 지난해부터 당일 이외에는 유료로 전환하였다. 한국의 경우 OTT 플랫폼은 넷플릭스, 디즈니+, 아마존 프라임, 애플, 구글의 자료를 제공한다. 국내 OTT인 웨이브와 티빙 순위는 제공하지 않는 큰 단점이 있다.

2023년 K-콘텐츠의 인기를 파악하기 위해 국내 콘텐츠가 많이 유통되는 넷플릭스와 디즈니+에서 연간 순위를 정리하면 다음 표와 같다. 넷플릭스의 경우 TV쇼는 <더 글로리>가 1위, 영화는 <길복순>이 1위다. 디즈니+는 TV쇼에서는 <카지노>가 1위, 영화에서는 <범죄도시 2>가 1위다. 디즈니+의 점수가 높은데 이는 콘텐츠가 많이 수급되는 넷플릭스에 비해 신규 콘텐츠 유입이 적기 때문으로 판단된다. 2022년에는 드라마가 아닌 <나는 솔로>가 1위를 했었는데 다시 드라마가 1위를 차지했다.

<표21> 플릭스 패트롤 기준 2023년 국내 TV쇼 인기 순위(괄호 안은 점수)

순위	넷플릭스		디즈니+	
	TV쇼	영화	TV쇼	영화
1	더 글로리(920)	길복순(450)	카지노(2,853)	범죄도시(2,302)
2	일타 스캔들(629)	독전(385)	형사록(1,772)	어벤저스:엔드게임(2,090)
3	나는 Solo(605)	발레리나(352)	모던 패밀리(1,645)	아바타 2(1,226)
4	닥터 차정숙(548)	공조 2(337)	무빙(1,303)	엘리멘탈(922)
5	킹더랜드(492)	비공식작전(312)	심슨(1,217)	블랙팬더(851)
6	나쁜 엄마(480)	슈퍼 마리오 브라더스(300)	최악의 악(770)	범죄도시 2(719)
7	국민사형투표(453)	드림(296)	크리미널 마인드(717)	올빼미(713)
8	신성한 이혼(397)	스위치(283)	레버넌트(714)	겨울왕국 2(586)
9	힘쎈여자 강남순(395)	독전 2(282)	낭만닥터 김사부(692)	가디언즈 오브 갤럭시 3(567)
10	힙하게(393)	스마트폰을 떨어뜨렸을 뿐인데(258)	사랑이라 말해요(616)	앤티맨과 와스프(529)

2024년은 9월 7일 기준으로 연간 순위를 파악해 보니 다음 표와 같았다. 넷플릭스의 경우 TV쇼는 <눈물의 여왕>이 1위, 영화는 <파묘>가 1위다. 디즈니+는 TV쇼에서는 <무빙>이 1위, 영화에서는 <범죄도시 3>가 1위다.

<표22> 플릭스 패트롤 기준 2024년(9월 7일 현재) 국내 인기 콘텐츠 순위

순위	넷플릭스		디즈니+	
	TV쇼	영화	TV쇼	영화
1	눈물의 여왕(660)	파묘(415)	무빙(1,198)	범죄도시3(1,574)
2	귀멸의 칼날:무한열차편(655)	목스박(329)	킬러들의 쇼핑몰(966)	엘리멘탈(1,197)
3	낮과 밤이 다른 그녀(521)	엄마친구 아들(314)	모던 패밀리(870)	인사이드 아웃(802)
4	굿 파트너(471)	천박사 악마연구소(291)	재벌X형사(840)	30일(757)
5	닥터 슬럼프(463)	댓글부대(282)	카지노(835)	어벤저스: 엔드게임(738)

순위	넷플릭스		디즈니+	
	TV쇼	영화	TV쇼	영화
6	살인자O난감(432)	황야(282)	삼식이 삼촌k(702)	범죄도시2(655)
7	괴수 8호(402)	크로스(279)	로얄로더(628)	더 퍼스트 슬램덩크(577)
8	나혼자만 레벨업(377)	서울의 봄(267)	지배종(611)	밀수(553)
9	세작, 매혹된 자들(351)	댐즐(243)	화인가 스캔들(496)	달짝지근해(517)
10	히어로는 아닙니다만(345)	3일의 휴가(235)	수사반장(467)	위시(455)

출처: https://flixpatrol.com/top10/streaming/south-korea/2024/

02. 넷플릭스

넷플릭스는 모든 콘텐츠에 대해 시청 시간을 공개하지는 않지만 10위까지 글로벌과 국가별로 자료를 공개한다. 2023년 6월부터 기존에 시청시간(Hours viewed)[142]으로 순위를 발표하던 것을 시청수(Views) 기준으로 변경하였다. 시청수는 시청시간을 러닝타임(Runtime)으로 나누고, 시청시간을 계산하는 기준을 28일(4주)에서 91일(13주)로 바꾸었다.[143] 글로벌에서는 영화와 TV쇼를 영어권과 비영어권으로 구분하여 화요일에 주간 단위(월요일부터 일요일)로 순위를 공개하고, 개별국가는 순위만 발표하므로 모든 콘텐츠에 대한 정확한 데이터는 알 수가 없다.

글로벌에서 인기 있었던 콘텐츠 현황을 보면 2025년 8월 25일 기준으로 <오징어 게임> 시청자가 2억 6,520만 명(22.1억 시간 시청)으로 가장 많다. 다음으로는 <웬즈데이>가 2억 5,210만 명(17.2억 시간 시청). 비영어권 TV쇼에는 <오징어 게임>에 이어 <지옥>의 시청자가 5,550만으로 9위이다.

국내에서는 콘텐츠별 시청시간은 공개하지 않고, 주별로 영화와 TV 순위만 공개한다. 넷플릭스에서 국내에서 인기 있었던 TV 콘텐츠는 확인이 불가능하다. 연간 전체로 발표하지 않기 때문이다. 한국의 주별 10위 이내[144] 를 플릭스

패트롤처럼 1위는 10점, 2위는 9점, ... 10위는 1점을 부여하여 합산한 점수를 기준으로 점수를 부여하여 산출해 보았다. 1위는 138점을 받은 <더 글로리>, 2위는 132점으로 <나는 솔로>가 차지했다.

<표23> 넷플릭스 한국 TV쇼 2022년/2023년 톱10

순위	2023년			2022년		
	프로그램명	점수	10위내 포함 주	프로그램명	점수	10위내 포함 주
1	더 글로리	138	19	나는 솔로	211	211
2	나는 솔로	132	28	환혼	143	143
3	일타 스캔들	94	12	우리들의 블루스	122	122
4	닥터 차정숙	78	9	이상한 변호사 우영우	119	119
5	킹더랜드	77	10	나의 해방일지	113	113
6	국민사형투표	73	11	스물다섯 스물하나	107	107
7	나쁜 엄마	66	9	그 해 우리는	90	90
8	힘쎈 여자 강남순	65	9	모범형사	85	85
9	힙하게	64	9	슈룹	82	82
10	D.P.	60	9	작은 아씨들	81	81

<나는 솔로> 외에는 전부 드라마였으나 2024년은 양상이 전혀 다르다. 그러나 2024년 8월까지 넷플릭스에서 가장 인기가 있었던 TV 콘텐츠는 <귀멸의 칼날>이다. 점수는 <살인자O난감>과 같은 55점이나 10위 안에 들어간 횟수는 14회로 <살인자O난감>보다 1회 많다. 52점안에 들어간 12개 콘텐츠 중 일본 애니메이션이 3개나 되고, <아이 러브 유>는 일본 드라마이며, 예능도 2개나 된다. 2022년과 2023년 인기가 많았던 <나는 솔로>가 12위 안에도 못 들었다.

<표24> 넷플릭스 2024년 한국 TV쇼 순위

제목	점수	톱10 진입 횟수	비고
귀멸의 칼날	55	11	일본 애니메이션
살인자O난감	55	10	
낮과 밤이 다른 그녀	55	10	
닥터 슬럼프	54	9	
아이 러브 유	54	9	일본 드라마
돌싱글즈	54	9	예능
눈물의 여왕	52	13	
괴수 8호	52	13	일본 애니메이션
돌풍	52	8	
최강야구	52	8	예능
히어로는 아닙니다만	52	8	
더 에이트 쇼	52	8	

03. KOI

OTT 이용 현황을 체계적으로 조사하는 곳은 한국리서치의 KOI다. 이 부분이 본 글의 메인이며 다시 자세히 다룬다.

국내 OTT 이용행태

화제성 조사

디지털 시청이 증가하면서 시청률이나 시청자수 외에도 화제성을 조사하여 많이 활용하고 있다.

시청률 조사가 TV 프로그램을 시청하는 시청자를 대상으로 한다면, 화제성은 프로그램에 대한 바이럴을 조사하는 개념이기 때문에 TV 프로그램 시청여부와는 직접적인 관계는 없을 수도 있다. 그럼에도 프로그램의 인기를 측정하기 좋은 지표다. 코바코에서 라코이에서 화제성을 조사하여 발표했고, CJ ENM도 화제성 지수를 개발하여 발표하였고, KBS에서도 Non-코코파이TV도 했었다. 2024년부터 CJ ENM과 코바코가 중단하고 이제는 굿데이터코퍼레이션의 펀덱스(FUNdex)만 남았다.

TV 프로그램의 화제성을 분석하는 굿데이터코퍼레이션은 매주 펀덱스(FUNdex)를 발표한다.[145] 크게 'TV-OTT', 'TV', '출연자'로 구분하여 '전체', '드라마', '비드라마'로 로 구분하여 10위를 발표한다.

펀덱스(FUNdex)는 TV와 OTT의 K-콘텐츠와 출연자에 대한 화제성 조사 순위와 함께 프로그램의 재미를 계산하여 보고 싶은 드라마와 예능 선택하는데 도움을 주고자 개발했다고 한다. 화제성 순위는 TV, OTT에서 방송 또는 공개중이거나 예정인 드라마, 예능, 시사, 쇼와 이 프로그램에 출연한 출연자(PLAYER)를 대상으로 뉴스 기사, VON(블로그/커뮤니티/카페), 동영상, SNS에서 발생한 프로그램 관련 정보들과 이에 대한 네티즌 반응을 분석한 결과이다. 조사대상 채널은 지상파, 종합편성, 케이블 39개사, OTT 5개사이며, 프로그램은 TV드라마, TV예능, 정보, 시사, OTT 오리지널 드라마, OTT 오리지널 쇼로 국내 제작 또는 국내 기술 및 인력이 투입된 프로그램에 한한다. 제외대상은 뉴스, 스포츠 중계, 영화 등이다.

2024년 상반기 화제성 분석 결과 드라마는 넷플릭스의 <선재 업고 튀어>가 1위를 했고, 2위 <눈물의 여왕>, 3위 <내 남편과 결혼해줘> 순이다. 화제성은 전 기간 평균을 냈고, 넷플릭스는 한 번에 공개하므로 3주의 화제성만 산출하여 평균한 기준이다. 10위까지 보면 tvN 드라마가 1~3위를 차지했고, 넷플릭스 오리지널은 2개밖에 없다. 요즘 '넷플릭스에 볼 게 없다'는 말들이 괜히 나오지 않은 듯하다.

<표25> 2024년 펀덱스 드라마 톱10

순위	2024			2023		
	제목	채널	펀덱스	제목	채널	펀덱스
1	선재 업고 튀어	tvN	79,732	더 글로리 파트2	Netflix	96,194
2	눈물의 여왕	tvN	71,412	무빙	디즈니+	35,426
3	내 남편과 결혼해줘	tvN	34,291	낭만닥터 김사부 3	SBS	31,927
4	살인자o난감	Netflix	20,762	이두나!	Netflix	30,629
5	기생수: 더 그레이	Netflix	15,236	일타 스캔들	tvN	30,200
6	세작, 매혹된 자들	tvN	13,494	킹더랜드	JTBC	30,120
7	밤에 피는 꽃	MBC	12,545	악귀	SBS	29,483
8	히어로는 아닙니다만	JTBC	11,778	연인 파트2	MBC	29,142
9	피라미드 게임	TVING	11,487	닥터 차정숙	JTBC	27,627
10	수사반장 1958	MBC	11,209	마스크걸	Netflix	27,571

출처: 굿데이터코퍼레이션

비드라마는 JTBC의 <싱어게인3>가 1위를 했고, 2위 <최강야구>, 3위 <미스트롯3> 순이다. 화제성은 전 기간 평균을 냈고, 넷플릭스는 한 번에 공개하므로 3주의 화제성만 산출하여 평균한 기준이다. 2023년은 Mnet이 좋은 성적을 거뒀다면 2024년은 JTBC가 좋은 성과를 거뒀다. 2023년에는 넷플릭스가 <피지컬:100>과 <솔로지옥3>가 있었었으나, 2024년에는 <솔로지옥3>만 10위안에 들었다. 드라마와 마찬가지로 비드라마도 넷플릭스의 성적은 비슷하다.

<표26> 2024년 펀덱스 비드라마 톱10

순위	2024			2023		
	제목	채널	펀덱스	제목	채널	펀덱스
1	싱어게인3	JTBC	10,837	보이즈 플래닛	Mnet	22,676
2	최강야구	JTBC	9,203	스트릿 우먼 파이터2	Mnet	20,213
3	미스트롯3	TV CHOSUN	9,136	피크타임	JTBC	20,207
4	현역가왕	MBN	9,128	하트시그널 시즌4	채널A	12,594
5	크라임씬 리턴즈	TVING	9,072	피지컬: 100	Netflix	12,410
6	연애남매	JTBC/웨이브	8,829	퀸덤퍼즐	Mnet	11,390
7	환승연애3	TVING	8,802	미스터트롯2	TV CHOSUN	10,635
8	솔로지옥3	Netflix	8,643	서진이네	tvN	9,603
9	SNL 코리아 시즌5	쿠팡플레이	8,030	싱어게인3	JTBC	9,143
10	나 혼자 산다	MBC	8,003	솔로지옥3	Netflix	9,003

출처: 굿데이터코퍼레이션

국내 OTT 이용행태

K-콘텐츠의
OTT 소비 현황

한국리서치는 국내 유일의 1,500명의 OTT 콘텐츠 데이터 베이스를 운영하고 있으며, 모바일로 365일 실시간 디지털 행동 데이터를 수집하고 있다. 조사하는 데이터는 앱에서 이용하는 콘텐츠의 세부 내용과 유튜브 광고 세부 내용이다.

조사대상은 유료 OTT는 **티빙**, **넷플릭스**, **웨이브**, **쿠팡플레이**, **디즈니+**, 라프텔, **왓챠**, U+모바일TV, 지니TV모바일, 스포TV나우, **위티비**, **아이치이**, **아마존프라임비디오** 등 14개이고, 무료 OTT는 **유튜브**, 틱톡, 아프리카TV, 치지직, 트위치, 위버스, SBS play, KBS+, 네이버 시리즈온, 삼성TV+, 네이버나우, MBC(Live+VOD), JTBC 나우, 도라마코리아, 카카오TV 등 15개로 총 29개이다. 콘텐츠 수집은 볼드체로 된 10개 앱이다. 2023년도와 달라진 부분은 쿠팡플레이의 시청 콘텐츠 데이터의 분석이 가능해졌다는 점이다.

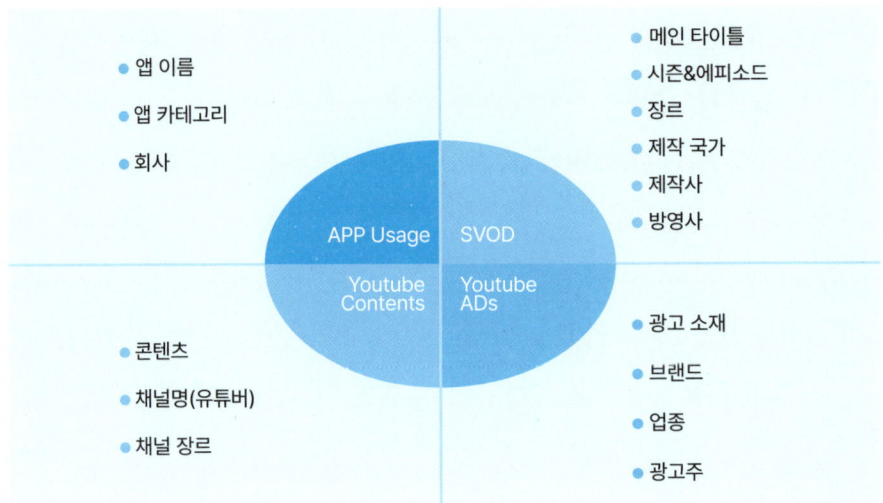

<그림49> KOI 조사데이터

출처: 한국리서치

01. OTT 앱 이용현황

KOI 패널을 기준으로 2023년에 모바일에서 이용한 앱을 카테고리로 구분하면 OTT가 113.2억 시간(비중 16.6%)으로 2022년 106.5억 시간(비중 16.0%)보다 증가하였다. 이중에서 SVOD는 15.6억 시간으로 13.8%를 차지하고, AVOD는 97.7억 시간으로 86.2%로 대다수를 차지한다.

OTT 앱은 29개(2022년 22개)를 이용하고 있으며, 남자(29개)와 여자(28개)가 큰 차이는 없다. 2022년 대비 KBS+, SBS play, MBC(Live + VOD), 도라마코리아가 추가되었다. 남자(21개)보다 여자(22개)가 더 많이 이용한다. 연령별로는 15~19세는 20개, 20대와 30대 22개, 40대와 50대는 21개를 이용하고 있다.

2023년 유튜브가 92.1억 시간으로 압도적으로 높고, 2022년 79.5억 시간보다 12.6억 시간이나 증가(15.8%)하였다. 2위는 넷플릭스로 6.1억 시간이나 2022년 8.2억 시간보다 상당히 감소하였다. 3위는 티빙으로 3.7억 시간이다. 4위는 웨이브로 3억 시간이다. 3위와 4위가 전년에 비해 순위가 뒤바뀌었다.

2023년은 남자도 티빙(4위)과 웨이브(5위)의 순위가 올라왔고, 틱톡의 상승이 눈에 띈다. 2022년 7위에서 5위로 올라왔고, 남자는 유튜브, 넷플릭스에 이은 3위이고, 여자는 티빙, 웨이브 다음의 5위다. 10대 2위에 이어 40대와 50대도 4위를 차지했다.

<표27> 2023년 OTT 앱별 이용순위

순위	OTT 앱	시간(백만)	남자	여자	15-19	20대	30대	40대	50대+
1	유튜브	9,208.9	1	1	1	1	1	1	1
2	넷플릭스	607.1	2	2	3	3	2	2	2
3	티빙	370.3	4	3	5	4	3	3	5
4	웨이브	297.0	5	4	6	5	4	5	3
5	틱톡	277.1	3	5	2	6	7	4	4
6	트위치	144.9	6	7	4	2	5	21	24
7	쿠팡플레이	116.0	8	6	10	8	6	6	6
8	아프리카TV	76.4	7	9	7	7	8	9	13
9	디즈니 플러스	64.2	9	8	9	9	9	7	7
10	U+모바일tv	29.5	10	11	22	21	11	8	8
11	왓챠	23.1	12	10	11	11	12	10	17
12	KBS+	17.7	11	18	18	10	15	17	9
13	스포티비 나우	11.4	13	21	14	14	13	14	14
14	모바일 B tv	10.6	16	14	12	27	19	11	11
15	라프텔	10.3	19	12	8	13	20	26	
16	카카오TV	9.5	14	25	20	26	10	12	19
17	SBS play	9.3	17	16	19	18	18	13	10
18	아이치이	7.7	29	13	25	15	14	15	
19	위버스	7.4	22	15	13	17	17	18	22
20	지니 TV 모바일	6.8	23	17	23	12	25	24	16
21	네이버 나우	6.2	15	20	15	16	16	22	18
22	MBC(Live+VOD)	3.7	18	24	16	23	24	19	12
23	위티비	2.8	28	19		19	21	20	25

순위	OTT 앱	시간(백만)	남자	여자	15-19	20대	30대	40대	50대+
24	네이버 시리즈온	2.1	21	22	21	20	22	27	15
25	삼성tv플러스	2.0	20	23	24	22	23	16	20
26	도라마코리아	0.9	24	26	17	24	27	23	21
27	비플릭스	0.3	25				28	25	26
28	프라임 비디오	0.3	26	27	26	25	29	28	27
29	바바요	0.2	27	28	27	28	26	29	23

출처: 굿데이터코퍼레이션

2024년 상반기 OTT 앱별 이용시간은 유튜브가 49.4억 시간(2023년 상반기 33.9억 시간)으로 압도적으로 높다. 2위는 틱톡 6.7억 시간, 3위 티빙 2.5억 시간, 4위 2.4억 시간, 5위 웨이브 1.2억 시간 순이다. 틱톡이 유튜브에 이어 2위로 상승한 것은 고무적이다. 2023년 상반기에는 넷플릭스가 3.5억 시간으로 2위였는데 4위로 밀린 것은 최근 "넷플릭스에 볼 게 없다"는 말을 방증한다. 성별로 보면 전년과 같이 티빙과 웨이브는 여성의 선호 경향이 강하고, 아프리카TV는 남자의 선호 경향이 강하다. 연령별로 보면 전 연령대에서 틱톡이 2위를 한 것은 처음이며, 20대에서 아프리카TV와 치지직을 넷플릭스보다 더 본다는 게 의외의 결과다. 치지직은 2023년 12월 베타서비스를 실시한 네이버 스트리밍 플랫폼으로, 트위치가 한국 사업을 철수하면서 트위치 이용 시간이 아프리카TV와 치지직으로 흡수된 현상으로 분석된다.[146]

<표27> 2024년 상반기 OTT 앱별 이용순위

순위	OTT 앱	시간(백만)		남자	여자	15-19	20대	30대	40대	50대+
		2024(1~6)	2023							
1	유튜브	4,940.2	9,208.9	1	1	1	1	1	1	1
2	틱톡	673.6	2,770.6	2	2	2	2	2	2	2
3	티빙	251.4	370.3	4	3	4	3	3	3	4
4	넷플릭스	240.2	607.1	3	4	3	6	4	4	3

순위	OTT 앱	시간 (백만)		남자	여자	15-19	20대	30대	40대	50대+
		2024(1~6)	2023							
6	아프리카TV	69.3	76.4	5	8	5	4	7	13	5
7	쿠팡플레이	67.4	116.0	7	6	11	9	6	6	7
8	치지직	37.0		8	7	7	5	8	23	24
9	디즈니+	25.1	64.2	9	10	13	12	9	7	8
10	라프텔	14.5	10.4	11	11	9	8	20	10	23
11	왓챠	11.5	23.1	14	9	12	10	10	11	19
12	U+모바일tv	11.4	29.5	10	14	25	19	12	8	9
13	트위치	8.0	144.9	12	17	8	11	11	28	
14	위버스	6.2	7.4	21	12	10	13	13	22	14
15	모바일 B tv	5.1	10.6	13	16	22	23	15	9	12
16	SBS play	4.7	9.3	20	13	20	16	17	12	10
17	지니 TV 모바일	3.6	6.8	16	15	24	14	19	15	18
18	스포티비 나우	2.8	11.4	15	22	14	15	14	19	17
19	KBS+	1.9	17.7	23	18	18	18	25	14	15
20	네이버 시리즈온	1.9	2.1	17	21	19	20	23	24	11

2024년 상반기에는 SVOD와 AVOD의 비중은 큰 변화가 크다. 2023년 상반기에는 SVOD가 약 20% 수준이었는데, 2024년 상반기에는 약 12% 수준으로 감소하고, AVOD가 증가하였다.

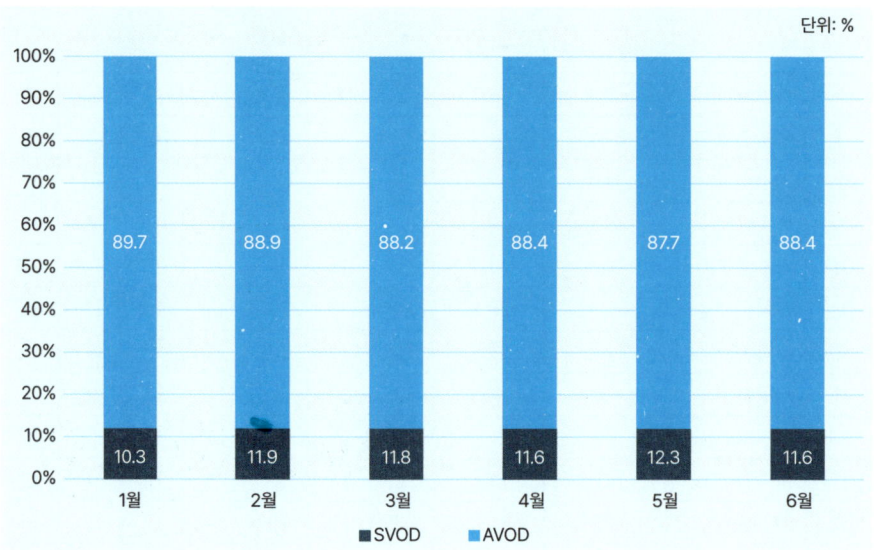

<그림50> 2024년 상반기 월별 SVOD와 AVOD 이용시간 점유율

SVOD와 AVOD를 보면 유튜브로 인해 AVOD가 57.5억 시간으로 88.3%(2023년 상반기 81.0%, 35.8억 시간)로 압도적으로 증가하였고, SVOD는 7.6억 시간 11.7%(2023년 상반기 19.0%, 8.4억 시간)로 감소였다. AVOD는 유튜브가 86.0%로 2023년 상반기 94.7%에 비해 상당히 감소하였고, 틱톡 11.7%(2023년 상반기 1.2%)로 점유율이 급증했다. 아프리카TV가 1.2%, 치지직이 0.6%이다.

SVOD는 티빙이 33.1%(2023년 상반기 23.4%)로 1위를 차지했다. 넷플릭스는 33.1%로 2023년 상반기 42.1%에서 급락하여 2위를 차지했다. 3위 웨이브 16.3%, 4위 쿠팡플레이 8.9%, 5위 디즈니+ 3.3% 순이다.

콘텐츠의 국적을 보면 한국이 77.4%(5.4억 시간)으로 압도적 1위를 기록하고 있으며, 2위 미국 콘텐츠가 7.8%로 5,532만 시간, 3위 일본 콘텐츠가 6.8%(4,833만 시간), 4위 중국 콘텐츠가 4.3%로 3,061만이다. 지난해에 비해 중국 콘텐츠의 비중이 2.4%에서 4.3%로 상당히 증가하였다.

02. 주요 SVOD 점유율

SVOD OTT별 점유율은 넷플릭스가 2023년 1월 21.05%에서 8월 25.8%까지 상승했으나 이후 지속 하락하였다. 이는 큰 화제성있는 작품이 없었기 때문이다. 티빙의 점유율이 2023년 1월 10.66%에서 2024년 6월 16.08%로 급상승하였는데, 2024년 KBO 중계 효과로 판단된다. 쿠팡플레이도 8.24%에서 10.79%로 증가한 반면, 웨이브는 2023년 1월 8.09%에서 2024년 6월 6.49%로 하락하였다.

이용시간 점유율에서는 티빙이 넷플릭스를 2024년 5월부터 추월하였다. 티빙이 36.8%이고 넷플릭스가 27.4%이다.

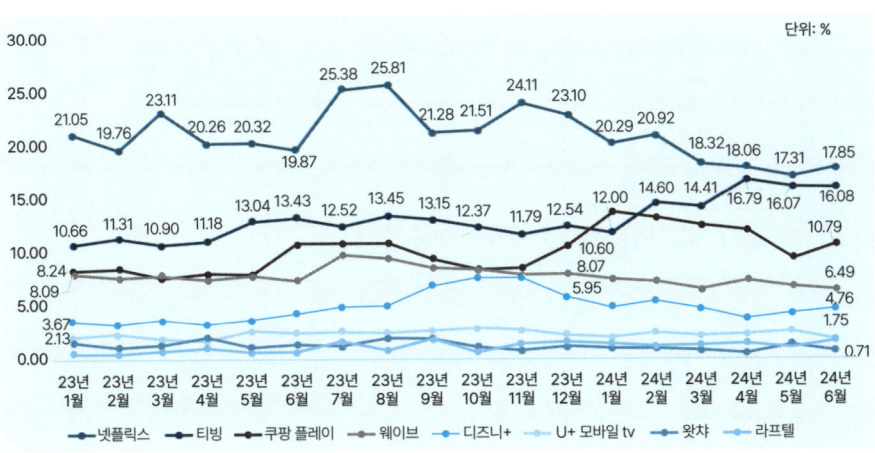

<그림51> 주요 SVOD 월별 이용시간 점유율(2023.1 ~ 2024.6)

03. SVOD 이용 콘텐츠 톱10

SVOD 이용의 주된 장르의 변화가 지난해부터 이어지고 있다. 지금까지는 항상 드라마&로맨스였다. 2023년 상반기에 2022년보다 3.8%나 하락하였는

데, 2024년 상반기에는 역전이 되었다. 리얼리티&토크&버라이어티가 27.2%로 1위를 하고 드라마&로맨스가 23.3%로 2위로 떨어졌다. SF&판타지는 12.8%, 범죄&스릴러 10.8%, 코미디 7.5% 순이다. 이는 국내 경제 상황이 좋지 않아 감소하는 광고 때문에 드라마를 축소하고 예능을 증가시킨 점과 넷플릭스까지도 예능 프로그램을 증가시킨 결과로 보인다.

2024년 상반기 콘텐츠별 이용시간을 보면 <눈물의 여왕>이 2,508만 시간으로 1위로 2022년 상반기 <더 글로리> 2,719만 시간보다 210만 시간 정도 적다. 2위 <선재 업고 튀어> 1,566만 시간, 3위 <내 남편과 결혼해줘> 1,104만 시간 순이다. 예능의 선전이 툰에 띈다. <벌거벗은 세계사/한국사> 4위, <나는 솔로> 5위, <용감한 형사들> 6위, <최강야구> 7위이다.

<표29> 2024년 상반기 SVOD 콘텐츠 이용시간 순위

	프로그램명	장르	플랫폼	이용시간 (만 시간)
1	눈물의 여왕	드라마&로맨스	넷플릭스, 티빙	2,508
2	선재 업고 튀어	드라마&로맨스	티빙	1,566
3	내 남편과 결혼해줘	드라마&로맨스	티빙	1,104
4	벌거벗은 세계사/한국사	리얼리티&토크&버라이어티	티빙	977
5	나는 Solo	리얼리티&토크&버라이어티	넷플릭스, 티빙, 웨이브, 쿠팡플레이	897
6	용감한 형사들	리얼리티&토크&버라이어티	넷플릭스, 티빙, 웨이브, 왓챠플레이, 쿠팡플레이	831
7	최강야구	리얼리티&토크&버라이어티	넷플릭스, 티빙	738
8	살인자o난감	범죄&스릴러	넷플릭스	715
9	웰컴투 삼달리	드라마&로맨스	넷플릭스, 티빙	691
10	닥터슬럼프	드라마&로맨스	넷플릭스, 티빙	686

<표30> 2023년 SVOD 콘텐츠 이용시간 순위

	프로그램명	장르	플랫폼	이용시간 (만 시간)
1	더 글로리	범죄/스릴러	넷플릭스	2,868
2	나는 Solo	리얼리티/토크/버라이어티쇼	넷플릭스, 웨이브, 티빙, 왓챠	2,447
3	나 혼자 산다	리얼리티/토크/버라이어티쇼	웨이브, 왓챠	1,428
4	킹더랜드	드라마/로맨스	넷플릭스, 티빙	1,391
5	일타 스캔들	드라마/로맨스	넷플릭스, 티빙	1,263
6	무빙	SF/판타지	디즈니플러스	1,155
7	모범택시	범죄	웨이브	1,119
8	경이로운 소문	SF/판타지	넷플릭스, 티빙	1,074
9	뿅뿅 지구오락실	리얼리티/토크/버라이어티쇼	티빙	1,054
10	정신병동에도 아침이 와요	드라마/로맨스	넷플릭스	1,017

　2024년 상반기에 남녀 모두 <눈물의 여왕>을 선택했고, 10대와 20대는 <선재 업고 튀어>가 인기가 좋았다. 여성은 <선재 업고 튀어>, <용감한 형제들>, <나는 솔로>를 남성보다 많이 봤고, 남성은 <살인자O난감>, <벌거벗은 세계사>를 여성에 비해 많이 봤다.

　연령별로 보면 <눈물의 여왕>은 10~20대를 제외한 모든 연령대에서 인기가 많았고, <벌거벗은 세계사>은 40대와 50대에서 인기가 많았다.

<표31> 2024년 상반기 프로그램별 성별 및 연령별 이용 순위

순위	프로그램명	시간(만)	남자	여자	15-29	30대	40대	50대+
1	눈물의 여왕	2,508	1	1	3	1	1	1
2	선재 업고 튀어	1,566		2	1	3	4	2
3	내 남편과 결혼해줘	1,104	9	3	5	4	3	
4	벌거벗은 세계사/한국사	977	3	6			2	3
5	나는 Solo	897	5	5	6	5	8	
6	용감한 형사들	831		4		9	7	
7	최강야구	738	8					6
8	살인자이난감	715	2				9	10
9	웰컴투 삼달리	691					10	7
10	닥터슬럼프	686		10				

참고로 2023년 전체를 보면, OTT 서비스별 이용시간 1위는 넷플릭스 <더 글로리>, 웨이브 <나 혼자 산다>, 티빙 <뿅뿅 지구오락실>, 디즈니+ <무빙>이다. 2022년 1위는 넷플릭스 <이상한 변호사 우영우>, 웨이브 <꼬리에 꼬리를 무는 그날 이야기>, 티빙 <뭉쳐야 찬다>, 디즈니+ <재벌집 막내아들> 이었다.

<표32> 2023년 프로그램별 성별 및 연령별 이용 순위

순위	프로그램명	시간(만)	남자	여자	15-29	30대	40대	50대+
1	더 글로리	2,868	1	1	1	2	2	1
2	나는 Solo	2,447	2	2	2	1	1	
3	나 혼자 산다	1,428		3		3	6	7
4	킹더랜드	1,391	3	10		9	3	3
5	일타 스캔들	1,263		4	7		7	4
6	무빙	1,155	4			7	10	8
7	모범택시	1,119		6	5	10		
8	경이로운 소문	1,074		9		8	9	9
9	뿅뿅 지구오락실	1,054		5	3			
10	정신병동에도 아침이 와요	1,017		7			8	

2024년 상반기 OTT 서비스별 이용시간 1위는 넷플릭스 <눈물의 여왕>, 티빙 <선재 업고 튀어>, 웨이브 <나 혼자 산다>, 쿠팡플레이 <꼬리에 꼬리를 무는 이야기>, 디즈니+ <킬러들의 쇼핑몰>이다.

<표33> 2024년 상반기 OTT별 이용 콘텐츠 톱10

순위	넷플릭스	웨이브	티빙	쿠팡플레이	디즈니+
1	눈물의 여왕	나 혼자 산다	선재 업고 튀어	꼬리에 꼬리를 무는 그날 이야기	킬러들의 쇼핑몰
2	살인자ㅇ난감	런닝맨	눈물의 여왕	하이드 (2024)	삼식이 삼촌
3	나는 Solo	전지적 참견 시점	내 남편과 결혼해줘	SNL 코리아	지배종
4	경성크리처	재벌X형사	벌거벗은 세계사	펜트하우스	재벌X형사
5	웰컴투 삼달리	미운 우리 새끼	신서유기	7인의 탈출	원더풀 월드 (2024)
6	선산	연애남매	명탐정 코난	해를 품은 달	크래시
7	닥터슬럼프	이십세기 힛-트쏭	환승연애 시즌3	프로축구 K리그 2024	로얄로더
8	세작, 매혹된 자들	꼬리에 꼬리를 무는 그날 이야기	최강야구	무한도전	무빙
9	더 에이트 쇼	TV 동물농장	여고추리반	FIFA World Cup Qualifiers 2026	카지노
10	기생수: 더 그레이	세 번째 결혼	크라임씬 리턴즈	프렌즈	크리미널 마인드

참고로 2023년 전체 OTT 서비스별 이용시간 1위는 넷플릭스 <더 글로리>, 웨이브 <나 혼자 산다>, 티빙 <뿅뿅 지구오락실>, 디즈니+ <무빙>이다.

<표34> 2023년 OTT별 이용 콘텐츠 톱10

순위	넷플릭스	웨이브	티빙	디즈니+
1	더 글로리	나 혼자 산다	뿅뿅 지구오락실	무빙
2	나는 Solo	모범택시	나는 Solo	카지노
3	정신병동에도 아침이 와요	런닝맨	유 퀴즈 온 더 블럭	최악의 악
4	일타 스캔들	꼬리에 꼬리를 무는 그날 이야기	놀라운 토요일	형사록
5	킹더랜드	낭만닥터 김사부	서진이네	Castle
6	마스크걸	KBO 리그	킹더랜드	소방서 옆 경찰서
7	경이로운 소문	전지적 참견 시점	구미호뎐 1938	비질란테
8	디피	놀면 뭐하니?	장사천재 백사장	악귀
9	퀸 메이커	연인 (2023)	연애의 참견	아스달 연대기: 아라문의 검
10	힘쎈여자 강남순	미운 우리 새끼	최강야구	낭만닥터 김사부

국내 OTT 이용행태

이용행태 설문조사

01. 조사개요

한국리서치 MS패널을 상대로 2024년 8월 13일부터 20일까지 8일간 설문조사를 실시하였다. 만 15-59세 OTT 이용자 1,000명을 대상으로 실시하였으며, 유효 응답자는 1,006명이다.

성별로 보면 여자 49.4%, 남자 50.6%이다. 연령별로 보면 10대 7.0%, 20대 21.4%, 30대 21.7%, 40대 25.4%, 50대 24.6%이다. 60대 이상은 유료 가입자가 거의 없다고 판단하여 제외하였다.

<표35> 설문 응답자 현황

	전체	남자	여자	15-19	20대	30대	40대	50대
사례	1,006	509	497	70	215	218	256	247
비율(%)	100.0	50.6	49.4	7.0	21.4	21.4	25.4	24.6

02. 이용 현황

OTT별 이용은 넷플릭스가 62.6%로 압도적으로 높으나 2023년 70.0%에 비해 낮아졌다. 2위 쿠팡플레이가 43.8%로 2023년 39.7%보다 증가했고, 3위 티빙도 38.5%로 2023년 33.0%에서 증가하였다. 4위는 디즈니+ 19.3%, 5위는 웨이브가 18.2%이다.

성별로 보면, 여성이 남성에 비해 이용률이 높지만 티빙(45.3% 대 31.8%)과 쿠팡플레이(47.3% 대 40.%%), 웨이브(20.9%대 15.5%)의 차이가 크다.

연령별로 보면, 20대가 넷플릭스 이용률이 69.8%로 가장 높고, 30대가 쿠팡플레이(50.5%), 티빙(47.2%), 디즈니+(27.1%)로 높다. 10대가 대체로 이용률이 낮다.

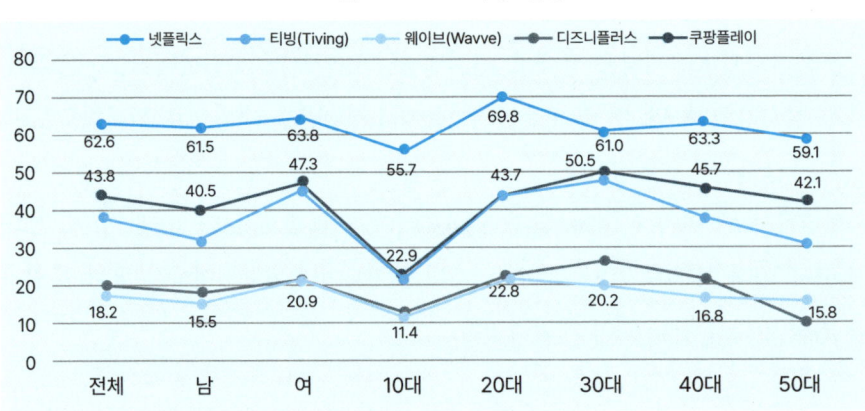

<그림52> OTT 이용 현황

OTT 이용 개수는 평균 3.6개로 2023년 3.2개보다 늘어났다. 유료형은 2.3개로 전년과 같은 반면, 무료 광고형은 1.2개로 전년 0.9개보다 늘어나서 광고형이 증가했음을 알 수 있다. 전체로 보면 5개 이상이 비율이 27.3%로 가장 높다. 유료형은 1~3개의 비율이 감소하고, 무료광고형은 2개 이상의 비율이 증가한 것을 보면 광고형 OTT 이용률이 증가했다고 분석할 수 있다.

<표36> OTT 이용 서비스 개수

구분		1개(%)	2개(%)	3개(%)	4개(%)	5개 이상(%)	평균 개수
전체	2024	15.8	20.2	21.0	15.7	27.3	3.6
	2023	17.6	20.0	22.7	17.5	22.3	3.2
유료형	2024	26.5	15.0	18.9	11.2	9.3	2.3
	2023	27.1	24.4	20.9	10.6	9.4	2.3
무료 광고형	2024	35.0	19.0	7.4	3.8	1.5	1.2
	2023	41.9	14.4	4.3	1.1	0.1	0.9

03. 이용 서비스 현황

직접 이용료를 납부하는 인원은 915명으로 91.0%로 2023년 83.2%보다 증가하였다. 이는 넷플릭스가 2023년 11월 아이디 공유를 금지한 효과로 보인다. 넷플릭스 직접 가입률이 56.9%로 가장 높고, 쿠팡플레이 37.6%, 티빙 30.2%, 유튜브 프리미엄 23.8%, 디즈니+ 15.6%, 웨이브 14.2% 순이다.

이용자는 평균 1.7개를 유료로 이용하고 있고, 1개를 지출하는 비율이 35.0%로 가장 많고, 2개 25.3%, 3개 13.9%, 4개 7.1%, 5개 이상 3.9% 순으로 5개 이상을 제외하고 모두 지난해 보다 증가하였다. 1개는 10대가 48.6%로 가장 높고, 다음으로 50대 38.1%이다. 2개는 연령대별로 큰 차이가 없고, 3개는 30대가 21.1%로 가장 높다.

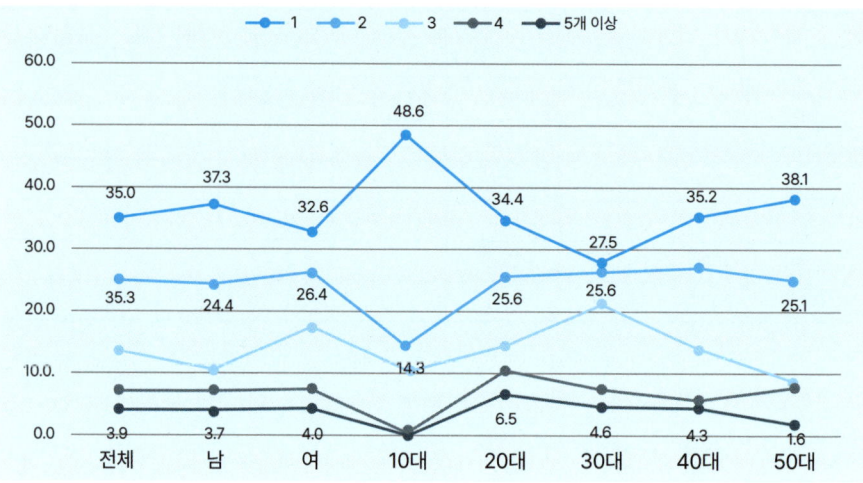

<그림53> OTT 유료 구독 개수

한 달에 지출하는 비용은 1만원 미만이 40.6%(2023년 39.6%)로 가장 많고, 다음은 1만 원 이상 ~ 2만 원 미만을 지출하는 비율이 33.25(2023년 35.2%)이다. 2만원 이상 ~ 3만원 미만 15.5%(2023년 14.6%), 3만원 이상 ~ 4만 원 미만 6.7%(2023년 6.6%), 5만원 이상 1.9%(2023년 1.7%) 순이다. 30대와 40대가 가장 많은 비용을 지출하고, 10대가 낮다.

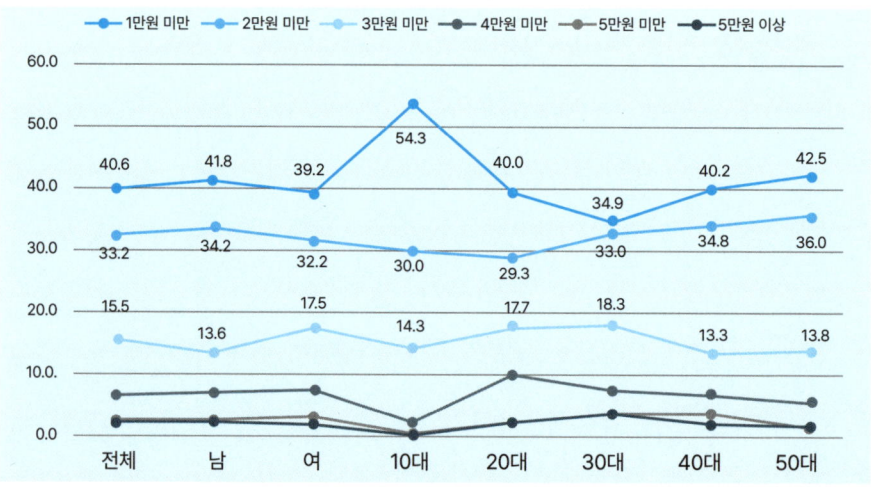

<그림54> OTT 유료 구독 개수

04. 최근 OTT를 이용하지 않은 이유

최근 개별적으로 OTT를 이용하지 않는 이유를 확인한 결과 OTT에 따라 다름을 확인하였다. 대체로 '다른 유료 구독형 OTT 서비스를 이용하기 위해서', '볼 만한 콘텐츠가 없어서', '이용 요금이 부담되어서', '유튜브 등 무료 광고형 OTT 서비스로 충분해서', '이용할 시간이 부족해서', 'TV 방송 채널 시청으로 충분해서' 등이다.

넷플릭스는 이용 요금이 부담된다는 이유가 51.2% 압도적으로 높다. 다음으로 볼 만한 콘텐츠가 없다(277%), 다른 OTT를 이용하기 위해서(23.9%) 순이다.

볼 만한 콘텐츠가 없다는 항목은 디즈니+가 34.8%로 가장 높고, 왓챠(34.7%), 쿠팡플레이(32.3%) 순이다.

<표37> 최근 OTT를 이용하지 않은 이유(1위 파랑, 2위 회색)

	다른 유료 구독형 OTT 서비스를 이용하기 위해서	유튜브 등 무료 광고형 OTT 서비스로 충분해서	TV 방송 채널 시청으로 충분해서	이용 요금이 부담되어서	이용할 시간이 부족해서	볼 만한 콘텐츠가 없어서
넷플릭스	23.9	23.0	4.7	51.2	21.1	27.7
티빙	41.3	23.0	10.6	30.2	13.6	23.4
웨이브	47.3	19.5	8.7	27.8	13.7	29.5
디즈니+	38.7	17.0	6.5	36.5	12.2	34.8
왓챠	47.4	13.6	3.8	30.5	11.7	34.7
쿠팡플레이	38.9	21.2	9.1	20.7	18.2	32.3

05. 티빙 광고 모델 도입에 대한 의견

2022년 11월 넷플릭스가 국내에도 광고 모델을 도입한 이후 티빙이 두 번째로 2024년 3월 광고 모델을 출시하였다. 이에 티빙 이용자의 반응을 알아봤다. 티빙 미이용자의 경우에는 16.3%가 광고 모델에 가입하여 이용하고 있고, 남자가 19.8%로 여자 13.8%보다 높고, 10와 50대가 각각 20.0%와 19.5%로 높게 나타났다.

티빙을 이용자가 광고요금제로 전환한 비율은 16.0%로 10대(26.7%)와 20대(21.1%)가 높다. 넷플릭스의 6%대 비율보다 높게 나타났다. 기존처럼 SVOD 이용비율은 67.7%로 넷플릭스 87.3%보다 20% 정도 낮아 넷플릭스의 SVOD 충성도가 높다는 것을 알 수 있다.

<표38> 티빙 광고 모델 가입 현황

구분	전체 (387)	남 (162)	여 (225)	10대 (15)	20대 (95)	30대 (103)	40대 (97)	50대 (77)
광고 모델 처음 가입(%)	16.3	19.8	13.8	20.0	11.6	18.4	15.5	19.5
광고 모델로 전환(%)	16.0	19.8	13.3	26.7	21.1	10.7	14.4	16.9
기존 구독모델 유지(%)	67.7	60.5	72.9	53.3	67.4	70.9	70.1	63.6

지난해에 조사했던 넷플릭스 광고모델에 대한 설문조사 결과를 티빙과 비교할 수 있도록 다시 실어 놓았다.

넷플릭스는 광고모델을 2022년 11월에 도입하였다. 지난해 조사에서 넷플릭스 미 이용자의 경우에는 21.4%가 광고 모델에 가입할 의사가 높았다. 남자가 24.1%로 여자 18.9%보다 높고, 40대와 50대가 각각 28.0%와 24.5%로 높게 나타났다.

그렇지만 실제로 넷플릭스를 이용하지 않다가 광고모델을 통해 넷플릭스를 이용한 경우는 6.3%로 낮았다. 남성이 8.2%로 여성 4.3%보다 2배 정도 높다. 연령별로는 10대가 7.5%로 높지만 연령별 차이는 크지 않다. 광고 모델로 전환한 비율도 6.4%이며, 20대가 8.8%로 가장 높다. 그럼에도 국내에서 광고모델을 도입하여 일정정도 효과를 봤다고 볼 수 있다.

<표39> 넷플릭스 광고 모델 가입 현황

구분	전체 (387)	남 (162)	여 (225)	10대 (15)	20대 (95)	30대 (103)	40대 (97)	50대 (77)
광고 모델 처음 가입(%)	6.3	8.2	4.3	7.5	7.4	5.3	5.0	7.4
광고 모델로 전환(%)	6.4	8.5	4.3	2.5	8.8	4.7	6.7	6.8
기존 구독모델 유지(%)	87.3	83.2	91.4	90.0	83.8	90.1	88.3	85.8

추가로 기존 요금에 유지자에게만 티빙 광고형 요금제로 전환할 생각이 있는지 질문했는데 22.5%가 전환할 생각이 있다고 답했고, 여자가 24.4%로 남자 19.4%보다 높게 나타났다. 전환할 생각이 없다는 응답은 77.5%였다.

06. OTT의 스포츠 콘텐츠에 대한 의견

2024년 스포츠 중계에 있어서 빅이슈 중의 하나가 티빙의 프로야구 중계권 확보였다. 티빙은 2024년 3월 한국야구위원회와 2024~2026년 3년간 총 1,350억 원, 연평균 450억 원에 유무선 중계권 계약을 체결했다.[147] 3~4월은 무료로 중계하고, 5월부터 유료화를 단행했다. 매우 높은 금액에 우려도 많았으나, 결과적으로 티빙은 효과를 톡톡히 봤다. 오티티 분석 플랫폼 모바일인덱스에 따르면 지난 3~5월 일평균이용자수(DAU)는 183만명으로 지난해 전체 평균 대비 약 38% 상승했다. 1위 오티티 사업자인 넷플릭스가 같은 기간 21% 감소한 것과 대조된다.[148] 쿠팡플레이와 넷플릭스, 웨이브간의 스포츠 콘텐츠 경쟁은 점차 더 심화될 것이다.

티빙 이용자 387명을 대상으로 설문조사한 결과 프로야구를 위해 18.9%(광고형 요금제 9.3%, 스탠다드/프리미엄 요금제 9.6%)가 티빙에 가입했다. 프로야구 중계로 만족도가 높아졌다는 비율이 18.3%이고, 프로야구 중계 서비스의 영향이 없다는 비율은 62.8%이다. 프로야구 때문에 티빙을 가입했다는 비율이 남자(26.5%)가 여자(13.3%)보다 두 배정도 된다. 20대와 30대가 프로야구 때문에 티빙에 주로 가입했고, 만족도도 높다.

<표40> 티빙의 프로야구 중계에 대한 영향

구분	신규 가입			KBO 중계로 만족도 증가	KBO 중계가 만족도에 영향 없음
	광고형	스탠다드/프리미엄	소계		
전체	9.3	9.6	18.9	18.3	62.8
남	14.2	12.3	26.5	19.8	53.7
여	5.8	7.6	13.3	17.3	69.3
10대	13.3	6.7	20.0	0.0	80.0
20대	11.6	11.6	23.2	21.1	55.8
30대	4.9	11.7	16.5	25.2	58.3
40대	9.3	5.2	14.4	11.3	74.2
50대	11.7	10.4	22.1	18.2	59.7

OTT에서 스포츠 콘텐츠가 증가하면서 이에 대해서 어떻게 생각하는지 조사하였다. OTT를 통한 스포츠 콘텐츠를 기존의 드라마, 예능, 영화 등에 비해서 얼마나 더 시청하는지 여부를 물었다. 스포츠를 기존 드라마/영화/예능에 많이 본다는 답변이 26.2%이고, 덜 본다는 답변이 31.3%로 나타나 스포츠에 대한 관심이 상당하다는 것을 알 수 있다. 대체로 남자가 여자보다 스포츠 콘텐츠를 더 본다는 비율이 높고(남자 29.9% 대 여자 22.5%), 드라마/영화/예능은 비율이 낮다(남자 25.1% vs 여자 37.6%). 연령별로는 30대가 스포츠 콘텐츠를 더 본다는 의견이 28.0% 대 27.5%로 더 높다.

07. 토종 OTT 합병에 대한 의견

국내에서 넷플릭스가 독주를 하고 있고, 이에 대응하기 위해 국내 토종 OTT인 웨이브와 티빙이 통합해야 한다는 의견이 있다. 실제로 2022년 5월 20일 언론학회 봄철 정기 학술대회의 방송사 사장단 라운드테이블에서 박성제 방송협회장은 "지상파가 만든 OTT 웨이브(wavve)와 CJ의 OTT 티빙(tving)이 합쳐져야 한다"고 주장도 했다. 2023년 7월 SKT와 CJ 경영진이 통합 추진 막바지라는 소식도 나왔다.[149] 2023년 12월 티빙을 운영하는 CJ ENM과 웨이브를 운영하는 SK스퀘어는 OTT 경쟁력 강화를 위한 합병 양해각서를 교환했다.[150] 그러나 아직까지 구체적인 내용이 발표되지 않았다. 지분 비율이 가장 큰 걸림돌이라고 했는데, 여기에 넷플릭스에 대한 콘텐츠 공급에 대해 이해가 엇갈리고 있다.

2023년 한국리서치를 통한 설문조사 결과 합병에 대한 이용자의 기대는 바람직하다는 의견 45.3%와 매우 바람직하다는 의견 22.8%를 합하면 68.0%에 달한다. 바람직하지 않다는 의견은 10.3%에 불과했다.

올해는 합병의 형태에 대해 질문을 했다. 국내 OTT의 경쟁력을 위해 웨이브와 티빙이 합병한다고 발표했는데, 어떤 형태가 되어야한다고 생각하는지 질문했다. 하나의 서비스로 통합해야 한다가 75.4%로 압독적으로 높았고, 번들형태는 19.8%, 통합이 바람직하지 않다는 의견은 4.8%에 불과했다. 였다. 성별로 보면 남자는 여자보다 서비스의 통합(79.6% vs 71.2%)을 꼽았고, 여자는 남자보다 번들형태(16.1% vs 23.5%)를 선호했다.

<표41> 티빙과 웨이브의 통합 방식 설문 결과

	하나의 서비스로 통합(%)	번들 형태의 통합(%)	통합 반대(%)
전체	75.4	19.8	4.8
남	79.6	16.1	4.3
여	71.2	23.5	5.2

08. OTT의 성장성에 대한 의견

국내 OTT에 대한 성장에 대해서는 넷플릭스가 지속적으로 높아지고 있다. 넷플릭스에 대해서는 2024년 조사에서는 85.0%까지 올랐다. 다음으로 쿠팡플레이가 60.3%로 2위에 올랐다. 3위는 티빙으로 60.0%이고, 4위는 디즈니+로 57.6%, 5위는 웨이브로 38.4%이다. 디즈니+는 지난해에 이어 실적이 좋지 않음에도 성장성은 높게 보고 있다. 웨이브는 계속 추락하고 있고, FAST는 18.8%로 아직 성장성을 높게 보지 않고 있다.

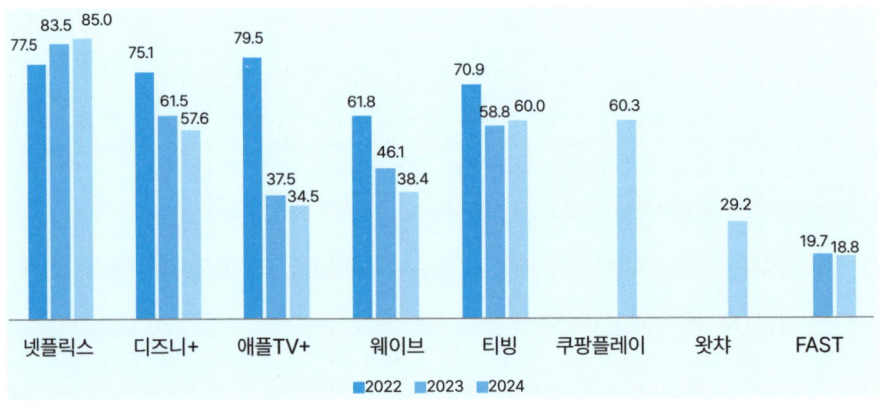

<그림55> OTT 플랫폼의 성장성(높음 비율)

141) 플릭스패트롤은 OTT 서비스별로 '많이 본 콘텐츠 톱 10'의 국가별 자체 순위를 바탕으로 1위 10점, 2위 9점, 3위 8점, … 10위 1점 순으로 점수를 준다. 개별 국가의 점수를 합산하여 전 세계 순위를 산정한다.
142) 2021년 6월 28일 이후 시즌 공개 후 28일 동안 시청시간 기준으로 10위까지 발표
143) https://pgr21.com/spoent/76903
144) https://www.netflix.com/tudum/top10/
145) http://www.gooddata.co.kr/fxmain.do
146) https://www.hankyung.com/article/202404023469i
147) https://www.joongang.co.kr/article/25232801
148) https://www.hani.co.kr/arti/culture/culture_general/1145334.html
149) https://www.inews24.com/view/1615224
150) https://news.mtn.co.kr/news-detail/2023120515343250321

07
에필로그

에필로그

에필로그

초고를 마무리하고 편집하는 동안 OTT 시장은 새로운 소식들이 들린다.

영국 IT 분석회사 암페어 애널리시스(Ampere Analysis)에 따르면, 2024년에 넷플릭스, 디즈니, 컴캐스트, 구글, 워너브라더스디스커버리, 파라마운트 등 6개 글로벌 미디어 기업의 콘텐츠 투자 금액이 1,260억 달러에 이르고, 이 중에서 400억 달러(약 55조 3,660억 원)가 OTT 서비스의 콘텐츠 투자 비용으로 추정한다. 구체적으로 디즈니 358억 달러(14.4%), 컴캐스트 245억 달러(9.9%), 구글 176억 달러(7.1%), 워너브라더스디스커버리 168억 달러(6.8%), 넷플릭스 160억 달러(6.4%), 파라마운트 151억 달러(6.1%)이다. 전체 콘텐츠 투자에서 6개 회사가 차지하는 비율은 2020년 46.8%에서 50.6%로 증가하였으며, 오리지널 콘텐츠 제작은 560억 달러 이상이며 전체 콘텐츠 비용의 45%에 해당한다. 암페어 어낼리시스의 피터 인그램(Peter Ingram)은 "주요 스튜디오와 스트리밍 플랫폼의 지속적인 투자는 시청자의 참여와 즐거움을 유지하는 데 있어 핵심적인 역할을" 하는데, 2024년에는 기업들이 수익성에 중점을 두면서 콘텐츠 구매나 제작을 제한하고 있다고 밝혔다.[151] 특히, 패넛 어널리틱스에 따르면 글로벌 스트리밍 오리지널의 성장률이 2024년 2분기와 3분기에는 각각 3.9%와 3.5%로 연속 감소하고 있다.[152]

이런 상황에서 넷플릭스는 라이센싱을 강화하고 있다. 넷플릭스는 유니버설 영화 엔터테인먼트 그룹(UFEG)과 애니메이션 영화에 대한 기존 라이선스 계약을 갱신하고 유니버설 픽처스와 포커스 피처스(Focus Features)의 실사 영화에 대한 미국 내 권리를 추가하기로 했다. 이로써 넷플릭스는 앞으로도 일루미

네이션(Illumination)과 드림웍스 애니메이션(DreamWorks Animation, DWA)의 영화를 포함한 UFEG 애니메이션 영화에 대한 독점권을 보유하게 된다. 2027년부터 넷플릭스는 극장 개봉 후 8개월 이내에 실사 영화를 추가할 예정이며, 피콕에서 첫 공개 후 10개월 동안 넷플릭스 독점을 거쳐 다시 피콕에서 서비스한다. 넷플릭스는 또한 유니버설의 전체 애니메이션 및 실사 영화 예정작에 대한 라이선스와 유니버설의 영화 라이브러리에서 타이틀을 선택할 수 있는 권리를 이후 몇 년 동안 추가로 확보할 것이다.

이를 보면, OTT 오리지널 제작이 감소하고, 라이센싱이 중요해지며, 미디어 기업의 협력이 강화되는 트렌드는 2025년에도 지속될 것으로 보인다. 유발 하라리는 최근 출간한 『넥서스: 석기시대부터 AI까지, 정보 네트워크로 보는 인류 역사』에서 "우리 사피엔스가 세상을 지배하는 것은 우리가 지혜로워서가 아니라 대규모로 유연하게 협력할 수 있는 유일한 동물이기 때문이다"[153]고 했듯이 점차 어려워지는 여건 속에서 '협력'이 더 중요한 키워드가 될 수도 있다.

디즈니 이사회는 2026년 말에 임기가 끝나는 밥 아이거의 뒤를 이을 후임을 2026년 초에 지정할 계획이라고 밝혔다. 테드 사란도스는 월스트리트 테크 라이브 콘퍼런스에서 월스트리트 엠마 터커(Emma Tucker) 기자의 디즈니 CEO를 맡는 데 관심이 있느냐는 질문에 "전혀 마음속에도 없다"고 답변했다.[154] 이는 현재 미디어 플랫폼 간의 힘의 균형이 어떻게 변화했는지 보여주는 사례라고 생각된다. 누구나 꿈꾸는 디즈니의 수장이 마음에도 없고, 넷플릭스의 공동 CEO로서 더 할 일이 많다는 그의 답변이 멋있다.

글로벌 OTT의 해외 확장이 지속되고 있어 내년에도 OTT 시장에 대한 관심을 멈출 수 없겠다고 전망한다. 넷플릭스는 전 세계에 5~60개의 오프라인 매장을 오픈할 계획이며, 호주 시드니에 10월 사무실을 개소하고 <보이 스왈로우 유니버스>, <하트브레이크 하이> 등 인기를 끌었던 TV쇼와 영화를 제작한 호주와 뉴질랜드에서 더 많은 콘텐츠를 제작할 의지를 밝혔다.[155] 넷플릭스가 국내 콘텐츠 제작을 싱가포르에서 관장하다가 서울에 사무실을 개소하여 콘텐츠 제작을 확대한 것과 동일한 맥락이다. Max도 2024년 11월에 홍콩과 대만에서 서비스를 시작하고,[156] 2026년에는 독일 진출한다고 밝혔다.[157] 국내에도 진출하려다 중단했었는데 이번 결정은 우선 중국어를 사용하는 시장이 타겟으로 보인다.

데이터 분석 회사인 글로벌데이터(Global Data)은 한국의 한국의 멀티플레이 서비스 시장이 2023년부터 2028년까지 트리플플레이 및 쿼드러플플레이 번들에 힘입어 꾸준히 성장할 것으로 전망한다. 초고속 광대역에 대한 수요 증가와 IPTV 및 OTT 비디오와 같은 부가 가치 서비스에 대한 수요가 증가하고, 유선과 모바일의 컨버전스에 힘입어 쿼드러플 플레이가 가장 빠른 성장세를 보일 것으로 예상한다.[158] 현재 드라마를 위주로 어려운 환경이지만 글로벌에서는 한국 시장을 긍정적으로 보고 있다는 점이 희망을 갖게 한다.

<유건식>

넷플릭스와의 인연은 자연스럽게 OTT로 이어졌고, 2025년이 되어도 지속될 것 같다. 올해에도 OTT와 관련된 글을 쓰고 발제도 했고, 『OTT 서비스와 AI』(커뮤니케이션북스) 책까지 출간했다. 정말 고마운 'OTT'다.

특히, 『OTT 트렌드 2025』는 3년째 동일한 작업을 하고 있으니 매우 의미가 깊다. 2022년부터 시작하여 세 번째 책을 내놓으니 말이다. 지난 두 권의 책을 내고 뒤돌아보면, 매우 부족함을 자인하지 않을 수 없다. 이를 만회하고자 1년간 열심히 정보를 찾고 정리하여 2025년을 대비한 『OTT 트렌드 2025』였지만 여전히 부족함과 한계는 여전하다. 이는 모두 필자의 부족함 탓이다. 그럼에도 프롤로그에서 5년만 지속되면 좋겠다는 독자의 의견도 있지만, 필자의 능력이 허락된다면 꾸준히 이 작업이 지속되었으면 좋겠다는 바람을 가져본다.

올해에도 다이렉트미디어랩의 한정훈 대표와 디지털산업정책연구소의 노창희 소장이 함께하여 책의 완성도도 높이고 출간까지 할 수 있게 되었다고 생각한다. 진정으로 고마움을 표한다.

항상 물심양면으로 응원해 주는 사랑하는 아내 주은경과 유타대에서 마지막 학년을 보내고 내년 초 조기 졸업할 혜민에게 감사한다.

<한정훈>

넷플릭스가 시장을 지배했지만 다른 사업자들도 각자의 전략으로 생존에 주력하고 있습니다. 현재 한국과 글로벌 스트리밍 서비스 시장은 크게 변하고 있습니다. 구독자 확대 중심의 시장은 이제 수익을 우선시 하는 방식으로 전환했습니다. 이에 책에서는 이런 변화하는 현장을 잡기 위해 노력했습니다. 때로는 이런 고민 때문에 전체 마감일정에 차질을 주는 일들도 있었습니다.

이 책을 작성하는데 가장 많은 도움을 주신 유건식 선배님과 노창희 박사님께 감사의 인사를 드립니다. 두 분의 도움이 없었다면 이 책은 나오지 못했을 겁니다. 올해로 세번째 책을 만들지만 매년 쉽지 않습니다. 지면을 빌어 다시 한번 감사드립니다. 그리고 이 책이 나올 수 있게 끝까지 격려해준 가족(성현과 진하)과 다이렉트미디어랩 임석봉 대표께도 고마움을 전합니다.

이 책이 한국과 글로벌 스트리밍 시장을 이해하는데 조금이나마 도움이 됐으면 합니다.

<노창희>

OTT에 관심을 가지고 연구해 온 연구자 입장에서 매년 OTT 트렌드에 관한 책을 낼 수 있는 기회가 주어진다는 것은 감사한 일이 아닐 수 없다. 기회를 주시고 부족한 필자를 이끌어 주신 유건식 박사님께 각별히 감사드린다. 이 책 작업이 아니더라도 평소 많은 고민을 나누는 한정훈 대표님께도 감사의 말을 전한다. OTT뿐 아니라 미디어·콘텐츠 분야 전반이 어려움에 봉착해 있다. 이 난관을 헤쳐 나올 수 있는 계기를 마련할 수 있는 2025년이 되기를 기원해 본다.

  어려운 여건하에서도 2022년부터 지속적으로 책을 내주신 형설EMJ 장진혁 대표 및 편집부 여러분께 감사한다. OTT에 관한 한국의 대표 지수 KOI를 만들면서 자료를 제공해 준 한국리서치 임정관 부장과 자료를 정리해 준 이상민 프로에게 진심으로 감사한다. FUNdex의 통계를 제공해 준 굿데이터코퍼레이션의 원순우 대표와 어유선 연구원, 코리안클릭 데이터를 제공해 주신 닐슨코리아의 황성연 박사께 감사를 전한다. 바쁘신 와중에도 감동스런 추천사를 써 주신 안정상 중앙대 겸임교수와 고삼석 동국대 석좌교수께 진심으로 감사를 드린다.
  끝까지 읽어주신 모든 독자분들께 진심으로 감사드리고, 국내 OTT 시장이 더욱 성장하길 바란다.

151) https://www.thewrap.com/netflix-disney-comcast-google-wbd-paramount-content-spend-billions/
152) https://www.tvrev.com/news/less-is-the-new-more-how-netflix-is-adapting-to-a-shrinking-originals-market
153) 유발 하라리(2024). 김명주 옮김.『넥서스: 석기시대부터 AI까지, 정보 네트워크로 보는 인류 역사』. 김영사, 58쪽.
154) https://deadline.com/2024/10/netflix-ted-sarandos-on-disney-ceo-job-1236144850/
155) https://advanced-television.com/2024/10/23/netflix-opens-new-sydney-office/
156) https://www.contentasia.tv/news/19-nov-max-launch-se-asia-hong-kong-taiwan-line-so-far-long-globalshort-local-pricing-and&sa=D&source=docs&ust=1729810339248527&usg=AOvVaw1M_pbLyzgndFO9D1l-SoM6
157) https://www.broadbandtvnews.com/2024/10/24/warner-bros-discovery-to-launch-max-in-germany-in-2026/
158) https://advanced-television.com/2024/10/17/south-korea-multiplay-services-market-set-for-growth/

08

부록

국내 OTT 오리지널
연도별 OTT 10대 이슈

부록 (국내 OTT 오리지널)

국내 OTT 오리지널

01. 넷플릭스

넷플릭스는 꾸준히 국내에 많은 투자를 하면서 오리지널을 적극적으로 제작하고 있다. <살인자ㅇ난감>, <돌풍>과 같은 오리지널들은 좋은 반응을 얻었다. 2024년 넷플릭스 오리지널 투자의 특징은 예능을 적극적으로 제작하고 있다는 것이다.

<넷플릭스 국내 오리지널 출시 연혁>

연도	드라마	영화	예능	다큐멘터리 애니메이션
2018		·옥자		
2019	·킹덤 ·첫사랑은 처음이라서 ·좋아하면 울리는	·페르소나	·범인은 바로 너2 ·박나래의 농염주의보	·다)길 위의 셰프들
2020	·나 홀로 그대 ·인간수업 ·보건교사 안은영 ·스위트홈	·사냥의 시간 ·콜 ·낙원의 밤		
2021	·무브 투 헤븐 ·내일 지구가 망해버렸으면 좋겠어 ·D.P. ·오징어 게임 ·마이 네임 ·지옥 ·고요의 바다	·차인표 ·승리호 ·새콤달콤 ·제8의 밤	·범인은 바로 너3 ·이수근의 눈치코치 ·신세계로부터 ·먹보와 털보	·다)레인코트 킬러: 유영철을 추격하다

연도	드라마	영화	예능	다큐멘터리 애니메이션
2022	·지금 우리 학교는 ·소년심판 ·안나라수마나라 ·종이의 집:공동경제구역 ·블랙의 신부 ·보범가족 ·수리남 ·글리치 ·더 패러독스 ·썸바디 ·연애대전 ·택배기사 ·종말의 바보 ·더 글로리(파트1) ·더 패뷸러스	·모럴센스 ·야차 ·카터 ·서울대작전 ·20세기 소녀	·솔로지옥 ·셀럽은 회의중 ·코리아 넘버원	·다)사이버 지옥: N번방을 무너뜨려라 ·애)외모지상주의
2023	·연애대전 ·더글로리(파트2) ·퀸메이커 ·택배기사 ·사냥개들 ·셀러브리티 ·D.P. 시즌2 ·마스크걸 ·너의 시간 속으로 ·도적: 칼의 소리 ·이두나!	·정이 ·스마트폰을 떨어뜨렸을 뿐인데 ·길복순 ·발레리나	·피지컬: 100 ·성+인물 ·사이렌: 불의 섬 ·19/20 ·좀비버스	·나는 신이다: 신이 배신한 사람들
2024	·선산 ·살인자 o 난감 ·닭강정 ·기생수: 더 그레이 ·더에이트 쇼 ·하이리키 ·돌풍 ·스위트홈 시즌3 ·아무도 없는 숲속에서 ·경성크리처 시즌2	·황야 ·로기완 ·크로스 ·무도실무관	·성+인물: 네덜란드, 독일편 ·피지컬: 100 - 언더그라운드 ·슈퍼리치 이방인 ·미스터리 수사단 ·더 인플루언서 ·신인가수 조정석 ·흑백요리사: 요리계급 전쟁 ·코미디 리벤지 ·좀비버스: 뉴 블러드 ·최강럭비: 죽거나, 승리하거나	

출처: 나무위키

부록 (국내 OTT 오리지널)

02. 웨이브

웨이브는 2024년부터 오리지널 투자를 줄이는 모양새다. 드라마는 제작하지 않았고 <사상검증구역: 더 커뮤니티>를 비롯한 예능 위주로 오리지널에 투자했다.

연도	드라마	영화	예능	다큐멘터리 애니메이션
2016	·통 메모리즈			
2017	·복수노트(옥수수) ·회사를 관두는 최고의 순간(라이프타임) ·수요일 오후 3시 30분(SBS 플러스) ·뇌맘대로 로맨스 LR(네이버TV, 옥수수) ·멜로홀릭(OCN) ·애타는 로맨스(OCN)		·NCT LIFE in Osaka(KBS Joy) ·레벨업 프로젝트 시즌1(KBS Joy)	
2018	·이런 꽃 같은 엔딩(네이버TV, 옥수수) ·오목소녀(옥수수) ·넘버식스(네이버TV, 옥수수) ·나는 길에서 연예인을 주었다(옥수수) ·독고 리와인드(옥수수, 카카이 페이지)		·레벨업 프로젝트 시즌2(XtvN) ·레벨업 프로젝트 시즌3(XtvN) ·EXO의 사다리타고 세계여행 시즌1(XtvN)	

연도	드라마	영화	예능	다큐멘터리 애니메이션
2019	·너 미워! 줄리엣(옥수수) ·조선로코 녹두전(KBS2)		·EXO의 사다리타고 세계여행 시즌 2(XtvN)	
2020	·꼰대인턴(MBC) ·거짓말의 거짓말(채널A) ·좀비탐정(KBS2) ·앨리스(SBS) ·나의 위험한 아내(MBN) ·SF8(MBC) ·복수해라(TV조선) ·날아라 개천용(SBS) ·바람피면 죽는다(KBS2)		·레벨업 - 아슬한 프로젝트 ·소년멘탈캠프 ·M토피아 ·어바웃타임 ·마녀들-그라운드에 서다	
2021	·러브씬넘버#(MBC) ·모범택시(SBS) ·오월의 청춘(KBS2) ·보쌈-운명을 훔치다(MBN) ·경찰수업(KBS2) ·유 레이즈 미 업 ·검은태양(MBC) ·뫼비우스: 검은태양(MBC) ·원 더 우먼(SBS) ·쇼윈도: 여왕의 집(채널A) ·엉클(TV조선) ·꽃 피면 달 생각하고(KBS2) ·이렇게 된 이상 청와대로 간다		·유노윤호의 출발 뮤직비디오 여행 ·반전의 하이라이트 ·소년멘탈캠프 - NCT DREAM 편 ·신과 함께(채널S) ·신과 함께 시즌 2(채널S) ·잡동산(채널S) ·취향의 아이콘 ·편먹고 공치리(SBS) ·한국사람(E채널) ·노는 언니2(E채널) ·THE BOYZ의 타임아웃(라이프타임 채널) ·피의 게임(MBC) ·탱키박스	·다) 키스 더 유니버스(KBS1) ·다) 문명: 최후의 섬(MBC)

부록 (국내 OTT 오리지널)

03. 티빙

티빙은 TVN에서 방영되었던 <눈물의 여왕>과 <선재업고 튀어>가 센세이션을 일으키면서 KBO와 함께 티빙의 실적을 높이는데 기여했다. 하지만 <이재, 곧 죽습니다>, <LTNS>와 같이 좋은 반응을 얻은 오리지널을 꾸준히 선보이면서 적극적인 투자를 이어나가고 있다.

연도	드라마	영화	예능	다큐멘터리 애니메이션
2021	·당신의 운명을 쓰고 있습니다 ·마우스: 더 프레데터 ·마녀식당으로 오세요 ·유미의 세포들 ·술꾼도시여자들 (시즌 1) ·해피니스 ·어른 연습생 ·이머전스	·서복 ·샤크: 더 비기닝 ·미트나이트 ·해피 뉴 이어	·여고 추리반(시즌 1) ·백종원의 사계 - 이 계절 뭐 먹지? ·신서유기 스페셜 스프링캠프 ·아이돌 받아쓰기 대회(시즌1) ·환승연애(시즌1) ·골신강림 ·가상세계지만 스타가 되고 싶어 ·러브캐처 인 서울 ·아이돌 받아쓰기 대회(시즌2) ·여고 추리반 (시즌2)	·다) 이종건 비평가의 건축학 개론 ·애) 신비아파트 특별판: 빛의 뱀파이어와 어둠의 아이

연도	드라마	영화	예능	다큐멘터리 애니메이션
2022	·내과 박원장 ·아직 최선을 다하지 않았을 뿐 ·돼지의 왕 ·괴이 ·썬: 괴이한 이야기 ·장미맨션 ·유미의 세포들2 ·나를 사랑하지 않는 ×에게 ·개미가 타고 있어요 ·욘더 ·몸값 ·술꾼도시여자들(시즌2) ·아일랜드(파트1)		·ALIVE ·서울체크인 (시즌1) ·전체관람가+: 숏 버스터 ·겨울과 이혼사이 ·서울체크인 (시즌2) ·제로섬게임 ·환승연애 (시즌2) ·마녀사냥 2022 ·청춘 MT ·각자의 본능대로 (시즌2) ·러브캐처 인 발리 ·보물찾기	·다) 푸드 크로니클
2023	·아일랜드(파트2) ·방과 후 전쟁활동 (파트1) ·방과 후 전쟁활동 (파트2) ·우리가 사랑했던 모든 것 ·샤크: 더 스톰 ·좋거나 나쁜 동재 (비밀의 숲 스핀오프) ·운수 오진 날 ·하이드 ·이머전시		·두발로 티켓팅 ·만찢남 ·웹툰싱어 ·더 타임 호텔 ·더 디저트 ·결혼과 이혼 사이 (시즌2) ·브로 앤 마블 ·여고추리반(시즌3) ·환승연애(시즌3) ·김태호PD 신규 예능 ·마녀사냥 새 시즌	·다) 케이팝 제너레이션 ·다) 아워게임: LG 트윈스 ·다) MBTI vs 사주
2024	·이재, 곧 죽습니다 ·LTNS ·피라미드 게임 ·나는 대놓고 신데렐라를 꿈꾼다 ·손해 보기 싫어서 ·우씨왕후		·크라임씬 리턴즈 ·여고추리반3 ·야구대표자: 덕후들의 리그	

출처: 나무위키

연도	드라마	영화	예능	다큐멘터리 애니메이션
2022	·트레이서 ·악의 마음을 읽는 자들 ·위기의X ·청춘 블라썸 ·치얼업 ·진검승부 ·일당백집사 ·약한영웅 Class1	·젠틀맨 ·데드맨 ·용감한 시민	·홀인러브 ·EXO의 사다리타고 세계여행 시즌3 ·에덴 ·메리 퀴어 ·남의연애 ·도포자락 휘날리며 ·입주쟁탈전: 펜트하우스 ·Listen-Up(리슨업) ·썸핑	·다) MMM_Where are we now
2023	·박하경 여행기 ·거래 ·룩앳미 ·귀왕 ·미션 투 파서블 ·제4차 사랑혁명		·WET! ·피의 게임2 ·남의연애 시즌2	·다) 국가수사본부
2024			·사상검증구역: 더 커뮤니티 ·연애남매 ·나만 없어, KARA ·남의 연애 시즌3 ·여왕벌게임	·애) 호러나이츠

출처: 나무위키

부록 (국내 OTT 오리지널)

04. 쿠팡플레이

쿠팡플레이는 2023년 <소년시대>가 큰 주목을 받았으나 여전히 오리지널 콘텐츠 제작보다는 스포츠 중계에 많은 투자를 하고 있다.

연도	드라마	영화	예능	다큐멘터리 애니메이션
2021	·어느 날		·SNL 코리아	
2022	·안나 ·유니콘 ·복학생: 학점은 A 지만 사랑은 F입니다 ·판타G스팟		·국대: 로드 투 카타르 ·체인리액션 ·사내연애	
2023	·미끼 ·소년시대		·지수의 꽃향기를 남기러 왔단다	
2024	·하이드 ·새벽 2시의 신데렐라 ·사랑 후에 오는 것들		·축구왕 뉴진스	

출처: 나무위키

부록 (국내 OTT 오리지널)

05. 왓챠

왓챠는 여러 가지 재정적 어려움에 직면하면서 오리지널 투자를 공격적으로 하지 못하고 있는 상황이다. 2024년에는 드라마 <사주왕>을 내놓았다.

연도	드라마	영화	예능	다큐멘터리 애니메이션
2021		·언프레임드	·런닝맨: 뛰는 놈 위에 노는 놈	
2022	·좋좋소 ·시맨틱 에러 ·최종병기 앨리스 ·오늘은 좀 매울지도 몰라 ·사막의 왕	·시맨틱 에러: 더 무비	·조인 마이 테이블 ·지혜를 빼앗는 도깨비 ·노키득존 ·나의 계절에게: 봄 박재찬 편 ·인사이드 리릭스 ·도둑잡기	·다) 한화이글스: 클럽하우스
2023				·다) 우리가 춤추는 시간 ·다) 다음 빈칸을 채우시오
2024	·사주왕			

출처: 나무위키

부록 (국내 OTT 오리지널)

06. 디즈니+

디즈니+는 <삼식이 삼촌>과 <폭군>이 주목을 받았다. 하지만 <무빙>만큼의 주목받지는 못했다.

연도	드라마	영화	예능	다큐멘터리 애니메이션
2021			·런닝맨: 뛰는 놈 위에 노는 놈	
2022	·너와 나의 경찰수업 ·그리드 ·사운드트랙 #1 ·키스 식스 센스 ·변론을 시작하겠습니다 ·형사록 ·3인칭 복수 ·카지노 파트1 ·커넥트		·더 존: 버텨야 산다 핑크 라이	
2023	·카지노 파트2 ·사랑이라 말해요 ·레이스 ·형사록 시즌2 ·무빙 ·한강 ·최악의 악 ·바질란테 ·사운드트랙#2		·더 존: 버텨야 산다 시즌2	

| 2024 | ·킬러들의 쇼핑몰
·로얄로더
·지배종
·삼식이삼촌
·화인가 스캔들
·폭군
·강매강 | | ·더 존: 버텨야 산다 시즌3
·이게 맞아?! | |

출처: 나무위키

부록 (연도별 OTT 10대 이슈)

연도별 OTT 10대 이슈

01. 해외

2024	2023
1) OTT의 비즈니스 전략 변화	1) OTT에서 K-콘텐츠의 인기
2) 그레이트 번들	2) 프랑스 살토 청산
3) OTT의 스포츠 콘텐츠 확보 전쟁	3) 넷플릭스 독주 + 디즈니+ 추락
4) OTT와 K-팝	4) 넷플릭스 아이디 공유 차단
5) FAST 성장 현황	5) 생성AI와 OTT
6) 영국 작가협회와 넷플릭스 합의	6) 작가·배우 파업과 OTT
7) 유럽연합의 글로벌 OTT 규제	7) OTT 가격 인상과 광고 상품 확산
8) OTT의 AI 수용	8) 지상파 라이브러리 시청 지속
9) K-플랫폼의 해외 진출	9) 스트리밍과 뉴스 'CNN'의 도전
10) 네이버 웹툰의 나스닥 상장이 OTT에 미칠 영향	10) FAST의 부상…지상파 방송사들도 패스트 대열에

02. 국내

2024	2023
1) 티빙과 웨이브 통합	1) 국내 OTT 어려움 심화
2) 국내 요금제 다양화 전망	2) 넷플릭스는 경쟁자인가 파트너인가? 넷플릭스의 국내 투자와 협력
3) 통신 시장에서 장악력을 높이고 있는 넷플릭스	3) 쿠팡플레이의 약진
4) 스포츠 콘텐츠의 성과	4) 넷플릭스와 SKB 소송 종료
5) 콘텐츠 제작 감소	5) OTT 자체 등급 분류제 시행
6) OTT 콘텐츠의 화제성과 경향성	6) 제작비 증가와 방송, OTT, 영화 생태계 간의 연계성 강화
7) 방송사의 스튜디오화가 OTT 시장에 미칠 영향	7) 지상파와 넷플릭스의 관계 설정 변화
8) 디즈니+의 고전	8) OTT 저널리즘
9) OTT 지원 정책	9) 국내 OTT 해외 진출 전략
10) 22대 국회와 OTT 정책	10) 국내 OTT 정책 진단

OTT 트렌드 2025

2024년 11월 22일 초판 1쇄 인쇄 | 2024년 11월 29일 초판 1쇄 발행

공저 유건식·한정훈·노창희 | **발행인** 장진혁 | **발행처** (주)형설이엠제이
전화 (02) 6013-6052
등록 제2014-000262호 | **홈페이지** www.emj.co.kr | **e-mail** emj@emj.co.kr
공급 형설출판사(031) 955-2361~4

정가 15,000원

ⓒ 2024 유건식, 한정훈, 노창희 All Rights Reserved.

ISBN 979-11-91950-81-6 03680

* 본 도서는 저자와의 협의에 따라 인지는 붙이지 않습니다.
* 본 도서는 저작권법에 의해 보호를 받는 저작물이므로 동영상 제작 및 무단전재와 복제를 금합니다.
* 본 도서의 출판권은 ㈜형설이엠제이에 있으며, 사전 승인 없이 문서의 전체 또는 일부만을 발췌/인용하여 사용하거나 배포할 수 없습니다.

OTT
트렌드 2025

 메모

메모

메모